现代企业经营学

（修订版）

主　编　郑光财

副主编　皇甫梅风

经济管理出版社

图书在版编目（CIP）数据

现代企业经营学/郑光财主编. —修订版. —北京：经济管理出版社，2004

ISBN 978-7-80162-843-5

Ⅰ. 现… Ⅱ. 郑… Ⅲ. 企业管理 Ⅳ. F270

中国版本图书馆 CIP 数据核字（2004）第 004451 号

出版发行：**经济管理出版社**

北京市海淀区北蜂窝 8 号中雅大厦 11 层

电话：(010)51915602 邮编：100038

印刷：北京诚信伟业印刷有限公司 经销：新华书店

责任编辑：张魁峰 胡翠平

技术编辑：蒋 方

责任校对：全志云

787mm×960mm/16 21.25 印张 378 千字

2004 年 2 月第 2 版 2011 年 1 月第 7 次印刷

定价：28.00 元

书号：ISBN 978-7-80162-843-5

再版说明

《现代企业经营学》一书自出版以来，受到读者和同行的好评，已成为高职院校经济类的基本教材之一。但是根据当今市场经济和企业改革的要求，本书尚有不足之处。

为使本书的内容更加完善，更加适应我国市场经济发展和高职教育改革形势的需要，编者今冬对原版教材作了必要的修订。一是调整了章节，把原教材的十章内容改为九章，把原商品运输和商品储存两章整合为现代物流，以适应现代企业经营的需要。二是增加了一些适应现代企业经营的新内容，删除了一些不合适的内容，使教材更能适应高职教育的需要。三是文字上的改动和调整，这涉及到每个章节，使得重要问题更突出，叙述更准确，分析过程的逻辑性也更强了。

本教材紧紧围绕市场经济条件下经济管理类专业的培养目标，以提高学生整体素质为基础，以培养学生技能为主线，确立专业课程新体系和教材内容新体系，充分吸收反映本学科的海内外最新知识和研究成果，兼顾基本理论、基础知识教育和实践性教学两个方面，做到理论知识简要阐述，适当增加图、表、例和实训思考内容的比例，着眼于学科所涉及企业经营管理岗位的最新现实需要，强化知识的应用性、可操作性和职业学校教育特色，并考虑到与国际接轨。

本书适合用做高等职业教育财经类专业的《现代企业经营学》课程的教材，也可用于各种大专学历经济类专业进修班的教学用书，还可以供各种工商企业中从事销售、管理工作的人员参考。

《现代企业经营学》一书的再版修订由浙江商业职业技术学院郑光财副教授任主编，皇甫梅风任副主编。参加编写修订的有：浙江商业职业技术学院郑光财（一、二、九章），皇甫梅风（六、七、八章），余向平（三、四、五章）。全书由郑光财、金立其总纂。最后由浙江商业职业技术学院金立其副教授审阅定稿。

　　毫无疑问，由于编者水平所限，本次再版还会留下某些不当之处，恳请读者批评指正。

编　者

2004 年 1 月

第一版编审说明

本书立足于现代工商企业经营活动过程的实践，系统介绍企业法人制度、企业经营环境、企业经营战略、企业经营决策、企业经营方式以及工商企业的采购、运输、储存、销售等一系列经营过程和企业经营效益评价等内容。全书共十章。

教材紧紧围绕社会主义市场经济条件下经济管理类专业的培养目标，以提高学生整体素质为基础，以培养学生技能为主线，确立专业课程新体系和教材内容新体系，充分吸收反映本学科的海内外最新知识和研究成果，兼顾基本理论、基础知识教育和实践性教学两个方面，自觉摒弃与计划经济相适应的，以理论知识教育为核心，以原理、范畴、概念分类为主线，以"从知识要点到知识要点"的泛泛阐述为章节结构体例的传统做法，做到理论知识简要阐述，适当增加图、表、例和实训思考内容的比例，着眼于学科所涉及大中小型企业管理岗位的诸多最新现实需要，强化知识的应用性、可操作性和职业学校教育特色，并考虑到与国际接轨。

本书适合用做高等职业教育财经类专业的《现代企业经营学》课程的教材，也可用于各种大专学历经济类专业进修班的教学用书，还可以供各种工商企业里从事销售、管理工作的人员参考。

《现代企业经营学》一书由高级讲师郑光财任主编，皇甫梅风任副主编。参加编写的有：浙江商业职业技术学院郑光财（一、二、十章），皇甫梅风（六、七、八、九章），余向平（三、四、五章）。全书由郑光财、金立其总纂。最后由浙江商业职业技术学院高级讲师金立其审阅定稿。

编写过程中参考了一些著作和论文，在此一并致谢。由于编写时间仓促，编者水平所限，书中难免有疏漏之处，敬请广大读者不吝赐教，以便于修订，使之日臻完善。

　　本书的出版、发行，得到了浙江省三通商业教材发行站的大力支持和帮助，谨此表示感谢。

编　者

2000 年 3 月

目 录

第 1 章　现代企业概述 …………………………………… 1
- ■ 现代企业法人 …………………………………………… 2
- ■ 现代企业经营概述 ……………………………………… 8
- ■ 现代企业制度 …………………………………………… 14
- ■ 本章小结 ………………………………………………… 25

第 2 章　企业注册登记 …………………………………… 26
- ■ 现代公司 ………………………………………………… 27
- ■ 现代企业注册登记 ……………………………………… 38
- ■ 股份公司设立 …………………………………………… 46
- ■ 现代企业经营组织 ……………………………………… 54
- ■ 本章小结 ………………………………………………… 66

第 3 章　企业经营环境分析 ……………………………… 69
- ■ 企业经营环境概述 ……………………………………… 70
- ■ 企业外部环境分析 ……………………………………… 72
- ■ 企业内部条件分析 ……………………………………… 84
- ■ 企业经营环境综合分析 ………………………………… 88
- ■ 本章小结 ………………………………………………… 91

第 4 章　企业经营战略 …………………………………… 92
- ■ 企业经营战略概述 ……………………………………… 93
- ■ 企业总体战略 …………………………………………… 99
- ■ 企业职能战略 …………………………………………… 104
- ■ 企业联合战略 …………………………………………… 126
- ■ 本章小结 ………………………………………………… 134

第 5 章　企业经营决策‥‥‥‥‥‥‥‥‥‥‥‥‥‥‥‥‥ 136
　■ 企业经营决策概述 ‥‥‥‥‥‥‥‥‥‥‥‥‥‥ 137
　■ 企业经营决策程序 ‥‥‥‥‥‥‥‥‥‥‥‥‥‥ 141
　■ 企业经营决策方法 ‥‥‥‥‥‥‥‥‥‥‥‥‥‥ 145
　■ 本章小结 ‥‥‥‥‥‥‥‥‥‥‥‥‥‥‥‥‥‥ 162

第 6 章　商品采购‥‥‥‥‥‥‥‥‥‥‥‥‥‥‥‥‥‥ 164
　■ 商品采购概述 ‥‥‥‥‥‥‥‥‥‥‥‥‥‥‥‥ 165
　■ 商品采购方式 ‥‥‥‥‥‥‥‥‥‥‥‥‥‥‥‥ 167
　■ 商品采购策略 ‥‥‥‥‥‥‥‥‥‥‥‥‥‥‥‥ 172
　■ 商品采购的运作 ‥‥‥‥‥‥‥‥‥‥‥‥‥‥‥ 176
　■ 本章小结 ‥‥‥‥‥‥‥‥‥‥‥‥‥‥‥‥‥‥ 187

第 7 章　现代物流‥‥‥‥‥‥‥‥‥‥‥‥‥‥‥‥‥‥ 188
　■ 现代物流概述 ‥‥‥‥‥‥‥‥‥‥‥‥‥‥‥‥ 189
　■ 商品运输 ‥‥‥‥‥‥‥‥‥‥‥‥‥‥‥‥‥‥ 194
　■ 商品储存 ‥‥‥‥‥‥‥‥‥‥‥‥‥‥‥‥‥‥ 201
　■ 商品配送 ‥‥‥‥‥‥‥‥‥‥‥‥‥‥‥‥‥‥ 209
　■ 本章小结 ‥‥‥‥‥‥‥‥‥‥‥‥‥‥‥‥‥‥ 219

第 8 章　商品销售‥‥‥‥‥‥‥‥‥‥‥‥‥‥‥‥‥‥ 221
　■ 商品销售概述 ‥‥‥‥‥‥‥‥‥‥‥‥‥‥‥‥ 222
　■ 商品销售价格 ‥‥‥‥‥‥‥‥‥‥‥‥‥‥‥‥ 230
　■ 客户分析 ‥‥‥‥‥‥‥‥‥‥‥‥‥‥‥‥‥‥ 238
　■ 商品销售组织 ‥‥‥‥‥‥‥‥‥‥‥‥‥‥‥‥ 245
　■ 促进销售 ‥‥‥‥‥‥‥‥‥‥‥‥‥‥‥‥‥‥ 256
　■ 本章小结 ‥‥‥‥‥‥‥‥‥‥‥‥‥‥‥‥‥‥ 275

第 9 章　企业经营绩效的评价‥‥‥‥‥‥‥‥‥‥‥‥‥ 276
　■ 企业经营绩效评价的原则与方法 ‥‥‥‥‥‥‥‥ 277
　■ 企业经营绩效评价的内容与指标 ‥‥‥‥‥‥‥‥ 280
　■ 企业经营绩效评价的步骤与要求 ‥‥‥‥‥‥‥‥ 291
　■ 企业经营绩效评价的案例分析 ‥‥‥‥‥‥‥‥‥ 297

■ 本章小结 ……………………………………………………… 318

附录一　企业经营绩效评价报告参考格式 ……………………… 319
附录二　国有资本金绩效评价评议指标参考标准 ……………… 322
附表一　企业绩效初步评价计分表 ……………………………… 327
附表二　企业绩效基本评价计分表 ……………………………… 327
附表三　企业绩效评价计分汇总表 ……………………………… 328
附表四　企业绩效评价得分总表 ………………………………… 329

第 *1* 章

现代企业概述

- ■ 现代企业法人
- ■ 现代企业经营概述
- ■ 现代企业制度
- ■ 本章小结

　　企业是社会的经济细胞，是市场经济活动的主体。企业经营是企业的最基本活动，研究企业经营的职能和活动，首先应对现代企业制度和企业经营的基础理论有一个全面、深刻的认识。为此，本章将结合我国经济体制改革的实践对现代企业法人、现代企业制度、企业经营过程和经营机制等进行概括性阐述。

■ 现代企业法人

　　在现代市场经济条件下，现代企业必然要与其他组织或个人开展经营活动，发生各种经济关系，以实现企业的经营目标，完成企业的使命。但这些经营活动必须在现代企业取得法人资格后方可进行，因此，具备法人资格是现代企业从事经营活动的基本前提。本节以现代企业法人制度为中心来研究现代企业的涵义、特征和类型等。

□ 现代企业的涵义和特征

1. 现代企业的涵义

　　企业是指在商品经济中，以营利为目的，专门从事生产、流通或服务等经济活动，实行自主经营和独立核算、自负盈亏的经济组织。它包括从事工业、农业、商业、交通运输业、建筑业、金融业和服务业等行业的生产经营活动的经济组织。现代企业是在市场经济中，以营利为目的，独立从事生产经营等活动，具有法人资格的公司制企业。

　　现代企业作为一个历史范畴，是人类社会发展到一定历史时期的产物，它在工场和手工业条件下形成最初形态，是社会化大生产条件下商品经济高度发达的产物，是现代社会的经济细胞和国民经济的基本单位。

2. 现代企业的基本特征

　　现代企业作为国民经济的重要组成部分，在不同的社会制度下，它不仅具有不同的特殊的社会特征，而且也具有共同的基本的自然特征，如果舍去特殊的社会特征，我们就会发现它们具有以下共同的基本特征。

　　（1）经济性。经济性是指现代企业必须通过商品生产、流通或相关的服务，为商品消费者提供使用价值，借以实现自己价值的活动。经济性是现代企业的首要特征，因为从微观上考察，现代企业的基本功能就是专门从事商品生产、商品交换或提供商业劳务；从宏观上考察，现代企业最基本的社会功能就是通过商品生产和商品交换将有限的资源转换为有用的商品和服务，以满足社会的某种需要。所以一切不具备经济性的组织就不能称为现代企业。

（2）营利性。营利性是指现代企业必须以营利为目的来从事经济活动。它是构成现代企业的根本标志，企业作为商品生产经营者，是一种追求利润的营利性经济组织，它是为盈利而开展生产经营的，任何企业都希望在一定的生产经营条件下，力图取得最大的盈利，实现企业资产的保值增值，这是企业生存发展的最基本条件，也是区分企业和其他组织的主要依据。因此，在市场经济条件下，营利性是现代企业的重要特征之一。

（3）独立性。独立性是指现代企业在生产经营活动中必须独立核算、自负盈亏、自主经营和自我发展。首先，独立核算。现代企业必须具有独立的财产，在银行开有独立的户头，可以对外办理结算，进行独立、完整的会计核算，能独立计算并考核经济效益。其次，自负盈亏。现代企业作为商品生产经营者，要按照价值规律的客观要求，遵照等价交换的原则来进行生产经营，以收抵支，并独立承担盈亏责任。再次，自我发展。现代企业在激烈的市场竞争中，要依靠自己的力量，运用各种竞争手段和策略，求生存促发展，使企业不断地发展壮大。最后，自主经营。现代企业要真正实行独立核算、自负盈亏和自我发展，就必须具有自主经营权，使现代企业能够根据市场情况和企业实际来进行生产经营，从而取得最佳的经济效益和社会效益。因此，自主经营是现代企业实现独立核算、自负盈亏、自我发展，成为独立商品生产经营者的基本要求。

（4）法人性。法人是指在法律上将一定的社会组织人格化，使其同自然人一样，成为法律所规定的权利主体，能独立地享受权利和承担义务。也就是说，在法律上赋予企业以独立的人格，使其具有权利能力和行为能力，有资格享受权利和承担义务，以便同其他企事业单位和消费者发生各种法律关系。企业的法人性是区别现代企业和传统企业的重要标志，一般情况下，我们把个体企业和合伙企业等自然人企业称为传统企业，而把具有法人资格的公司制企业称为现代企业。

3．现代企业与传统企业的一般比较

现代企业是现代市场经济和社会生产力发展的必然产物，它与传统企业相比，较好地适应了现代市场经济和社会发展的客观要求，具有较大的优越性。具体如表1—1所示。

表 1－1　　　　　　　　　　　现代企业与传统企业的一般比较

项　　目	现　代　企　业	传　统　企　业
1. 出资人数	较多且分散	较少且集中
2. 出资情况	股东出资为基础，数额较大	个人出资为主，数额较少
3. 企业规模	较　大	较　小
4. 法律形式	企业法人	自　然　人
5. 承担责任	有限责任	无限责任
6. 产权结构	所有权与经营权分离	所有权与经营权合一
7. 管理方式	较先进，以现代化管理为主	较落后，以家族式管理为主
8. 企业形式	以公司制企业为主	以个体、独资和合伙企业为主
9. 技术条件	设备先进，应用现代科技	设备落后，手工操作比重大
10. 稳定情况	企业经营较稳定	企业经营不稳定

【思考题】

为什么说现代企业以公司制企业为主？

现代企业的类型

现代企业按照不同的分类标准可进行以下不同的分类。

1. 按组织形式划分

现代企业按其组织形式可划分为单一企业、多元企业、经济联合体和企业集团公司。

（1）单一企业。是指一厂或一店就是一个企业。这种企业的经营项目往往比较专业化，或具有相同的生产过程。单一企业必须独立地承担财产责任和经营责任，独立核算，自负盈亏，具有法人地位。

（2）多元企业。是指由两个以上不具备法人资格的工厂或商店组成的企业，它是按照专业化、联合化以及经济合理的原则，由若干个分散的工厂或商店所组成的经济法人组织。如由两个以上分公司组建的公司，由一些分店组成的连锁企业等。

（3）经济联合体。经济联合是指经济组织之间按照一定的章程或协议，在生产、技术、科研和贸易等领域的经济合作。经济联合体是指由两个以上企业在自愿互利的基础上，打破所有制、行业、部门和地区的界限，本着专业化协作和合理分工的原则，进行部分或全部统一经营管理所形成的经济实体。它是一个具有法人资格的经济组织，主要形式有专业公司、联合公司和各类合资经营企业。

(4) 企业集团公司。企业集团是指以资产纽带为主联结起来的若干独立法人组织所组成，具有较紧密联系的企业群体组织。它一般是在经济联合基础上发展和组建起来的，实质上是由多个企业组成的具有多层次组织结构的经济联合组织。

企业集团的成员企业，按照其紧密程度的不同，可以分为以下层次。第一，核心层。一般也称为集团公司，这是指企业集团中资产经营一体化的实体部分，在企业集团中具有控制地位的核心企业，主要是由实力很强的大型企业或金融投资公司所组成。第二，紧密层，也称为控股层。是指企业集团内由集团公司以资金或设备、技术、专利和商标等作价投资达到控股（51%以上）的集团成员企业。紧密层内的企业也可以相互持股，这样集团公司与紧密层之间、紧密层内部企业之间形成复杂的资产关系，从而保证了企业集团的凝聚力。第三，半紧密层，也称参股层。它是指集团公司与企业集团其他成员以资金或设备、技术、专利和商标等作价相互参股，并按出资比例或协议规定享受利益并承担义务的企业群体。它们的主要特征是：专业化程度高，与企业集团内其他企业或集团公司一般有固定的协作关系，这个层次的企业数量较大。第四，松散层，也称协议层。它是由在企业集团经营方针指导下承认企业集团的章程，按合同或协议的规定，享有权利、承担义务并独立经营，各自承担民事责任的企业所组成。它的最大特点是与集团核心层具有稳定的经济协作关系。企业集团中的其他层次企业与该层次企业主要是通过生产技术领域发生关系。松散层的企业通常是一些高度专业化的中小企业。企业集团的组织结构如图1-1所示。

2. 按股权形式划分

现代企业按其股权形式可分为股份合作制企业、有限责任公司和股份有限公司。

(1) 股份合作制企业。股份合作制企业是指两个以上的劳动者或投资者按照章程或协议，以资金、实物、技术、劳力和土地使用权等作为股本，自愿组织起来，依法从事各种生产经营服务，具有法人资格的集体经济组织。股份合作制企业是我国经济体制改革中，在集体所有制企业基础上改革和发展起来的。它以企业内劳动者平等持股，合作经营，劳动者与所有者一体化和先分配后积累为主要特征。股份合作制企业可以在企业内部发行股票，筹集资金，实行股份合作

```
                  ┌── 核心层 ──────────── ××机电集团公司

                  │                      ┌── 五达电器有限公司
                  ├── 紧密层 ────────────┤── 四海房产有限公司
                  │                      └── 安全电机制造公司
    ×            │
    ×   企业集团  │                      ┌── 安全电缆制造公司
    集   ────────┤                      │── 四海塑料制品公司
    团            ├── 半紧密层 ──────────┤── 四通汽车贸易公司
                  │                      │── 四通汽车配件公司
                  │                      └── 五达机电贸易公司
                  │
                  │                      ┌── 华立机电设备公司
                  │                      │── 万能五金工具公司
                  └── 松散层 ────────────┤── 安丰电机配件厂
                                         │── 四通汽车运输公司
                                         └── 众星机电维修公司
```

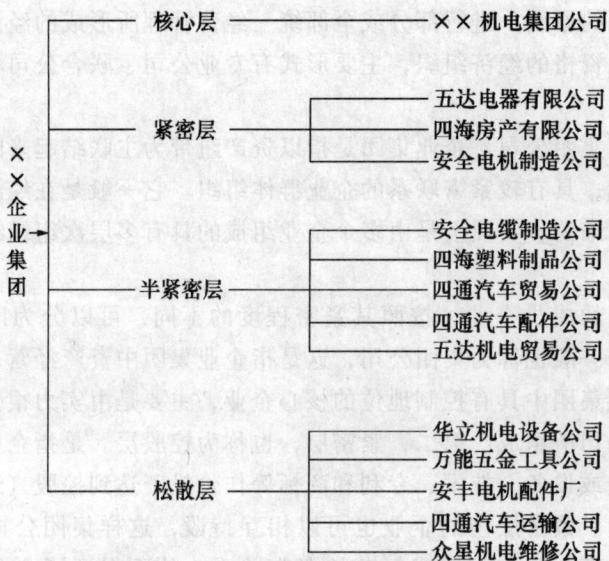

图 1 - 1 ××企业集团组织结构图

制，但外部人员不能入股。股份合作制企业的主要优点是实现了按劳分配和按股金分配，所有者与劳动者的两相结合，有利于调动职工的积极性，提高企业活力。它的主要缺点是由于资金主要来源于企业内部职工，所以，企业规模一般不大，主要适合于中小型工商企业和其他第三产业的企业采用。

（2）有限责任公司。有限责任公司是指由两个以上股东共同出资，每个股东以其所认缴的出资额对公司承担有限责任，公司以其全部资产对公司债务承担责任的股份制企业。它的根本特征是：不公开发行股票；全部资本不划分为等额股份；对公司债务承担有限清偿责任。有限责任公司主要适用于中小型企业。

（3）股份有限公司。股份有限公司是指全部注册资本由等额股份所构成并通过发行股票筹集资本的股份制企业。它在有限责任公司的基础上发展起来，现已被广泛采用。其基本特征是：全部资产划分为等额股份；向社会公众公开发行股票并自由交易；公司以其全部资本对债务承担有限清偿责任等。股份有限公司主要适用于大中型企业。

【思考题】

经济联合体与企业集团有何区别？怎样认识股份合作制企业？

□ 现代企业法人

1．现代企业法人的涵义和条件

（1）现代企业法人的涵义。现代企业与传统企业的重要区别之一，是现代企业是法人组织。所谓法人，就是在法律上具有人格的实体，是法律创造的"人"。企业法人是指依照法定程序成立的，能够以自己的名义进行经济活动，独立享受权利和承担义务的经济组织。实质上是在法律上赋予企业以独立的人格，使其具有权利能力和行为能力，有资格享受权利和承担义务，以便同其他企事业单位或个人发生各种法律关系，独立自主地开展经营管理活动。

（2）现代企业法人的基本条件。要使企业成为具有一定权利和义务的法人组织，必须具备以下三个基本条件：第一，企业要有一定的组织机构，有自己的名称、住所、组织章程或者组织条例；第二，自主经营、独立核算、自负盈亏，并拥有政府所规定的最低限度的资金；第三，能够以自己的名义独立从事民事活动，享有民事权利和承担民事义务。

2．现代企业法人制度的作用

（1）现代企业法人制度的产生，增强了企业的独立性。企业法人制度规定了企业可以在法律和政策的范围内独立自主地开展生产经营活动，因而，企业就可以根据市场的情况和企业的实际来决定生产经营什么？怎样生产经营？什么时间生产经营？这就有利于企业组织商品生产和流通，加速资金周转，提高劳动效率，改善经营管理，增强了企业的独立性和竞争能力。

（2）现代企业法人制度的产生，加速了资金的积聚与集中。企业法人制度的关键在于有限责任制度，在这种制度下，投资者再也不必用自己的全部财产为企业的债务担保，它只在所投入的股金范围内承担风险，这样就调动了广大投资者的投资积极性，也使企业可以通过各种渠道吸收资金，加速了资金的积聚与集中，从而促使大规模企业像雨后春笋般地产生，极大地促进了商品经济的发展。因此，经济学家和法学家把企业法人制度的产生视为新时代最伟大的发现，它的意义远远超过了蒸汽机和电力的发明。

3．现代企业法人制度的主要内容

（1）现代企业法人必须拥有自主经营的财产。这是现代企业进行生产经营活动、享受权利、承担义务的物质基础。现代企业法人财产的范围和内容应按照法律、法令、章程和协议的规定来加以界定，在法定的权限内，企业对其经营的财产可行使占有、使用和处置等权利。这样，企业就能成为独立承担财产责任的经济组织，就有资格成为民事和经济法律关系的权利主体。

（2）现代企业法人必须独立享有权利并承担义务。这是企业法人具有合法地位的必然体现。企业法人作为权利主体，应具有从事经营管理所需要的权利能力和行为能力，能独立享受权利并承担义务。如对外签订合同，向银行贷款，承担规定的责任，并能参加诉讼，等等。

（3）现代企业法人必须按法定程序成立。这是现代企业法人取得合法地位必须履行的合法手续。根据我国颁布的《企业法人登记管理条例》和《公司法》等有关法规的规定，凡是企业均应在开业前按照规定办理注册登记，取得营业执照，才能成立。企业如果合并、分立、迁移或者歇业，也均应按规定办理变更登记或者歇业注销手续。企业办理注册登记的规定，不仅是现代企业法人取得法人资格的必要程序，而且也是保护企业合法经营和维护企业正当权益的一项重要制度。

（4）现代企业法人必须设有健全的组织机构。这是现代企业法人作为权利主体从事经营管理活动的组织保证。现代企业是由劳动者群体所组成的经济组织，为了保证企业经营管理的正常有序进行，实现企业的经营目标，企业必须根据市场状况和企业实际设立相应的组织机构，并使各机构相互协调、相互支持。如建立以经理为首的生产经营指挥系统，建立财务管理系统和划分各组织机构的职权等。

【案例】

华丰综合贸易公司与某机电设备有限公司装配车间签订一项电机加工合同。合同规定由机电公司装配车间在 2002 年 5 月底为华丰公司加工完成 2000 套电机，2002 年 6 月 1 日交货。华丰公司应在 2002 年 3 月底前把零配件送到机电公司装配车间，并付加工定金 15 万元。后来，华丰公司如约交付了零配件和定金，但机电公司装配车间由于主要设备损坏，不能如期交货，华丰公司为此赔款 50 万元。事后，华丰公司要求机电公司装配车间加倍返还定金 30 万元，并赔偿损失 50 万元，共计 80 万元。但机电设备公司装配车间认为只能加倍返还定金 30 万元，拒绝赔偿 50 万元。请问：此案应如何处理？

■ 现代企业经营概述

经营是现代企业最基本的活动，直接关系到企业的生存与发展，要搞好企业的经营活动，就应先掌握企业经营的基础理论，为此，本节将着重研究现代企业经营的概念、要素、过程和机制。

□ 经营的概念

1．企业经营的涵义

经营是指企业以市场为对象，以商品生产和商品交换为手段，为了实现企业的目标，使企业的投资、生产、销售等经济活动与企业的外部环境保持动态均衡的一系列有组织的活动。它是商品经济的产物，是随着商品经济的发展、市场作用的增强和市场竞争的加剧而不断地发展起来的。

企业生产商品并非最终目的，其最终目的是为获取更多的利润，满足社会需要。为达到此目的，就必须首先进行生产，然后销售其产品，实现产品的价值和使用价值，补偿劳动耗费，以顺利地进行再生产活动。在市场经济条件下，企业在进行生产商品的活动前，需要购买各种生产资料和用品；商品生产出来之后，还要进行销售活动。这些活动都要通过市场来进行，企业为了得到购买与销售的有利条件，取得较好的经济效益，必须了解市场供求的现状、价格水平及发展变化趋势，以选定市场的范围和对象，选择生产方向、商品品种、生产方式、销售方式、定价原则和售后服务等，这些在流通领域和消费领域的活动，均属于经营活动。

2．经营与管理的关系

管理是指人们为达到预期的目标，对管理对象进行有意识的计划、组织、指挥、协调和监督等活动。

经营与管理是两个既有联系又有区别的概念。经营与管理的主要区别是：经营是商品经济的产物，管理是劳动社会化的产物；经营着眼于企业外部市场环境，管理着眼于企业内部各种管理关系；管理适用于一切组织，而经营只适用于企业；经营的主要职能是运筹、开拓、创新和决策，管理的主要职能是计划、组织、指挥、协调和监督；经营直接与盈利相连，管理则保证盈利得以实现。

经营与管理的联系主要表现在：经营与管理相互渗透，相互依赖，相互促进，相互作用，管理是经营的基础和保证，经营是管理的前提和目标。二者的功能都要通过企业发挥作用，它们的目的都是为了提高企业的经济效益。同时，经营也是管理职能的延伸与发展，在商品经济高度发达的市场经济条件下，企业管理也要由以生产为中心转变为以流通过程为中心，经营功能的日益重要而为人们所重视，企业管理的职能自然要延伸到研究市场需要、开发新产品和制定市场战略等方面，从而使企业管理必然发展为企业经营管理。

【思考题】

为什么说企业经营是企业管理的前提和基础？

现代企业经营要素

1. 现代企业经营要素的涵义

现代企业经营要素是指构成企业经营有机整体的各个组成部分，它是现代企业进行经营活动的基本条件和手段。

若从企业的功能来考察企业，企业是个以投入转换为产出的经济组织，企业经营要素与企业功能的关系可用图1－2表示：

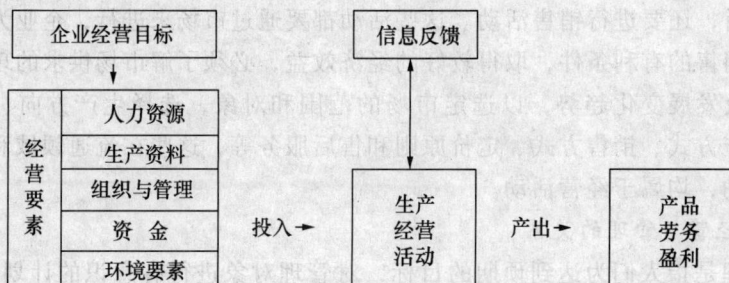

图1－2　企业经营要素与企业功能关系图

由图1－2可见，现代企业的经营活动是对各种经营要素的组合和运用。

2. 现代企业经营要素的主要内容

（1）人力资源。这是现代企业经营的人力要素。影响企业经营效益最关键的因素就是人的素质，经营过程中的市场调查预测、经营决策、资金运用、物质技术设备使用和商品买卖等活动，都要依靠劳动者来完成。因此，企业要使其经营活动正常有序地开展，一方面要保证有一支数量相当的员工队伍；另一方面，要采取有效措施，加强智力投资，不断提高员工的素质，充分调动全体员工的经营积极性。

（2）生产资料。这是现代企业经营的物力要素。企业在经营活动中所需的建筑物、机械、工具和原材料等，均属于生产资料。生产资料作为生产经营的物质手段和条件，是企业经营不可缺少的物质要素。因此，企业不仅要拥有一定数量与经营规模相适应的生产资料，而且，要不断改善建筑物、机械等物质技术设备的现状，逐步实现现代化，使之发挥出更大的作用。

(3) 资金。这是现代企业经营的财力要素。企业所拥有的固定资金和流动资金都属于企业的财力资源，在商品经济时代，资金是企业经营不可缺乏的要素，企业购买生产资料需要资金，支付员工薪金需要资金，进行商品买卖需要资金，没有必要的资金，企业的经营活动就无法开展。因此，资金数量的多少决定了企业经营的规模，企业必须拥有足够的资金，才能保证经营的顺利进行。

(4) 经营组织与管理。这是现代企业经营的组织要素。企业是个由若干劳动者集合而成的组织体，经营组织与管理就是通过有组织的团体活动，将企业的人、财、物等要素进行优化组合或配合，以便达到有效进行经营的目的。当今企业经营的特征，是以组织体的活动或以有组织的活动为基础的。只有通过严密的组织和有效管理，企业的经营活动才能正常开展和顺利进行，所以，经营组织与管理也是企业经营的基本要素之一。

(5) 环境要素。这是现代企业经营的外部要素，主要包括国民经济发展状况、党和国家的方针政策及法规、企业的地理位置和市场等。其中最重要的是市场，这是因为在市场经济时代，企业是商品生产经营者，市场是商品生产经营者的生存空间和天然活动场所，是企业经营的最基本要素。若没有市场，那么企业生产就无任何意义，更谈不上有效经营。从企业投入来看，如果没有供给市场，企业就得不到各种生产要素，生产经营活动就根本无法进行；从企业产出来看，若无快速而大量吸收商品的需求市场，企业也就无法生存发展。

【思考题】

你认为现代企业经营要素应该有哪些？

现代企业经营过程

1. 现代企业经营过程的涵义与特征

(1) 现代企业经营过程的涵义。现代企业经营过程是指企业为实现经营目标而使各要素有机结合所形成的经济活动的运行过程。

企业经营不是独立存在、静止不动的，而是由若干相互连接、相互制约的环节所构成的动态连续过程。如图 1－3 所示。

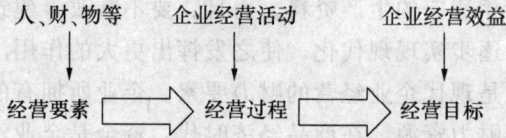

人、财、物等　　　企业经营活动　　　企业经营效益

经营要素　⟹　经营过程　⟹　经营目标

图 1－3　企业经营过程示意图

（2）现代企业经营过程的特征：

1）综合性。这是指现代企业经营过程虽然是由各环节所构成的，但每个环节都不是独立地发生作用，而是作为一个统一体来发生作用的。

2）制约性。这是指现代企业经营过程的各个环节既相互联系，又相互制约、互为条件，任何一个环节出现问题都会影响整个经营过程的正常运行。

3）连续性。这是指现代企业的经营是个连续不断、周而复始地循环运转的过程。

2．工业企业的经营过程

工业企业的经营过程有广义和狭义之分。广义的经营过程是指从市场调查开始到商品最终销售出去为止，包括生产过程在内的全过程。如图 1－4 所示。狭义的经营过程就是扣除生产环节后的全过程。本书着重研究后一种情况。

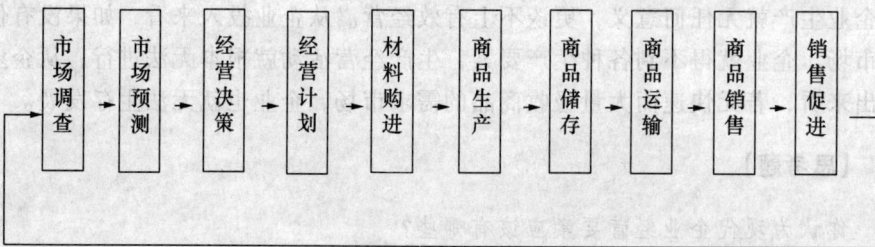

市场调查 → 市场预测 → 经营决策 → 经营计划 → 材料购进 → 商品生产 → 商品储存 → 商品运输 → 商品销售 → 销售促进

图 1－4　工业企业经营过程示意图

3．商品流通企业的经营过程

由于商品流通企业不存在生产环节，所以，商品流通企业的经营过程与工业企业狭义的经营过程相似，只是在个别环节上略有差别，如图 1－5 所示。

| 市场调查 | → | 市场预测 | → | 经营决策 | → | 经营计划 | → | 商品购进 | → | 商品运输 | → | 商品储存 | → | 商品销售 | → | 销售促进 |

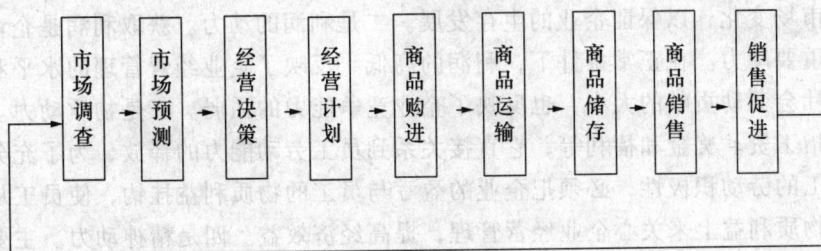

图 1－5 商品流通企业经营过程示意图

【思考题】

请画出旅游企业经营过程示意图并说明。

现代企业经营机制

现代企业经营机制是指企业经营各要素与经营环境相互作用、相互耦合、相互联系的制约关系和功能体系。它是一种能够规范和推动企业行为，使其趋向企业经营目标的内在机理，具有引导、激励和约束企业行为，实现企业经营活动良性循环的基本功能。

现代企业经营机制主要包括保证企业正常运转的运行机制、激发企业活力的动力机制和约束企业行为的调控机制。

1. 运行机制

它是现代企业经营机制的主体部分，是指现代企业在运行过程中，各经营要素直接的组合联系方式。如经营管理者与市场环境进行组合和联系，可形成市场调研方式；销售员与商品的组合和联系可形成商品销售方式；各部门、各机构之间的组合和联系，可形成企业经营组织结构和方式，等等。不同的运行机制，由于其组合联系方式不同，企业的行为和活力也不同。确保企业运行机制作用的正常发挥，是企业经营活动顺利运转的基本前提。

2. 动力机制

它是为企业系统正常运行提供能量的机制，是推动企业从事生产经营活动的力量，关系到企业运行中各种要素能量的释放。在市场经济条件下，企业的动力主要来自四个方面：一是竞争的压力。每个企业都在市场上活动，竞争作为外在的强制力量，迫使企业必须不断地提高企业素质，提高产品质量，灵活反映市场变化，以保证企业的生存发展。二是利润的动力。获取利润是企业发展的重要动力。在正常条件下，利润的高低，反映了企业经营管理的水平和职工对社会劳动贡献的大小，也反映了企业竞争能力的强弱。三是物质动力。主要是指工资、奖金和福利等，它直接关系到员工劳动能力的释放，为了充分调动员工的劳动积极性，必须把企业的盈亏与员工的物质利益挂钩，使员工从自身的物质利益上来关心企业经营管理，提高经济效益。四是精神动力。主要是指民主管理和政治思想工作等。它不仅能提高政治思想觉悟水平，而且，也是进一步提高员工劳动积极性不可缺少的有效手段。

3．企业调控机制

也称企业约束机制。它是保证现代企业实现经营目标和满足环境发展的自我约束机制，是企业行为的控制器和调节器。

企业是独立的市场主体，不仅要自我发展，而且要自我调节、自我控制。企业建立自我调控机制，有利于明确财产责任、管理责任和财务责任；有利于使企业行为合理化，符合国家宏观管理目标和国民经济发展方向，进一步增强企业的活力。建立企业自我调控机制涉及到许多方面，企业外部受到市场、社会、政策和法律等约束；企业内部涉及到改革和完善企业的经营形式、决策方式、组织结构和管理职能的合理配置，以及企业内部的监督方式等方面，是一个复杂的系统工程。

【案例】

政治思想工作一直以来是我国企业管理的重要内容，也是企业动力机制的主要组成部分。但是近年来，在一些企业中，人们普遍感到政治思想工作越来越难做，少数人甚至认为，在市场经济条件下，人们要的是物质利益，讲求实惠，政治思想工作是软任务，可做可不做。于是，在一些企业中采取了布置任务先讲报酬，表彰先进先发奖金的工作方式。出现了一批"钱经理"，"奖书记"。请问：你对这种现象有什么看法？

■ 现代企业制度

现代企业的经营管理活动需要有健全的现代企业制度来规范和保证。为此，本节将对现代企业制度的涵义、基本特征和基本内容进行分析研究。

现代企业制度的涵义和法律依据

1. 现代企业制度的涵义

（1）企业制度的产生。企业制度是指企业从事生产经营和流通的组织管理制度。任何企业都应有一套完整而严密的组织管理制度，它主要包括产权制度，组织结构，企业章程，经营目的、范围、规模、方式，职责和利益分配等规定。在这套规章制度下，形成一种运行机制，依此进行经营管理。企业规章制度是经过一定程序形成的，一旦确定，如同企业的法规，企业的投资者和所有员工都必须照章执行。

企业制度是随着社会生产力的发展变化而演变的。社会化大生产的发展，产生了工场手工业和机器大工业，并在此基础上形成了工厂，为了保证工厂能够正常运行，就需要有一套工厂的组织管理制度，即工厂制度，这就是企业制度的起源。

社会生产力的发展具有不可阻挡的力量，机器大生产推动着企业制度不断发生变革。由于生产力的提高，单个资本无力满足进行有效生产所必须的企业资本的最低限额，企业资本社会化及股份企业制度由此产生，股份公司通过改变社会资本各组成部分量的组合，实现了企业资本规模扩张的要求。由科技引起社会生产力的发展和社会化程度的不断提高，需要与之相适应的企业制度，这就是企业制度演变的规律。社会生产力的发展产生工厂，形成工厂制度，进而发展成以股份公司制度为主的现代企业制度就是遵循这条规律演进的。

（2）现代企业制度的涵义。所谓现代企业制度是指符合社会化大生产要求，适应市场经济的产权清晰、权责明确、政企分开、管理科学、依法规范的企业制度。它包括企业的产权制度、组织制度、领导制度、管理制度、经营制度以及行为规范等。

现代企业制度，一是相对于传统的企业制度而言；二是相对于非公司制的企业制度而言。公司制企业是进入现代市场经济社会以后才大量发展起来的，它是一种现代企业的基本组织形式，已成为当今社会企业最主要的组织形式，因此，现代企业制度是以公司制为主要形式的。现代企业制度可以从以下四个方面来理解：

1）现代企业制度是一种企业体制。现代企业制度是一种制度体系，即企业体制。它不是某些方面的一两项制度，也不仅仅是企业内部的组织管理制度，而是涉及到企业内外各个方面的制度体系。这个制度体系明确企业的性质、地位、作用和行为方式，规范着企业与出资者、企业与债权人、企业与政府、企业与市场、企业与社会、企业与企业、企业与消费者以及企业与员工等方面的基本关系。其中最重要的是确立企业民事法律关系的主体地位和市场竞争的主体地位。确立企业民事法律关系的主体地位，就是从法律上规定企业法人是具有民事权力能力和民事行为能力，依法独立享有民事权利和承担民事义务的经济组织。确立企业市场竞争的主体地位，就是要确立企业是具有独立经济利益的经济组织，企业行为要受到市场机制的制约，要在市场竞争中实现自身的经济利益。

2）现代企业制度是一种体现现代市场经济客观要求的企业制度。作为适应现代市场经济客观要求的现代企业制度，至少要满足市场经济的五个基本要求：一是从经营机制上看，应做到自主经营、自负盈亏、自我发展和自我制约。这就是说，企业在生产经营过程中，所需要的生产经营要素应从市场获取；企业所提供的劳务和商品要通过市场销售，其价格要在市场竞争中形成；企业要自我承担经营后果，即享有权益、承担责任。二是从产权关系上来看，应具有"三化"的特征。首先，产权关系明晰化。就是要明确企业财产的最终所有权归属于谁，企业财产的法人所有权归属于谁，所有权的代表人又是谁等问题。其次，产权结构合理化。这要明确财产的所有权、占有权、使用权、处置权、收益权在各经济主体之间的合理分割，企业应拥有独立的产权，至少是法人所有权。最后，产权流动市场化。为了使企业的资产能得到优化组合，实现保值、增值的目标，企业的资产应是可流动的，而且必须通过市场流动，这样才能使企业资产取得最佳效益。三是从规模结构和组织结构来看，企业规模应大中小并存，追求规模效益；企业组织应呈现出法人化、公司化、集团化和国际化。四是从企业内部管理来看，企业应做到组织结构合理，管理方式多样，管理手段灵活。如决策层、经营层、劳动作业层健全并相互联系、相互制约。五是从经营者的选择来看，企业经营者应来源于市场，来源于企业家阶层，应通过市场竞争产生。现代企业是以满足上述要求为前提、为基础的。

3）现代企业制度是以明晰产权，建立企业法人制为核心的。现代企业制度是在初级企业制度的基础上发展而形成的。从企业制度的发展过程来看，大体上经历了三个阶段，即独家经营制→合伙制→公司法人制。企业的原始形式是私人独家业主式企业，随着市场经济的发展，这种形式显得很不适应。一是风险太大，因为，在独家业主式企业中，投资者的其他财产与企业财产未分离，要承担无限风险责任，若企业经营不善，资不抵债，投资者即使倾家荡产也要偿付债务，这对投资者的投资积极性产生很大影响。二是受资金限制，不能从事规模较大的生产经营。为了适应大规模生产经营的需要，于是，几家业主联合起来，形成了合伙企业。合伙企业一方面可以增加资金，扩大生产经营规模；另一方面可以适当降低风险。因为几家共担风险，相对于个人来说风险有了一定程度的分散，然而这种形式的企业在生产经营过程中经常会遇到所有权和经营权合一，资金规模有限以及产权收益分配难度大等问题，再加上合伙仍然要承担无限风险责任，不能适应现代市场经济的需要。因此，以公司制为主体的法人企业代替了自然人企业，企业法人财产制应运而生，进入现代社会，企业法人财产制已成为现代企业财产组织方式的核心。企业法人财产制体现了企业财产权与实际营运权的分离，企业以法人的名义实际占有、使用、处置财产，并享有收益权。最终所有者享有一定的决策权和收益权，但不得随意干预企业经营管理的日常工作。这种法人财产制有利于企业的长远发展，不仅受到企业家的拥护，也受到所有者的欢迎。因为它体现了产权清晰、权责明确的原则，即所有者凭借投入资本获取权益、参与管理，并承担有限责任，企业法人代表承担财产保值增值的责任，既能做到风险有限，又能确保投资者的利益。

4）现代企业制度是一种以公司制为主体的企业制度。如前所述，企业有多种类型，但作为现代企业制度的组织形式基本上是公司，主要包括有限责任公司和股份有限公司。现代企业制度就是以股份公司为主体所制定的一系列经营管理制度，它对股份公司的设立、投资、运行和分配等生产经营活动作出明确的规定，从而，确保现代企业在现代市场经济中能正常有序地运行。

2．现代企业制度的法律依据

（1）法律赋予和确保现代企业具有独立的法人资格和法人财产所有权。现代企业作为现代市场经济的主体，确立其法律地位是其进行市场经济活动的重要前提。改革开放以来，我国颁布实施一系列有关现代企业法律地位的法律、法规和政策，逐步建立起最终所有权与企业法人所有权相分离的现代企业产权制度，重新确立现代企业法人地位，使现代企业具有法人实体资格。现代企业制度明确规定企业具有法人财产权，具体说，投资者的资产一旦投入企业，它就与投资者的其他财产区分开来，企业对投资者投入的财产拥有独立的法人所有权，投资者则对该财产拥有最终所有权，并依法明确企业经营者行使企业资产的经营管理职能，以确保企业资产的保值和增值。因此，法律认可现代企业具有法人财产所有权，并赋予其市场竞争的主体地位，保障现代企业具有独立的法人资格，享有民事权利，承担民事义务。

（2）公司制是现代企业法人组织的主要法律形式。企业的基本形式有三类：个人独资企业、合伙企业和公司制企业。前两类企业属于自然人企业，公司制企业则是具有法人特征的企业，一般来说，公司制企业具有四大基本特征：一是对企业债务负有限责任；二是投资主体多元化；三是所有权与经营权分离；四是有一套权责明确的组织结构和权力机构。它符合现代企业法人组织的基本要求，适应现代市场经济的需要，有利于提高企业的经营管理水平和经济效益，被法律认可为现代企业法人组织的主要形式，在当今社会被普遍采用。因此，公司制是企业法人组织的主要法律形式。

（3）在市场经济条件下，现代企业必须依法自主经营。我国法律规定，在现代企业制度下，企业在法律上和经济上都是独立自主的实体，它拥有自主经营和发展所必须的各种权利，企业面对市场获取生产要素，企业的产供销、人财物都可以根据实际需要自主决定，企业的合法经营活动得到法律的认可和保障。国家通过制定法律、法规等来为企业生产经营创造良好的市场环境，规范企业的经营行为，使现代企业依法自主经营，走上规范化、法制化的道路。

（4）法律规定现代企业以其法人财产承担法律责任。我国有关法律明确规定，具有法人资格的企业以其法人财产承担有限责任。这就是说，企业法人拥有独立的财产权与其应承担的责任能力是相等的，现代企业是具有法人特征的企业，企业的责任形式是以投资者的出资额为限，对企业债务承担有限责任，这就要求把企业的资产与投资者的其他财产在法律上严格区分开来，投资者对投入的资产拥有最终所有权，企业可以用自己的资产对债权人负有限责任，企业独立核算、自负盈亏，成为真正的市场主体。

【思考题】

为什么说现代企业制度是一种以公司制为主体的企业制度？

□ 现代企业制度的基本特征

1. 产权清晰

产权，即财产权，是关于财产关系的法律概念，是指以财产所有权为基础的若干权能的组合。

产权有两层涵义。其一，产权并不是一种权利，而是由一组权利所构成的。它包括：①财产的占有权，即实际上控制资产的权利。②使用权，即在法律允许的范围内使用财产的权利。③处置或转让权，即通过出租或出售把与资产有关的权利让渡给他人，从中获取收益的权利。④收益权，即直接以资产的使用或通过资产转让获取收益的权利。从上述可见，产权交易也可以看作是构成产权的各种权利部分或全部地让渡。

其二，产权以两种形式存在：一是产权的法律形式，即法权。这是指法律上的财产所有权，也称最终归属权所有权，这部分权利是属于所有者的（如股东等），它明确了财产的归属问题。二是产权的实现形式，即财产的营运权利（也称为企业产权或法人产权），是指经济上的所有权。它回答的是财产的经营问题，如对财产的占有、使用、收益和处置的权利。这部分权利既可以是所有者自己掌握（如小生产者等），也可以由非所有者来掌握（如租赁经营等）。产权受法律保护，任何人不得侵犯。一般来说，产权的法律形式较实现形式更为稳定，产权的两种形式，既可以合、也可以分。

现代企业制度是一种投资者明确、产权清晰的企业制度。产权清晰是指要以法律形式明确企业投资者与企业财产的关系和责任，即企业在产权关系方面的资产所有权及相关权利的归属要明确、清晰，它是现代企业制度在产权关系方面所体现出来的特征。现代企业制度中产权清晰的主要表现是：若企业的资产是由国家单独出资形成的，其企业资产的最终所有权归属于国家；若企业的资产是由多个投资者投资形成的，则企业资产的最终所有权属于多个投资者按出资额分别所有；而企业则拥有投资者出资形成的全部法人财产权，即由企业资产所有者委托或授权给企业经营者对企业全部资产行使占有、使用、处分和收益的权利。企业财产关系明晰后，任何人都不得非法侵犯所有权和法人财产权。

2. 权责明确

权责明确，是指企业资产的最终所有者与企业法人财产权的拥有者，在企业中享有的权利和承担的责任清楚、明确、具体。它是现代企业制度在权利和责任关系方面所体现出来的特征。现代企业制度中权责明确的主要表现是：投资者按投入企业的资本额享有所有权的权益，即资产收益、重大决策和选择经营者等权利，但当企业亏损或破产时，投资者只对企业债务承担以出资额为限的有限责任；投资者不直接参与企业具体的经营管理活动，不直接支配企业的法人财产。企业拥有法人财产权，享有自主经营的权利，但要以全部法人财产承担自负盈亏、照章纳税的责任，企业以自己的名义和全部法人财产享有民事权利，承担民事责任；企业行使自主权必须对投资者履行义务，依法维护投资者的权益，对企业的资产承担保值增值的责任，而不能损害投资者的权益；企业必须建立现代的企业法人治理机构，规范企业的领导体制和组织制度，明确企业内部机构的权责，使各机构能依据公司章程行使权力，承担责任，从而形成严格的权力责任体系。这就从制度上实现了投资者对经营者的监督和控制，明确企业内部的民主决策与统一指挥的关系，使权责明确落到实处。

3. 政企分开

政企分开是指政企关系要合理，即政府与企业在权利和义务等方面的关系明确，符合客观经济规律，适应市场经济体制的要求。这是现代企业制度在政府与企业关系方面所表现出来的特征。现代企业制度中政企关系合理的主要表现是：政企分开，企业不再是政府的附属物，政府也不再包揽企业的一切；政府把应属于企业的权利归还给企业，企业按市场需求自主组织生产经营活动并以经济效益作为经营目的，政府主要运用经济手段、法律手段和必要的行政手段对国民经济进行宏观管理，并把保持经济总量基本平衡，促进经济结构优化，引导整个国民经济健康发展作为宏观调控的目标，而不直接干预企业的生产经营活动；企业在市场竞争中优胜劣汰，长期亏损、资不抵债时依法破产，政府仅以投资额为限对企业债务承担有限责任，而不再承担与政府无关的责任。

4. 管理科学

管理科学是指企业管理制度、管理方法和管理手段等要科学合理，符合市场经济规律的客观要求。这是现代企业制度在企业管理方面所体现出来的特征。现代企业制度在管理科学方面的主要表现是：凡实行公司制的企业，都应按公司法的规定设置企业组织管理机构，这些机构能有效地调节所有者、经营者和职工之间的相互关系；按公司法的规定制定有关规章制度，这些规章制度能形成激励与约束相结合的经营机制，促进企业的发展；采用科学合理的管理方法和管理手段，进一步提高企业的经营管理水平，提高劳动效率和经济效益。

管理科学要求企业必须按照法律和法规办事，在政府的宏观调控下从事经营管理活动，使企业行为规范化。为此，企业应有一整套科学的管理制度，企业的权力机构、经营机构和监督机构要权责分明、相互制约、各司其职；企业内部要建立科学的管理体制，包括形成合力的领导体制、科学民主的决策体制、职工参与管理的民主管理制度、体现效率和竞争的劳动人事制度与分配制度等。

管理科学的内涵是动态变化的，它是随着生产力的发展和社会的进步而不断改善和变化。现阶段应着重考虑的内容是：企业的经营发展战略；建立科学的领导体制与组织制度；建立和完善各项管理制度，采用现代化的管理方法和管理手段；在注重实物管理的同时，更要注重价值形态的管理，注重资产经营，注重资本金的积累；开发人力资源，增加智力投资，培育企业文化，塑造良好的企业形象等。

现代企业制度的四个特征是个有机整体。一方面，四者是相互联系、互为因果和互为条件的；另一方面，只有充分体现这四个特征才能建立起市场经济的微观基础。"产权清晰、权责明确、政企分开、管理科学"这四句话是相互联系的统一体，缺一不可，不能只强调某一方面而忽略其他方面，必须全面、准确地领会和贯彻。清晰的产权关系，是建立现代企业制度的前提，产权不清晰，权责无法分清，政企难以分开。但产权清晰不是建立现代企业制度的惟一内容，现代企业制度的企业法人制度、有限责任制度、领导体制与组织制度等，都需要以产权清晰为条件，又都与权责明确、政权分开、管理科学相联系的。如果权责不明确，政企分不开，既无法建立完善的法人制度，也难以实现以有限责任制度为目标的公司制改造。现代企业制度要求企业从法人制度、管理制度、决策程序到资源配置、经营策略、收入分配等各方面都要实行一系列科学合理的管理方法和管理手段，需要企业不断提高经营管理水平，否则，就无法实现建立现代企业制度的目的。

【思考题】

为什么产权制度改革是建立现代企业制度的关键？

□ 现代企业制度的内容

现代企业制度的主要内容包括三个方面：一是现代企业法人制度；二是现代企业组织制度；三是现代企业管理制度。其基本情况可以用表 1-2 表示：

表 1-2　　　　　　　　　现代企业制度基本情况一览表

组　成	目的和要求	主要内容
1. 现代企业法人制度	明确产权关系，实行政企分开，使企业成为独立自主的市场主体	(1) 确立企业独立的法人资格 (2) 理顺产权关系，使企业拥有独立的法人财产权 (3) 实行所有权和经营权分离，政企分开
2. 现代企业组织制度	适应市场经济的客观要求，既要赋予经营者充分的自主权，又要保障所有者的权益，还要调动劳动者的积极性	(1) 建立符合现代经营管理要求的权力机构、决策机构、执行机构和监督机构 (2) 通过法律及企业章程明确各机构的权责 (3) 通过法律和企业章程使各机构形成各自独立、权责分明、相互制约的关系
3. 现代企业管理制度	企业的机构设置和管理制度能适应现代企业经营管理的需要，提高管理效率和经济效益	(1) 建立科学合理的企业经营管理机构 (2) 建立现代企业的用工制度 (3) 建立现代企业的分配制度 (4) 建立现代企业的财务会计制度

1. 现代企业法人制度

建立现代企业制度，必须完善我国的企业法人制度，其中最重要的是公司制企业产权制度，即公司法人所有权制度。它可分为两个层次：第一层次是股权，也就是最终所有权，这是股东的权力，认资不认人，股东的权力与出资额联系在一起，主要是选举权、表决权和收益权。第二层次是董事会，拥有资产的占有、使用和依法处分等实际控制权，也就是法人产权。因此，通过企业产权两个层次的分解可以理顺企业的产权关系，实现出资者所有权和法人财产权的分离。出资者所有权主要表现为拥有股权，即以股东的身份依法享有资产收益、选择管理者、参与重大决策以及转让股份等权力，而不能直接干预企业的经营活动。法人财产权主要表现企业依法享有法人财产的占有、使用、收益和处分权，以独立的财产对自己的经营活动负责。出资者所有权和法人财产权经过法律确认，均受法律保护，任何人不得侵犯。

由上述可见，现代企业法人制度能明晰企业的产权关系，拥有独立的法人地位和法人财产所有权，并据此享有民事权利和承担民事责任，使企业成为真正的市场主体。因此，现代企业法人制度是企业做到产权清晰、权责明确、政企分开和管理科学的根本前提，是现代企业制度最重要的组成部分。

2. 现代企业组织制度

现代企业组织制度，是指按照法律责任划分，更能反映现代企业的产权关系，容易形成集体决策和分工负责的市场经济通行的组织制度。

在现代市场经济条件下，现代企业的组织形式主要是公司。公司是按照《公司法》的原则设立和运行的，以法人财产为基础，实现真正的自主经营和自负盈亏的经济实体。公司是在市场经济条件下典型的、先进的和有效的企业组织形式，其专业化协作和社会化程度远远高于工厂制的传统组织形式。

公司制企业在市场经济的发展中，已经形成一套完整的组织制度。它的基本特征是：所有者、经营者和生产者之间通过公司的权力机构、决策和管理机构、监督机构形成各自独立、权责分明、相互制约的关系，并通过法律和公司章程得以确立和实现。这种组织制度既赋予经营者充分的自主权，又切实保障所有者的权益，同时能够调动劳动者的积极性。

公司组织机构主要是由股东大会、董事会、监事会及总经理四者构成：

（1）股东大会。这是股份公司的最高权力机构，由全体股东参加。股东大会一般是一年一次（特殊情况下可以召开特别大会），由董事会召开，董事长是大会的当然主席。股东大会具有选举和罢免董事会、监事会成员，制定和修改公司的章程，审议和批准公司的财务预决算、投资及收益分配等重大事项的职权。

（2）董事会。这是股份公司的经营决策机构，负有执行股东大会的决议，决定公司的生产经营决策和任免公司总经理等职权。董事会的成员由股东代表和其他方面的代表组成。董事长由董事会选举产生，一般为公司的法定代表人。董事会实行集体决策，采用每人一票和简单多数通过的原则，董事会成员对其投票要签字在案并承担责任。这样，有利于决策的民主化和科学化，同时也是对董事的决策能力进行检验。

（3）总经理。这是公司日常经营管理活动的总负责人。总经理依据公司章程和董事会的授权行使经营管理职权，对董事会负责。对总经理实行董事会聘任制，而不采用上级任命制。

（4）监事会。这是公司的法定监督机构，由股东代表和职工代表按一定比例组成，对股东大会负责。监事会依法和依据公司章程对董事会、总经理行使职权的活动进行监督，防止其滥用职权。监事会有权审核公司的财务状况，保障公司利益及公司业务活动的合法性。监事会可对董事会成员、总经理的任免及奖惩提出建议。为了保证监督的独立性，监事不得兼任公司的经营管理职务。

3. 现代企业管理制度

科学合理的现代企业管理制度是现代企业制度的重要组成部分。根据我国现有企业管理制度的现状和提高企业经济效益的目标，建立现代企业的管理制度，可以从以下四个方面入手：

（1）建立合理的企业经营机构。企业经营机构的设置应根据市场经济的客观要求和企业生产经营管理的特点及需要，按照责权分明、结构合理、人员精干、权责对等的原则，由企业自主决定。当前要重点强化开发、质量、营销、财务和信息等经营管理系统，提高决策水平、企业素质和经济效益。大型企业和企业集团公司可以根据自身需要建立投资中心、营销中心、利润中心和成本中心等。逐步形成适应现代市场经济需要的企业组织系统。

（2）建立现代企业的用工制度。就是要改变国家统一调配的用工制度，国家只在宏观上进行调控，具体用工由企业根据市场状况和企业经营管理的需要自主决定，企业与劳动者之间的用工关系在双方平等自愿的基础上，实行双向选择，并以合同方式明确和保障双方的合法权益。这样就打破了企业干部与工人之间、不同用工形式之间和不同所有制企业之间的职工身份界限，建立起符合市场经济要求的就业机制和保障机制。

（3）建立现代企业的分配制度。主要是打破统一的工资制度，在国家的宏观调控下，企业享有分配自主权。企业家和职工的收入主要取决于企业的经营状况并受劳动力市场供求关系的影响。企业家的收入与企业经济效益相联系，职工的收入则与其技能和劳动贡献相挂钩，真正做到多劳多得，充分发挥分配的激励作用。同时，各种补贴和津贴及其他福利性收入要逐步纳入工资，实现职工收入的货币化和规范化管理。

（4）建立现代企业财务制度。认真实施《企业会计准则》，要建立与国际惯例相一致的企业财务会计制度体系。同时，要赋予企业自主理财的权利，包括自主筹资权、自主投资权、资产调度权、折旧选择权和资金支配权等。

【案例】

黎明制药股份有限公司和轻兰有限责任公司都是现代企业制度试点企业，目前，前者发展势头很好，后者陷入严重亏损，形成了鲜明的对比。

黎明制药股份有限公司的前身是 20 世纪 50 年代成立的黎明制药厂，改制前也受到国有老企业各种问题的困扰，发展一直很缓慢，企业负债率达80.2%。1998 年 12 月，黎明制药厂与金明企业发展总公司等 5 家法人单位发起、组建了黎明制药股份有限公司（以下简称黎明制药）。改制 3 年来，该公司的生产、销售、利税、净利润每年均以两位数以上速度增长，连年创历史最好水平。1999 年净利润比改制前增长了 1.5 倍，企业步入了良性循环。

轻兰有限责任公司（以下简称轻兰公司）的前身是滨江三聚磷酸钠厂，1998 年 3 月，改制为国有独资公司。按《试点方案》规划，先组建国有独资公司，再将生产主体分步改造成为有限责任公司或股份有限公司，逐步形成母子公司关系的集团。但由于吸引投资困难，公司只是把 4 个生产分厂改为国有全资分公司。滨江三聚磷酸钠厂是"六五"期间建设的大型洗涤剂原料基地，1983 年投产以来为我国洗涤剂工业发展作出过重大贡献，改制前，年利润达上亿元。但 1996 年以后，受亚洲金融危机影响，以供应东南亚市场为主的主导产品五钠的出口价格大跌，企业受到沉重打击；同时，近年国内同行业低水平重复建设，市场无序竞争，再加上成本大幅上涨，致使企业雪上加霜；流动资金短缺使企业没有能力投入改造和开发，陷入恶性循环，1999 年、2000 年连续两年出现巨额亏损。

同是试点企业，同在一个地区，一个通过改制使国有老企业焕发出勃勃生机，另一个则由原来盈利的好企业沦为严重亏损，其中原因何在？

■ 本章小结

• 现代企业是指在市场经济中，以营利为目的，独立从事生产经营等活动，具有法人资格的公司制企业。现代企业是现代市场经济运行的主体，具有经济性、营利性、独立性和法人性四大基本特征。

现代企业按组织形式可分为单一企业、多元企业、经济联合体和企业集团公司；按股权形式可分为股份合作制企业、有限责任公司和股份有限公司。

企业法人是指依照法定程序成立的，能够以自己的名义从事经济活动，享受权利和承担义务的经济组织。它必须具备三个基本条件。

现代企业法人制度的主要内容是：拥有自主经营的财产；独立享有权利并承担义务；按法定程序设立和有健全的组织机构。

• 经营是指企业以市场为对象，以商品生产和商品交换为手段，为了实现企业的经营目标，使企业的生产技术等经济活动与企业的外部环境保持动态均衡的一系列有组织的活动。

管理是指人们为达到预期的目标，对管理对象进行有意识的计划、组织、指挥、协调和监督等活动。经营与管理是两个既有联系又有区别的概念，它们之间存在着相互渗透、相互依赖、相互促进和相互作用的关系。

现代企业经营要素是指构成企业经营有机整体的各个组成部分，它是现代企业进行经营活动的基本条件和手段。主要包括人力资源、生产资料、资金、经营组织与管理和环境五大要素。

现代企业经营过程是指企业为实现经营目标而使各要素相结合所形成的经济活动的运行过程。其具有综合性、制约性和连续性的特点。

现代企业经营机制是指企业经营各要素与经营环境相互作用、相互耦合、相互联系的制约关系和功能体系。现代企业经营机制主要包括保证企业正常运转的运行机制、激发企业活力的动力机制和约束企业行为的调控机制。

• 现代企业制度是指符合社会化大生产要求，适应市场经济的产权清晰、权责明确、政企分开、管理科学和依法规范的企业制度。

现代企业制度具有产权清晰、权责明确、政企分开和管理科学四大特征。它的主要内容包括三个方面：一是现代企业法人制度；二是现代企业组织制度；三是现代企业管理制度。

第 2 章

企业注册登记

■ 现代公司
■ 现代企业注册登记
■ 股份公司设立
■ 现代企业经营组织
■ 本章小结

现代公司是现代企业最基本的组织形式，现代公司的经营过程和经营组织是现代企业经营学研究的重点。因此，本章将对现代公司的主要形式、注册登记和经营组织等进行阐述，从而为进一步研究现代公司经营活动打好基础。

■ 现代公司

近年来，作为现代公司的主体有限责任公司和股份有限公司得到了广泛发展，研究现代公司的经营活动就应了解股份制公司。为此，本节将对股份公司的涵义、特征、作用和组织领导体制等进行介绍。

□ 现代公司的涵义和特征

现代公司，也称现代公司制企业。它是指具有独立的法律主体地位，对自己的行为负有限责任并冠以公司名称的现代企业组织形式。现代公司具有以下三个基本特征：

1. 公司是法人组织

现代公司是一个法人团体，具有法人地位，具有与自然人相同的民事行为能力。这是市场经济条件下公司制的最根本特点，这一点，当现代公司在西方国家出现时就约定下来了。现代公司是由投资者入股设立的法人组织，由股东会、董事会、监事会和经理组成公司的组织机构，在其法人财产的基础上营运。所有者将自己的资产交给公司董事会托管，公司董事会是公司的决策机构，拥有对公司高级经理人员的聘用、奖惩和解雇权。高级经理人员受雇于董事会，组成在董事会领导下的执行机构，在董事会的授权范围内经营企业。

2. 公司对自己的行为负有限责任

现代公司是以有限责任形式设立的，能容纳各方面投资者的股份制企业。公司既然是独立的法人，作为行为主体，它要对自己的行为负有限责任。投资者以其出资额为限，对公司债务承担有限责任，公司以其全部资产对其债务承担责任。有限责任的特征，是在法人资格的基础上逐步发展形成的，是现代企业法人地位的必然产物。

3. 公司产权商品化、市场化、货币化和证券化

现代公司的一个显著特征就是其产权多元化和股权分散化。企业由不同的财产主体出资设立，股票分散在众多的股东手中。股票或股权证作为有价证

券，可在市场上变卖、转让。这就有利于企业在公平的条件下展开竞争，促进资本的合理流动，优化资源配置。

【思考题】

现代企业的产权为什么可以交易？

现代公司的类型

现代公司的组织形式有多种，但最基本的是有限责任公司和股份有限公司。

1. 有限责任公司

（1）有限责任公司的涵义。有限责任公司是指由两个以上股东共同出资，每个股东以其所缴的投资额对公司承担有限责任，公司以其全部资产对其债务承担有限责任的企业法人。

（2）有限责任公司的特点。有限责任公司与其他公司相比，具有以下五个方面的特点。

1）限制股东人数。大多数国家的公司法对有限责任公司的股东人数，都有最低与最高的数量限制。英国、法国、日本等规定有限责任公司的股东人数，必须在2～50人之间，如有特殊情况超过50人时，须向法院申请特许。但如果因继承或遗失而使股东人数发生变更时，可以例外。在我国，有限责任公司是由两个以上50个以下的股东共同出资设立。这一点与股份有限公司是有区别的。

2）不公开发行股票。这是与股份有限公司最大的区别之一。有限责任公司的股份由全体股东协商入股，一般不分等额股份，股东交付股金后，由公司发给出资证明书，股东凭出资证明书代表的股权享受权益。股金可以是货币，也可以是实物、工业产权和土地使用权等。出资证明书不能像股票那样可以自由流通买卖。

3）严格限制股权的转让。在我国，有限责任公司的股东若要转让股权，公司设立股东会的，应由股东会讨论通过；公司不设立股东会的，由董事会讨论通过。股东会不同意转让或全体股东未一致同意转让给非公司股东的，应由本公司的其他股东购买该出资；股东会或全体股东同意转让的，本公司其他股东在同等条件下对转让的出资具有优先购买权。

4）公司的设立较简便。有限责任公司的设立，可以由一个或几个人发起，股东的出资金额在公司成立时交足即可；有限责任公司的组织机构也比较简单，可以由一个或几个董事管理；是否设监察人，由公司自行决定，股东会的召集方法及决议方法简便易行；有限责任公司的注册登记手续也较股份有限公司更为简便。

5）注册资本额起点低。一般来说，有限责任公司的注册资本的最低限额要比股份有限公司低得多，在我国，有限责任公司的注册资本的最低限额为10万元，而股份有限公司则为千万元以上。

由于有限责任公司具有上述特点，所以，许多中小规模的企业往往采用这种公司形式。一般来说，有限责任公司的数量要大大超过股份有限公司。

2．股份有限公司

（1）股份有限公司的涵义。股份有限公司是指全部注册资本由等额股份构成并通过发行股票（或股权证）筹集资本，股东以其所认购股份对公司承担有限责任，公司以其全部资产对公司债务承担责任的企业法人。

股份有限公司有两种形式：一是定向募集公司。采取定向募集公司形式，发行的股份除由发起人认购外，其余股份不向社会公众公开发行，但可以向其他法人发行部分股份，经批准也可以向本公司内部职工发行部分股份。二是社会募集公司。即公司发行的股份除了由发起人认购以外，其余股份可向国内外的社会公众公开发行。定向募集公司在公司成立一年以后增资扩股时，经批准也可转为社会募集公司。

（2）股份有限公司的特点。与其他公司相比较，股份有限公司一般具有以下特点：

1）资本总额平分为金额相等的股份。在股份有限公司中把总资本平分为金额相等的股份由股东认购，股东的股份多少与其权益大小是相对应的，一般每股拥有一票表决权，股东所持的股份越多，享受的权利越大，承担的义务就越多。这是股份有限公司有别于其他公司的重要特征之一。

2）股东必须达到最低法定人数。股东人数与公司的规模密切相关，由于股份有限公司是面向社会广泛集资，以组成规模较大的企业，因此一般规定公司的股东不得低于一定的人数，但没有上限。如法国、日本法律规定，股份有限公司股东的人数最低为7人，德国商法规定不低于5人。在我国，股份有限公司的股东不得少于5人。股东可以是自然人，也可以是法人。

3）股票是一种有价证券，可以自由转让。股份有限公司经批准后，可以向社会公开发行股票，人们可以通过认购股票而获得股份，股票可以到证券市场上市交易。股东不能退股，但可以通过自由买卖股票而转让股份。

4）公司的设立较复杂。与有限责任公司相比，股份有限公司的设立要复杂得多，一是发起人一般要 5 人以上。二是最低注册资本要求高，一般要在1000 万元以上。三是审批比较严格，特别是上市公司，必须经政府有关部门和证券交易所按一定条件和程序审批后方可发行股票。四是公司必须要成立股东会、董事会、监事会和总经理等一套完整的机构。五是股份有限公司的注册登记手续也比有限责任公司复杂。

5) 公开向社会披露重大信息。由于股份有限公司的股票是面向社会公开发行的，并可在市场上流通。为了使公司股东能够随时了解公司的经营情况和财务状况，便于投资者能鉴别优劣确定投资方向，保护广大投资者的利益，各国的公司法一般都规定，股份有限公司必须实行披露公开制度。如在每个财务年度的年中和年终公布公司的财务执行情况，对公司经营中的重大事宜及时公告等。

3.控股公司

控股公司，又称持股公司。是指以经营资产产权为宗旨，以少量资本控制其他公司的股份为业务的公司。它是股份有限公司的一种特殊类型，通过对产权的增资、撤资、兼并、调整和重组等活动，实现产权结构优化和资本回报率最大化的目的。

控股公司在 20 世纪初开始出现于美国，随后又在其他资本主义国家得到广泛发展。根据控股的方式，控股公司可以分为两类：一类是单一的控股公司，它专门从事管理控制，并不从事实际经营，设立的目的是为了掌握子公司的股份；另一类是多样性控股公司，即混合控股公司，它除了管理控制外，还要经营实际业务，西方国家的许多控股公司都是混合型的控股公司。

控股公司是大公司巩固和加强自身经济实力的重要工具。它通过发行和销售自己的股票，来收集社会上的闲置资金，用于购买其他公司的股票，然后再以所持有的这些公司的股票为后盾，扩大发行自己的股票，进而购买更多的其他公司股票。这样，它就能控制愈来愈多的其他企业和资本。

股份有限公司和有限责任公司的主要区别可见表 2－1 所示。

表 2-1　　　　　　　　股份有限公司与有限责任公司基本情况比较表

主要区别　组织形式　具体项目	股份有限公司	有限责任公司
1.股份特征	股份等额，责任有限，股票可上市	股份不等额，责任有限，出资证明书不上市
2.设立方式	资合（认购，募集）	资合（认购），并具有人合因素
3.设立操作	要求严格，程序较复杂	要求宽松，程序较简单
4.出资方式	发行股票或签发股权证	签发出资证明书
5.股东人数	有下限无上限（不少于 5 人）	有上下限（2～50 人）
6.注册资本最低限额	1000 万元人民币及以上	生产经营为主的公司 50 万元；商品批发为主的公司 50 万元；零售业为主的公司 30 万元；科技开发、咨询和服务性公司 10 万元（以上均为人民币）
7.筹资范围	社　　会	公　　司
8.筹资规模	大	小
9.出资转让	股票可以转让，没有严格限制	出资证明的转让须经公司同意，并向原登记机关办理变更登记和公告
10.出资管理	复　　杂	简　　单
11.股东的权利与义务	按所持股份类别或份额享受权利，承担义务，每一股都拥有同等权力和义务	按出资额享受权利，承担义务，并拥有表决权
12.股东承担债务责任	仅以其所认购的股份为限对公司承担有限责任	仅以其所认缴的出资额为限对公司承担有限责任
13.经营规模	大	小
14.受外部影响和冲击	大	小
15.机构设置	必须设股东会，董事必须由股东选举	可不设股东会，董事可以由股东委派
16.信息披露	公　　开	保　　密

【思考题】

为什么股份有限公司要进行信息披露？

☐ 现代公司的三要素

股东、股票和股利是现代股份公司的三个最基本要素，它直接关系到现代公司的设立和运行。

1. 股东

股东是公司股票的所有者。它包括国家、企事业法人和社会公众等。股东依法凭其所持的股票行使权利，承担义务。股东的主要权利可概括为两类：一是自益权。这是指股东因出资而享受的权利，如获取股息、红利的权利；公司解散时分配财产的权利；根据需要转让或在市场上出售股票的权利等。二是公益权。是指股东因出资而享有的对公司事务的管理权或表决权，如参加股东会议，行使表决权，选举董事；对公司经营管理活动提出意见或建议；对公司侵犯股东权益的行为有权制止直至诉讼等。

股东对公司要承担一定的义务，主要是：①按其所认股份和入股方式缴纳股金。②按其所认股份承担公司的亏损及债务。③向税务机关如实申报所获股息和红利，并依法纳税。

2. 股票

股票是证明股东所入股份的一种凭证，是有权取得股息和红利的有价证券。股票具有以下三大特点：①不可逆性。股票一经购买，持有者就不能要求退还股金，股金归企业永久支配。②风险性。股票持有者能否得到预期利益，取决于企业的经营状况和股票市场的行情，具有一定的风险性。③价格波动性。股票作为财产证书转化为交易对象，其价格是随着企业的经营状况及其他社会经济因素上下波动的。

股票的种类很多，按照不同分类标志主要可以分为以下类型：

（1）普通股票和优先股票。这是按股东权益和风险的大小划分的。普通股是股东权益和风险随着股份公司的利润变动而变动的股票，是一种最普通的股票。优先股是股东权益和风险不随着股份公司利润变动而变动的一种股票，是普通股的对称。两者的主要区别是：第一，股息分配不同。优先股东是按固定的股息率优先取得股息，一般与企业的获利多少无关；普通股东的股利是在支付了优先股股息后支付的，与公司的盈利状况密切相关，公司利多多分，利少少分，无利不分，因而是不固定的。第二，参与经营管理的权力不同。普通股东有权参与公司经营管理，对重大问题有决策权和表决权；优先股东一般不参与公司经营管理，无决策权和表决权。

（2）记名股票和不记名股票。这是按股票是否记名来划分的。凡是在股票上记有股东姓名，并将其载于股东名册上的股票，称为记名股票。这种股票不能随意转让，转让时，须将受让人姓名、住址等记入股东名册上，同时，还要将姓名记在股票票面上。凡是在股票上不记载股东姓名的股票，称为不记名股票，此类股票全凭股票的面值领取股利，故可以自由转让。

（3）金额股票和比例股票。这是按股票有无票面金额来划分的。金额股票又称票面股票，其票面上标有一定的金额。企业在发行金额股票时不能低于票面金额。比例股票又称为无票面股票。这类股票只在票面上标明每一股在企业资本中所占的比例，其面值随着企业资产的增减而变动，具有不确定性。

3. 股利

股利是指股东依靠其所拥有的股份从股份公司分得的利润，也是股份公司对股东投资的一种报酬。股利是由股息和红利构成。

股息是指公司按股票的票面金额优先分配的部分。优先股股东获取股利的方式一般采用股息，优先股的股息率是事先约定的，且固定不变，无论公司盈亏，优先股的股东都能按约定的股息率进行分配；普通股的股东要在支付优先股的股息后才能分配，而且是不固定，公司一旦发生亏损，则会分不到报酬。

红利是公司按规定股息率分派利润后的余额，经股东会决定再分配给各股东的金额。普通股的股东一般采用红利的方式来获取股利，红利率不是事先约定的，也不是固定不变的，每个普通股股东能分到的红利数量完全取决于企业的盈利状况。因此，普通股股东的命运是与公司的经营密切相关的。

【思考题】

为什么普通股的股东不能按固定的股息率进行分配？

现代公司的领导体制

现代公司的领导体制是由股东会、董事会、监事会和总经理组成。四者既相互独立，又相互联系、相互制约，形成了权责分明、统一高效的现代企业领导体制。如图 2-1 所示。

1. 股东会

（1）股东会的性质。股东会（或股东大会）是指依据《公司法》和公司章程的规定而设立的，由全体股东组成的公司最高权力机构。两个以上股东设立的股份制公司都应当设立股东会。国有独资公司可以不设立股东会，由国家授

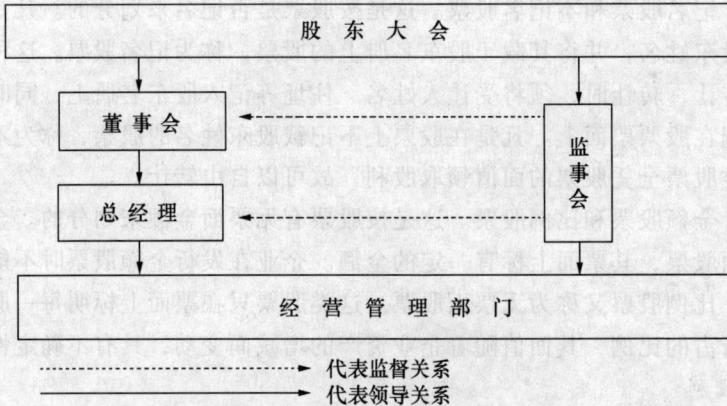

图 2 - 1　股份制企业领导体制结构图

权投资的机构、授权的部门或公司的董事会行使股东会的部分职权，决定公司的重大事项。但公司的合并、分立、解散、增减资产和发行公司债券等重大事项，必须由国家授权投资的机构或国家授权的部门来决定。

股东会的性质，主要体现在以下三个方面：第一，体现股东的意志。公司股东或董事的个人意志只能代表其个人，要使其上升为公司的意志，必须通过法定多数股东的决议。这就有必要由全体股东组成公司的议事机构。现代公司的股权分散，股东上万甚至几十万，不可能全部出席股东会，因此，股东不能亲自到会，应委托他人代为出席投票，以体现全体股东的意志。第二，股东会是公司的最高权力机构。股东会是一种非常设的由全体股东所组成的股份公司的最高权力机关，它是作为公司财产所有者对公司行使财产管理的组织，因此，凡是关系到公司经营管理和股东利益的一切重大事项，一般都要得到股东会的批准和认可方才有效。第三，股东会是公司的议事机关。股东会是公司形式上和法律上的权力机关，而不是代表机关或执行机关。它对外不代表公司，对内也不接待业务，其本身不是权力义务的主体。在各国的实践中，股东会的部分权力已转移到董事会，复杂的经营管理问题一般由具有专门知识的董事会来决策。

（2）股东会的职权。根据《公司法》的有关规定，股东会行使下列职权：决定公司的经营方针和投资计划；选举和更换董事，决定有关董事的报酬；选举和更换由股东代表出任的监事，决定有关监事的报酬；审议批准董事会和监事会的报告；审议批准公司的年度财务预算方案和决算方案；审议批准公司的利润分配方案和弥补亏损方案；对公司增加或者减少注册资本作出决议；对发行公司债券作出决议；对公司的合并、分立、解散和清算等重大事项作出决议；修改公司章程，以及公司章程规定需由股东会决定的事项。

2．董事会

（1）董事会的组成。董事是指负责公司经营决策和行使经营管理权的单位或个人。董事会是由股东大会选举的，代表全体股东利益的董事组成的经营决策机构。董事会向股东大会负责。

董事会的组成可根据公司的性质、特点和规模来确定。有限责任公司设立董事会的，其成员为 3～13 人。两个以上的国有企业或者其他两个以上的国有投资主体设立的有限责任公司，其董事会成员中应有职工代表。董事会中的职工代表由公司职工民主选举产生。董事会设董事长 1 人，副董事长 1～2 人，董事长为公司的法定代表人。股东人数较少和规模较小的有限责任公司，可以设 1 名执行董事，不设董事会，执行董事为公司的法定代表人。国有独资公司董事会成员一般为 3～9人，由国家授权投资的机构或国家授权的部门按照董事会的任期委派或更换。董事会成员中应有公司职工代表，职工代表由公司职工民主选举产生。董事会设董事长1 人，副董事长若干，董事长、副董事长由国家授权投资的机构或国家授权的部门从董事会成员中指定，董事长为公司法定代表人。股份有限公司的董事会成员为5～19人。董事会设董事长 1 人，副董事长 1～2 人，董事长和副董事长以超过全体董事的半数选举产生，董事长为法定代表人。

（2）董事会的职权。董事会对股东会负责，行使以下职权：负责召集股东大会并向股东大会汇报工作；执行股东大会的决议；决定公司的经营计划和投资方案；制定公司的年度财务预算方案和决算方案；制订公司的利润分配方案和弥补亏损方案；拟订公司增加或减少注册资本的方案以及发行公司债券的方案；拟订公司合并、分立、解散的方案；决定公司内部管理机构的设置；聘任或解聘公司总经理并决定其报酬；制定公司的基本管理制度，以及公司章程规定由董事会决定的事项。

3．监事会

（1）监事会的组成。监事会是由全体监事所组成，对公司事务进行监督的法定机构。监事会对股东大会和公司职工负责，代表股东大会和公司职工行使监督职能。

《公司法》规定，有限责任公司规模较大的，应设立监事会，其成员不得少于 3 人。监事会应当在组成人员中推选一名召集人。有限责任公司股东人数较少或规模较小的，可以不设监事会，而只设 1～2 名监事。股份有限公司必须设监事会，监事会由股东代表和适当比例的公司职工代表组成，具体比例由公司章程规定。股东代表由股东大会选举产生，职工代表由公司职工代表大会选举产生。监事的任期每届为 3 年，监事任期届满，连选可以连任。为了保证监事会工作的独立和公正，董事、经理及财务负责人不得兼任监事。

（2）监事会的职权。监事会作为行使监督职能的法定机构具有以下职权：

1）检查公司财务。监事必须了解公司内部的一切情况，才能尽到监督检查的责任，因而监事可随时调查公司的财务状况，主要是审核、查阅公司的财务会计报告和其他财务会计资料。监事通过审查公司的财务状况，监督和检查董事会是否依据法律、公司章程和股东大会的决议进行经营管理。必要时监事会可要求董事就有关问题作出说明。

2）对董事、经理执行公司职务时违反法律、法规或公司章程的行为进行监督。

3）当董事和经理的行为损害公司利益时，要求他们予以纠正。

4）提议召开临时股东大会。监事认为必要时，可提议召开临时股东大会。

5）公司章程规定的其他职权。

另外，监事可以列席董事会会议。监事会的议事方式和表决程序由公司章程规定。

4．总经理

总经理是公司中协助董事会执行业务，进行经营管理的人员。总经理由董事会聘任或者解聘，对董事会负责，董事会以经营管理经验和创利能力为标准并兼顾经理的道德水平，来挑选和聘任总经理，决定经理的报酬和支付办法。

总经理依法行使下列职权：主持公司的生产经营管理工作，组织实施董事会决议；组织实施本公司年度经营计划和投资方案；拟定公司内部管理机构设置方案；拟定公司的基本管理制度；制定公司的具体规章制度；提请聘任或者解聘公司副总经理、财务负责人；聘任或者解聘除应由董事会聘任或者解聘以外的负责管理人员；列席董事会会议以及公司章程和董事会授予的其他职权。

我国股份公司领导体制及各机构的性质和职权如表 2－2 所示。

表 2 - 2　　　　　　　　　　股份公司领导体制一览表

组织机构	产　生	性　质	相互关系	主　要　职　权
股东会	由全体股东组成	公司的最高权力机构	由董事会召集，董事长主持选举产生董事会和监事会成员	1.决定公司的经营方针和投资计划 2.选举和更换董事并决定其报酬事项 3.选举和更换监事并决定其报酬事项 4.审议批准董事会的报告 5.审议批准监事会的报告 6.审议批准公司年度财务预决算方案 7.审议批准利润方案和弥补亏损方案 8.对公司增减注册资本作出决定 9.对发行公司债券作出决议 10.对股东向股东以外的人转让出资作出决议 11.对公司合并、分立、解散和清算等事项作出决议 12.修改公司章程
董事会	由股东会或职代会选出董事，由全体董事组成并选出董事长	公司的经营决策机构	由股东会选举产生并对股东会负责聘任总经理并决定其报酬。受监事会的监督	1.召集股东会，并向股东会报告工作 2.执行股东大会的决议 3.决定公司的经营计划与投资方案 4.制订公司的年度预算、决算方案 5.制订公司利润分配方案和弥补亏损方案 6.制订公司增减注册资本的方案以及发行公司债券的方案 7.拟订公司合并、分立、解散的方案 8.决定公司内部管理机构的设置 9.聘任或者解聘公司经理、财务负责人，决定其报酬事项 10.制定公司的基本管理制度
总经理	由董事会聘任的总经理组成	公司日常经营管理业务的最高管理者	由董事会聘任并对董事会负责。受监事会的监督。可以列席董事会会议	1.主持公司的生产经营管理工作，组织实施董事会决议 2.组织实施公司年度经营计划和投资方案 3.拟订公司内部管理机构设置方案 4.拟订公司的基本管理制度 5.制订公司的具体规章制度 6.提请聘任或者解聘公司副总经理、财务负责人 7.聘任或者解聘除应由董事会聘任或者解聘以外的负责管理人员 8.公司章程和董事会授予的其他职权
监事会	由股东会或职代会选出的监事组成。由全体监事在其组成人员中推选召集人	对公司事务进行监督的法定机构	受股东会或职代会的委托对董事会、总经理的工作进行监督。监事可以列席董事会	1.检查公司的财务 2.对董事、经理执行公司职务时违反法律、法规或者公司章程的行为进行监督 3.当董事和经理的行为损害公司利益时，要求董事或经理予以纠正 4.提议召开临时股东大会 5.公司章程规定的其他职权

【案例】

　　1998 年 12 月，李某、赵某与某房产公司等单位和个人共同出资设立了鑫达房地产开发有限公司，注册资本为 1000 万元，李、赵二人各出资 100 万元。公司组建以后，房地产业不景气，效益不好。此时，恰好当地的一家电脑公司上市，股票价格上涨，房地产公司的董事长张某见此情况，召开了董事会，研究决定，拿出 700 万元以 20 元一股共购进电脑公司的股票 35 万股。但一个月后，该股票的价格下跌，至 1999 年 6 月底已跌至每股 10 元。

　　1999 年 7 月，鑫达房地产公司召开股东会，在股东会上，张某向股东们通报了购买电脑公司股票的情况，与会股东对于如何处理股票买卖导致的损失出现了意见分歧。李某和赵某等人认为：随着国家发行政策的放宽，股价在一定时期内还要跌，主张尽快抛出电脑公司的股票，损失由作出投资决定的董事会承担。张某等董事会成员认为：公司董事会作出购买股票的决定属于公司经营权的范围，董事会有权决定，损失应由公司来承担。双方争论不休，未能达成一致的协议。

　　你认为此事应该如何处理？

■ 现代企业注册登记

　　现代公司的组织机构和法人地位是开展经营管理活动的基本条件，任何现代公司在开业前都应成立必要的组织机构和取得法人地位，以保证企业经营管理活动顺利进行。因此，本节将着重介绍现代公司的设立和法人登记。

□ 企业注册登记的作用和类型

1. 企业注册登记的作用

　　企业注册登记是指企业依据政府有关法律、法令的规定，按照一定的程序和要求，在政府有关部门办理设立、开业、变更、歇业和注销等手续，以取得企业法人资格或合法经营权等活动的总称。

　　企业是从事生产经营活动的社会经济组织，从微观角度看，企业的设立、开办、歇业和全部生产经营活动是其内部事务。但从宏观角度看，它涉及到社会的生产、分配、交换和消费等各个环节；涉及到国家对社会经济活动的组织与管理。因为，企业是整个社会的经济细胞，国家必须运用经济、法律和行政等手段来管理企业，将千千万万企业的生产经营活动纳入国家宏观调控之中，以确保国民经济健康稳定地发展。企业的注册登记就是国家对企业进行宏观间接管理的一项重要内容和一种法律手段。其作用主要表现在以下三个方面：

（1）赋予企业从事生产经营活动的资格。企业的开办，不能处于无组织状态。如果某一机构或者某些人想设立一个营利性的经济组织，那么这个经济组织只有得到国家的认可，它才有可能成为企业。因为只有得到国家的认可，它才具备合法的资格，成为市场经济活动的主体。否则，无论这个组织有多少人参加，有多么完备的生产经营条件，也是非法的，是不允许存在的，它所进行的一切生产经营活动也是违法的，应予以取缔。国家通过规定开办企业应具备的条件，什么情况下可办开业登记，什么情况下应变更登记或注销登记，以及鼓励、允许开办哪类企业，限制、甚至禁止开办哪类企业等来控制和调节市场经济活动，合理调整产业结构和产品结构，提高国民经济运行的效益。

（2）保护企业的合法权益。主要表现在：

1）国家对未经登记而进行非法生产经营活动者坚决予以取缔，本身就是对经登记取得合法资格的企业予以保护，这就极为有效地防止非法生产经营者进入市场损害企业的合法权益。

2）国家规定企业经登记取得《企业法人营业执照》或《营业执照》后，可以刻制公章、开立银行账户、签订合同、申请注册商标、制作广告等生产经营活动。这些生产经营活动均受到法律的保护，不允许任何组织和个人进行非法侵害。企业经登记除享有生产经营权等经济权利外，还依法享有一定的人身权，如名称权、名誉权、荣誉权等，如受到非法侵害，同样可依法请求国家予以保护。

（3）维护社会经济秩序。我国进行经济体制改革的重要目标之一，是建立适应社会主义市场经济发展的市场新秩序。这就需要通过尽快地制定和完善市场规则来完成。通过企业的注册登记，国家不仅赋予企业市场主体的资格，而且也限定它的生产经营范围，包括其从事生产经营的行业范围、产品品种和经营方式等。对严重超越经营范围，扰乱市场秩序的生产经营活动，国家要制止并予以制裁。由此可见，企业应遵守的经营范围是市场规则的组成部分。企业只有在不违反市场规则的前提下积极从事生产经营活动，才能符合社会和市场的整体要求，才能受到法律的承认和保护。因此，企业注册登记能起到促使企业遵守市场规则，维护社会经济秩序的作用。

2．企业注册登记的类型

企业注册登记，按是否取得法人资格可分为企业法人登记和营业登记；按登记的内容可分为开业登记、变更登记和注销登记。

（1）企业法人登记和营业登记。

1）企业法人登记。这是指具备法人条件的经济组织一经依法登记，即取得企业法人资格的登记。所谓法人是指具有民事权力能力和行为能力，依法独立享有民事权利和承担民事义务的组织。按照《中华人民共和国民法通则》规定，法人可享有的民事权利主要有财产所有权、经营权、债权、知识产权和人身权等。企业依法成立时要有必要的财产或经费，有自己的名称、组织机构、组织章程和场所，能够独立承担民事责任。具备了这些条件后，经过登记方能取得企业法人资格。

2）非法人登记（营业登记）。这是指不具备法人条件的经济组织依法登记后，只取得营业资格的登记。如由企业法人设立的不能独立承担民事责任的分支机构应进行的登记，不具备法人条件的联营企业、独资或合伙的私营企业应进行的登记等。根据《企业法人管理条例》的规定，事业单位和科技性社会团体设立的不能独立承担民事责任的机构，也要按一定的登记程序进行营业登记，这也属于非法人登记的范畴。

（2）开业登记、变更登记和注销登记。

1）开业登记。这是指开办设立企业必须向工商行政管理部门申请办理的登记。它的作用是确认企业享有企业法人资格或营业资格。企业必须经过开业登记，领取《企业法人营业执照》或《营业执照》后，方可进行生产经营活动。

2）变更登记。这是指经开业登记已取得合法资格的企业要改变原登记事项，如名称、住所、法定代表人、经营范围、注册资金以及增设或撤销分支机构时应办理的变更手续。这种变更登记一般不涉及企业的合法资格问题，但在企业分立、合并需要变更登记时，有可能影响到原来的合法资格。如某小企业并入某大企业时，大企业在变更原企业登记的同时，小企业的原合法资格应予注销。

3）注销登记。这是指经开业登记已取得合法资格的企业在歇业、被撤销、被宣告破产或因其他原因终止营业时应当办理的注销手续。企业经注销登记后，登记主管机关应收缴《企业法人营业执照》或《营业执照》（包括副本），收缴公章，并将注销登记情况告知被注销登记企业的开户银行。应办理注销登记而未办理或办理注销登记后仍从事生产经营活动的，均属于违法活动，应依法受到制裁。企业因违法经营，被工商行政管理部门吊销营业执照时，由工商行政管理部门直接注销其登记。一般情况下，注销登记由当事人申请办理。

【思考题】

企业法人登记与营业登记有何不同？

□ 企业注册登记的主要事项

根据《企业法人登记管理条例》和《公司登记管理条例》的规定，企业法人注册登记的主要事项有：

1. 企业名称

这是企业法人地位的标志。企业的名称登记是维护社会经济秩序、保证企业合法权益的重要内容。企业名称由企业自行申请，报工商行政管理部门核定；企业名称在核准登记以后，在一定范围内享有专用权，任何人不得侵犯。企业名称由字号（商号）、所属行业或经营特点、组织形式等内容组成，一般采用"三段式"的表述方式，如杭州现代电器股份有限公司，"现代"是字号，"电器"表示行业，"股份有限公司"表示组织形式。

2. 住所和经营场所

住所是指企业主要办事机构的地址。《民法通则》第三十九条规定："法人以它的主要办事机构所在地为住所"。如金陵贸易公司有一个总部和四个经营部，就应把总部的所在地作为住所。经营场所主要是企业生产经营的地址、面积和位置等。企业的住所、生产经营地址、地址的面积、环境及其他条件的选择是否合适，必须通过企业的注册登记接受审查。

3. 法定代表人

根据《民事通则》的有关规定，企业的法定代表人是指企业的董事长或总经理，他们是企业的法定负责者。企业与企业之间、企业与国家之间以及企业与企业之外发生的一切涉及法律的事项，均应由法定代表人出面解决，并承担责任。国家对法定代表人的资格有着特别的规定，企业应按规定来确定法定代表人。经核准登记注册的法定代表人是代表企业法人行使职权的签字人，法定代表人的签字应当向登记主管机关备案。企业法定代表人如需更换，则应向工商行政管理部门申报更正。

4. 经济性质

企业的经济性质是由主管登记机关根据单位的财产所有权归属、资金来源、分配形式以及有关规定审定的。当前，我国企业的经济性质有全民所有制企业、集体所有制企业、合营或联营企业、个体所有制企业以及中外合资企业等等。随着我国现代企业制度的逐步建立，产权的流动和重组，财产混合所有的企业将会越来越多，注册登记制度应从注重经济性质转向明晰产权关系，明确出资者的法律责任和企业的组织形式等方面，要把审查企业章程作为重点。

5. 经营范围和经营方式

经营范围是指企业生产经营活动的行业和项目，如家电制造兼销售、房地产经营、食品销售等。经营方式是指企业采取什么样的方式从事生产经营活动，如来料加工、批发、零售、代购代销等。主管登记的机关应根据申请人的申请和所具有的条件，按国家法规、政策以及规范化的要求，核定企业的经营范围和经营方式。这是企业从事合法生产经营活动的主要依据之一。

6. 注册资金

注册资金是指企业在登记机关注册登记的实有资金数额。资金是企业从事生产经营活动的保证，企业能否获准登记开业，能否获得法人地位与资金数量的大小以及资金来源有着密切的关系。若企业的资金总额与申请开业的范围、方式和企业的组织形式等不相符，不予登记；若资金来源和使用方向不正当，也应不予登记。

7. 经营期限

经营期限是联营企业、外商投资企业的企业章程、协议或合同所确定的经营时限。主管登记机关核定经营期限后，在核发的营业执照上注明有效期，有效期自核准登记之日起计算。

8. 分支机构

分支机构是指企业法人附设的分厂、分店，也包括工业企业附设的自销门市部和商品流通企业附设的车间、加工厂等。这些附属单位一般都不独立核算，但可以直接从事生产经营活动。

此外，股份公司在进行登记时还应注明有限责任公司股东或者股份有限公司发起人的姓名或者名称。

营业登记的主要事项有：①名称；②地址；③负责人；④经营范围；⑤经营方式；⑥经济性质；⑦资金数额；⑧隶属关系。对上述登记注册的主要内容和要求，基本上与企业法人登记相同。唯有隶属关系这一项是指进行营业登记的机构是否有开办单位，或者说隶属于哪个部门或单位。

【思考题】

企业法人登记为什么要规定最低注册资金?

□ 企业登记审批程序

1. 企业法人开业登记

根据我国有关政策和法规的规定,企业法人开业登记除了法律、法规和条例另有规定的,涉及国家垄断、国家安全和人民健康的行业仍由行业管理部门审批外,其余企业的开办均取消行政主管部门的专项审批和许可证,由企业直接向工商行政管理部门申请登记注册。其审批登记的主要程序如图 2-2 所示。

图 2-2　企业法人开业登记的程序

(1) 申请。企业申请开业或筹建开业,应由指定的代表或委托代理人向当地工商行政管理机关递交企业名称预先核准申请书,并填写设立登记申请书,这是申请开业的第一步。

(2) 提交材料。在企业名称获得批准后,企业还应向当地工商行政管理部门提供委托证明、设立登记申请书、公司章程、验资证明、股东身份证明、公司住所证明和企业法定代表人的身份证明等有关文件的材料。

(3) 登记审查。企业的登记审查是登记审批程序的重要内容。登记审查,首先是对申请登记的程序和有关手续是否完备、有关文件副本是否齐全进行审查;其次是对申请开业或筹建的企业的可行性进行审查。国务院有规定的行业必须符合国务院规定的开办条件;没有规定的其他企业,应符合下述条件,才予以核准登记:

1) 有固定的生产经营场所和必要的经营设施。

2) 有固定的从业人员。

3) 有必要的资金。

4）常年生产经营或季节性生产经营 3 个月以上。

5）有明确的生产经营范围，并符合国家有关政策、法令。

（4）核准登记。接受申请登记的有关工商行政管理部门对申请登记须交的申请书和有关文件，经过认真审查，符合登记条件的，应当核准登记，并发给筹建许可证或营业执照。

（5）筹建开业。登记核准后，企业就可凭发给的筹建许可证或营业执照到银行开立账户，进行筹建或生产经营活动。"营业执照"分正本和副本，前者为悬挂式，用以公开悬挂，以示合法经营之意；后者为折叠式，用于企业的业务联系，如签订合同、注册商标、申请贷款等。未经核准登记的工商企业，一律不准筹建开业，也不得刻制公章、签订合同、注册商标和刊登广告，银行也不予开户。

2．变更登记

变更登记是企业开业后因各种原因需要改变名称、注册资金、生产经营范围和法定代表人等事项的登记。企业上述的变更应按有关规定在批准后 30 日之内，向原核准登记的工商行政管理部门办理变更登记。

企业申请变更登记，应当向登记机关提交下列文件：

（1）企业法定代表人签署的变更申请登记表。

（2）依据有关法律法规作出的变更决议或决定。

（3）企业登记机关要求提交的其他文件。

3．注销登记

企业注销登记是指企业因破产、合并和分立等原因而进行的企业终止活动的登记。有下列情况之一的，企业清算组织应在自企业清算结束后规定的期限内向企业原登记机关申请注销登记。

（1）企业被依法宣告破产。

（2）企业章程规定的营业期限届满或其他解散事由的出现。

（3）股东会决议解散。

（4）企业因合并、分立解散。

（5）企业被依法责令关闭。

企业申请注销登记，应提交下列文件：

（1）企业清算组织负责人签署的注销登记申请书。

（2）法院破产裁定、股东会的决定或决议和行政机关责令关闭的文件。

（3）股东会或者有关机关确认的清算报告。

（4）《企业法人营业执照》。

（5）法律、行政法规规定应当提交的文件。

企业歇业时，应按有关规定批准后 30 日内，向工商行政管理部门办理注销手续，缴销营业执照。企业停业一年以上的，应视为歇业，应办理注销手续。

企业合并、分立、转业或者迁移时，应按有关规定在批准后 30 日内，分别不同情况，向工商行政管理部门办理开业登记、变更登记或歇业注销手续。

申请办理非企业法人开业登记（营业登记）的程序与企业法人的注册登记程序基本相同。

【案例】

1998 年 2 月 20 日，某市化学工业公司与某县农资公司签订了购销化肥的合同，合同规定由某市化学工业公司在 1998 年 6 月底之前分 5 批销给某县农资公司碳酸氢铵 5000 吨，每吨 200 元，共计货款 100 万元，由供方代办托运，到货验收，货款按月在每月底结算。此外，合同还规定了违约责任。合同签订后，某市化学工业公司分别在 3 月 5 日、4 月 5 日和 5 月 5 日向某县农资公司发出化肥各 1000 吨，但某县农资公司一直未付货款。1998 年 5 月 30 日，某市化学工业公司派人到某县农资公司催要货款时，某县农资公司表示付款有困难，经双方协商，同意解除合同，并约定已供化肥单价由每吨 200 元降至 180 元，但所欠货款必须在同年 7 月 30 日前付清，在此之前未付货款的违约金不再追究。同年 6 月 10 日按约付款 10 万元。1998 年 6 月 20 日，某县农资公司接到该县经济委员会的文件，将某县农资公司合并到某县工业供销公司，并将某县工业供销公司改名为"某县工业物资公司"，并行文通知正式启用"某县工业物资公司"的印章和财务专用章，某县农资公司的领导机构撤销，财产并入某县工业供销公司。但某县工业供销公司发现某县农资公司负债过多，不愿合并，便一直未到县工商行政管理部门办理变更登记，某县农资公司也没有办理注销登记。1998 年 7 月 10 日，某市化学工业公司又向某县农资公司催收所欠货款，某县农资公司则称已合并，要化学工业公司向某县工业物资公司收款，但某县工业物资公司拒付。一直到同年 9 月 1 日，某市化学工业公司未能收到货款，于是，某市化学工业公司遂向人民法院起诉。

你认为该案应如何处理？

■ 股份公司设立

股份公司是现代公司的基本形式，是实现我国企业制度改革目标的有效组织形式。因此，根据我国《公司法》的规定，严格规范股份公司的设立，这对于我国现代企业制度的建立和完善，有着非常重要的意义。

□ 有限责任公司的设立

1．设立条件

有限责任公司的设立是指设立公司的自然人或法人，为组建公司，使公司取得法人资格而必须完成的一系列法律行为。根据我国《公司法》的有关规定，设立有限责任公司首先应具备以下基本条件。

（1）股东符合法定人数。这包括两个方面的内容：①自然人、法人均可成为有限责任公司的股东，但这些人作为设立有限责任公司的股东，必须具有设立有限责任公司的资格。例如，发起人作为自然人时，必须具有完全的民事行为能力。②设立有限责任公司的股东人数应在 2 人以上 50 人以下。国家授权的投资机构或者国家授权的部门，可以单独投资设立国有独资有限责任公司。

（2）股东出资达到法定最低资本限额。所谓法定最低资本额是指我国《公司法》规定的，要求设立公司必须达到的基本数额。按照《公司法》的规定，设立有限责任公司的注册资本，必须符合下列法定资本额：以生产经营为主的公司和以商品批发为主的公司不得少于人民币 50 万元；以商品零售为主的公司不得少于人民币 30 万元；科技开发、咨询、服务性公司不得少于人民币 10 万元。对于特定行业需高于上述规定的，由法律、行政法规另行规定。要求有限责任公司的注册资本必须符合法定的基本数额，其主要目的是防止公司的滥设，防止皮包公司的出现，损害社会公众和公司债权人的利益，减少社会生活中诈骗现象的出现。

（3）股东共同制定公司章程。按照我国《公司法》的规定，设立有限责任公司必须制定公司章程。公司章程是指由股东共同制定的规定公司组织和行动的基本规则和重要文件。它不仅是公司的自治法规，而且也是国家管理公司的重要依据，股东不得违反，其内部组织机构的有关人员也不得违反。有了公司章程，公司股东的合法权益和债权人的利益就能得到保护，公司的生产经营就能得到保障。

（4）有公司名称，建立符合有限责任公司要求的组织机构。有限责任公司在设立时应事先拟定好公司的名称，然后，填写公司名称预先核准表，最后向有关登记机关申请登记。同时，还应根据有关规定和企业实际建立相应的组织机构。有限责任公司的组织机构可分股东会、董事会（执行董事）、监事会或者监事。

股东会是有限责任公司的最高权力机构，我国《公司法》规定，有限责任公司股东会由全体股东组成，是公司的权力机构，依照本法行使法定职权。按照这一规定，股东会是有限责任公司的必备机关，有限责任公司必须依法设立。

董事会或执行董事是有限责任公司的经营决策机构。我国《公司法》规定，有限责任公司设立董事会，其成员为 3~13 人；股东人数较少和规模较小的，可设一名执行董事，不设董事会，由执行董事行使董事会的职权。

监事会或监事是有限责任公司设立的监督公司经营活动的机构。我国《公司法》规定，有限责任公司经营规模较大的，应设立监事会，其成员不得少于3 人。监事会应当在其组成人员中推选一名召集人。监事会由股东代表和一定比例的职工代表组成。有限责任公司的股东人数较少和规模较小的，可设 1~2 名监事。

（5）有固定的生产经营场所和必要的生产经营条件。这是有限责任公司进行生产经营活动的基本条件。如机器设备、厂房仓库和技术条件等。

（6）经过审批。根据我国《公司法》的有关规定，这一程序并非设立所有的有限责任公司都要经过的程序，只是法律、行政法规规定必须报经审批时，才要经过这道程序。现阶段成立有限责任公司须经审批的主要是特殊行业，如印章公司、医药公司和娱乐公司等。

2．有限责任公司的设立程序

（1）订立公司章程。公司章程是有限责任公司进行生产经营活动的最基本依据。公司章程应由公司股东一致同意制定，主要应载明下列事项：公司的名称和依据；公司的经营范围；公司的注册资本；股东的姓名或名称；股东的权利和义务；股东的出资方式和出资额；股东转让出资的条件；公司机构及其产生的办法、职权和议事规则；公司的法定代表人；公司的解散事由与清算方法；股东认为需要规定的其他事项等。

（2）股东出资。股东出资是指股东必须对认缴的出资额进行缴纳的行为。股东出资包括两个方面的内容：①股东的出资方式；②股东对所认出资的缴纳。

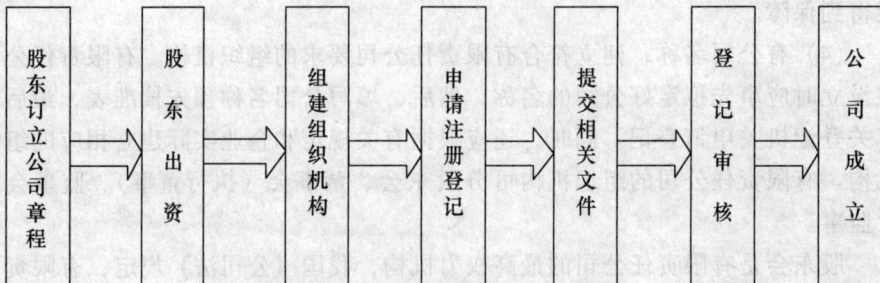

图 2－3　有限责任公司的设立程序

　　根据我国《公司法》的有关规定，股东出资方式有以下两种：①股东可以用货币出资。货币可以是人民币，也可以是人民币以外的其他货币，如美元、英镑、日元等。②可以用财产权出资。主要包括：实物（如房屋、机器、设备等）、工业产权（如商标权和专利权等）、非专利技术和土地使用权等。

　　根据我国《公司法》的规定，对于财产权的出资，有以下要求：①必须进行评估。即由国家核准登记的资产评估机构，依据国家有关规定进行评估。②不得超过一定的比例。即以工业产权、非专利技术作价出资的金额不得超过公司注册资本的 20％。③以土地使用权出资的必须依照《土地管理法》等有关的规定办理手续。

　　关于出资的缴纳，包括以下内容：①出资必须一次缴清。股东以货币出资的应当将货币一次足额存入准备设立的有限责任公司的临时账户；以实物、工业产权、非专利技术或者土地使用权出资的，应当依法办理财产转移手续。如属于房产和土地使用权的，要到有关管理部门办理过户手续。②未按照公司章程规定认缴出资的，应当承担法律责任。③出资后应当由法定的验资机构来验资，并出具验资证明。④公司注册资本为各个股东的实缴出资额之和。

　　（3）组建组织机构。就是按照《公司法》的规定和要求，召开股东会，选举出公司的董事和监事，并组成董事会、监事会和相应的经营机构，从组织体制上保证公司生产经营的正常运转。

　　（4）申请设立登记。根据我国《公司法》和《公司登记管理条例》的规定，股东的全部出资经过法定的验资机构验资以后，由全体股东指定的代表或者共同委托代理人，向公司的登记机关申请设立公司。

　　（5）提交相关文件。公司在设立登记时，股东代表或代理人应当向工商管理部门提交公司登记申请书、公司章程、验资证明等文件，特殊行业还应提交法律和法规规定的有关审批文件。

(6) 登记审核。工商登记机关应对公司登记申请书等文件进行审查，在认为必要时可以派员进行检查出资情况，对符合条件的予以登记，否则不予登记。

(7) 公司成立。公司成立日期为公司营业执照签发日。公司经登记后产生以下法律后果：公司取得法人资格，成为有限责任公司；产生的债务由公司承担；可以使用有限责任公司名称；公司可以开展生产经营活动；公司名称专用，任何单位和个人不得侵犯其名称。

【思考题】

联系实际写出某有限责任公司的公司章程。

□ 股份有限公司的设立

股份有限公司的设立是指使股份有限公司成为企业法人的一系列法律行为。股份有限公司的设立应做好以下一些工作：

1. 具备设立条件

设立股份有限公司，至少应具备以下条件：

(1) 发起人。公司发起人是指根据《公司法》的规定订立公司协议，提出设立公司申请，认购股份并对公司的设立承担法定责任的自然人和法人。

依据我国《公司法》规定，设立股份有限公司（除国有企业改建为股份有限公司外）必须有 5 人以上的发起人，其中必须有过半数的发起人在中国境内有住所，无行为能力和限制行为能力的人不宜作为发起人。发起人应对公司的设立负责，即：公司发行股份未能缴足时，应负连带认缴责任；公司不能成立时，对设立行为所产生的债务和费用负连带责任；公司不能成立时，对认股人已缴纳的股款，负返还股款并加算银行同期存款利息的连带责任；在公司的设立过程中，由于发起人的过失致使公司利益受到损害的，应当对公司负赔偿责任。

(2) 资本。主要包括两个方面的内容：①拟设立或改建的公司的总资本。根据《公司法》的规定，股份有限公司注册资本的最低限额为人民币 1000 万元。股份有限公司注册资本的最低限额需高于上述规定限额的，由法律、法规另行规定。②发起人准备投入公司的股份。按规定，以募集方式设立公司的发起人认购的股份，不得少于公司应发行股份总数的 35%，这就是说，如果要以募集方式招股而设立股份有限公司，其认购股份的最低限额应在人民币 350 万元以上，否则就不具备设立股份有限公司的起码资本条件。

（3）股份发行、筹办事项符合法律规定。这是指发起人在筹建设立股份有限公司时要按法律规定的要求和程序进行，不得违反法律的规定。如向社会公开募集股票时，必须向国务院证券管理部门递交募股申请，并且严格按《证券法》和国家规定的程序进行。

（4）发起人制定公司章程，并经创立大会通过。公司章程的主要内容应包括：公司名称和住所；公司宗旨和经营范围；公司的设立方式及其股份发行范围；公司注册资本、股份总数、各类别股份总数及权益、每股金额；股份转让办法；发起人的姓名或名称、认购的股份数；股东的权利和义务；董事会的组成、职权、任期和议事规则；公司的法定代表人；监事会的组成、职权、任期和议事规则；公司利润分配方法；公司解散事由与清算办法；公司的通知和公告办法；股东大会认为需要规定的其他事项。发起人制定的公司章程必须经创立大会通过才能生效。

（5）有公司名称，建立符合股份有限公司要求的组织机构。即依法成立公司的股东会、董事会和监事会等。

（6）有固定的生产经营场所和必要的生产经营条件。如厂房、营业场所、仓库和机器设备等。

2．设立方式

股份有限公司的设立有两种：

（1）发起设立。发起设立是指由发起人认购公司应发行的全部股份而不再向社会公众公开募集股份进行设立公司的行为。

采取发起设立方式设立公司，是由于各个发起人的资金比较雄厚，或者公司的资本总额无需太高，在创立公司时，无需向社会公众募集资金，发起人的出资即可构成公司的资本总额，所以，发起人就可以采用这种较为方便的方式设立公司。采用发起设立的股份有限公司，在其发行新股之前，其全部股东都是设立公司的发起人，而没有其他的任何人作为该公司的股东。

（2）募集设立。募集设立是指由发起人认购公司章程所确定的一部分股份，其余部分股份向社会公开募集而设立公司的行为。发起人采取募集设立方式设立公司，是希望通过向社会公众发行股份而募集更多的资金，从而使公司能够具有更高的资本总额。由于向社会公众募集股份，凡是持有公司股份的人都是公司的股东，所以，以募集方式设立的股份有限公司，从其成立时起，其股东除发起人外，还有社会公众。

3．设立程序

（1）发起设立。发起设立的基本程序如图 2－4 所示：

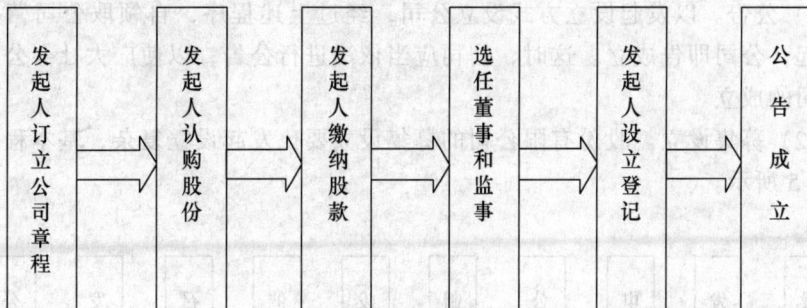

图 2－4　股份有限公司发起设立的基本程序

1）发起人订立公司章程。公司章程是由公司发起人制定的，公司股东、股东会、董事会、监事会和公司职工必须遵守的行为规范，是保证公司正常经营和发展的规则。公司章程经发起人一致同意之后，即在发起人之间发生法律效力；经注册登记后，即对外发生法律效力。

2）发起人认购股份。认购股份是指发起人对公司应发行的股份，以书面的形式承诺认购的股份数量。发起人在进行创立公司的活动中，首先要确定公司的资本总额是多少，以及资本总额划分为多少股份、每一股的金额是多少。资本总额所划分成的一定数量的股份就是公司应发行的全部股份。在以发起方式设立公司时，每一个发起人都应当以书面承诺自己将要购买多少股份，并且所有发起人所承诺购买股份的总和，应当等于公司应发行的全部股份。

3）发起人缴纳股款。是指发起人按认购股份的全部金额缴纳股款。缴纳的股款可以用货币，也可以用实物、工业产权、非专利技术和土地使用权等作价出资，但不得以劳务和信用出资；以货币以外其他资产折价入股的，必须按国家有关规定对该资产进行评估和确认。

4）选任董事和监事。公司在设立之前要选任董事和监事。发起人在交付全部出资以后就应选举出公司的董事和监事，组成董事会和监事会。按规定，公司的董事和监事应当由出席股东大会的代表股份总数半数以上的人通过，方为有效。

5）发起人设立登记。发起人在交付全部出资并选任董事会和监事会后，应当由董事会向工商行政管理部门申请设立登记，并报送有关文件以登记注册。

工商行政管理部门自接到股份有限公司设立登记申请之日起 30 日内作出是否给予登记的决定。对符合规定条件的，予以登记，并颁发公司营业执照；对不符合规定条件的，则不予登记。公司营业执照签发日期为公司成立日期。

6）公告。以发起设立方式设立公司，经过上述程序，自领取公司营业执照时起，公司即告成立。这时，公司应当依法进行公告，以使广大社会公众知道公司的成立。

（2）募集设立。股份有限公司的募集设立要比发起设立复杂，基本程序如图 2－5 所示。

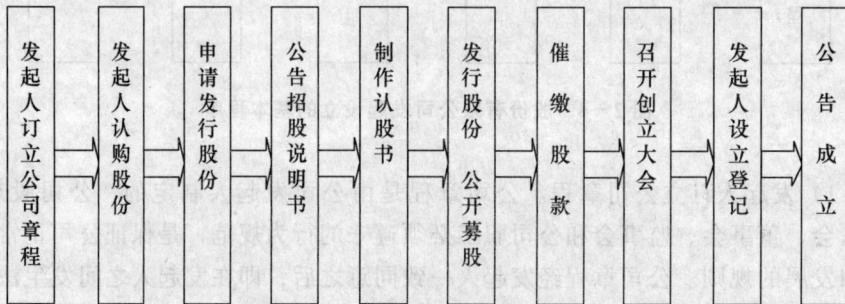

发起人订立公司章程 → 发起人认购股份 → 申请发行股份 → 公告招股说明书 → 制作认股书 → 发行股份 公开募股 → 催缴股款 → 召开创立大会 → 发起人设立登记 → 公告成立

图 2－5　股份有限公司募集设立的基本程序

1）发起人订立公司章程。公司章程的内容和要求与发起设立基本相似。

2）发起人认购股份。以募集设立的，发起人认购的股份不得少于公司股份总数的 35％，其余可以向社会公开募集。若所有发起人承诺购买的股份数额达不到公司股份总数的 35％，将会导致公司不能成立。

3）申请发行股份。发起人向社会公开募集股份时，必须向政府有关部门提出申请，并递交下列文件：批准设立的文件；公司章程；经营估算书；发起人姓名或名称、认缴股份数、出资种类及出资证明等；招股说明书；代收股款的银行的名称和地址；承销机构的名称及有关协议。发起人未经批准，不得向社会发行股份。

4）公告招股说明书并制定认股书。公司招股说明书是由发起人制定的，向社会公众公开的说明文书。公司招股说明书除要附有公司章程外，还应包括以下内容：发起人所认购股份数；股票的票面金额和发行价格；无记名股票的发行总数；认股人的权利和义务；本次招募股份的起止期限以及逾期未募足时认购人可撤回所认股份的说明。依法制定招股说明书，其目的是让社会公众了解发起人的情况，了解将要成立的公司的情况和认股人自己所享有的权利和所承担的义务。

认股书应载明招股说明书的事项，由认股人填写股数、金额、住所并签名盖章。投资人填写认股书，而且认股总数达到应募足数量时，则可视为认足股份。

5）发行股份，公开募股。在发起人认购一定数额的股份以后，其余股份就可以向社会公开募集。发起人在向社会公开募集股份时，必须依法经国家证券管理部门批准，并公告招股说明书，才能由依法批准设立的证券经营机构承销和代销，由社会公众认股。公司登记成立后，还应当将募集情况报证券管理部门备案。

6）催缴股款。发起人及社会公众认购股份后，应当依法缴纳自己所认股份的全部股款。投资者认足股份后，发起人应向认股公众发出催缴股款的通知，并指定合理的缴纳股款期限。认股投资者应于该期限内缴纳股款，逾期没有缴纳股款的，视为弃权并应赔偿相应的损失。股款缴足后经法定机构验资出具证明，发起人应于 30 日内召开创立大会。

7）召开创立大会。发行股份的股款缴足后，发起人应当依法召开创立大会，由创立大会依法对公司的设立及公司机构的有关事项作出决议。

创立大会是公司成立前的预备会议，具有三大特征：一是创立大会由全体认股人员参加；二是创立大会应在股款缴足后公司成立之前召开；三是创立大会的性质与股东大会相当。

根据我国《公司法》的规定，公司创立大会行使的职权是：审议发起人关于公司筹办情况的报告；通过公司章程；选举董事会成员；选举监事会成员；对公司的设立费用进行审核；对发起人用于抵作股款的财产的作价进行审核；发生不可抗力或经营条件发生重大变化直接影响公司设立时，可以作出不设立公司的决议。

创立大会对以上所列事项作出决议，必须经出席会议的认股人所持表决权的半数以上通过。

8）设立登记。董事会应当于创立大会结束后 30 日内，向工商行政管理部门报送有关文件，申请公司设立登记。申请登记时，董事会应当提交下列文件：有关主管部门的批准文件；创立大会的会议记录；公司章程；公司筹办的财务审计报告书；董事会、监事会组成情况、成员姓名及住所；验资证明；法定代表人的姓名和住所；公司登记机关认为必要的其他文件。

工商行政管理部门对于提交的文件核准后，即发给《企业法人营业执照》。

该执照的签发日期即为公司成立日期。

9）公告。公司成立后应依法进行公告，以使广大社会公众知道公司的成立。

【案例】

1999 年 7 月 2 日，A 市某房地产开发有限公司与 B 市某贸易公司共同发起设立某饮料有限责任公司。双方发起人订立了发起人协议，在协议中详细约定了出资、机构设置等《公司法》规定的事宜，同时约定公司筹备及注册登记由房地产公司负责。同年 8 月 15 日，贸易公司依约将 75 万元投资款汇入房地产公司账户。此后双方制定了公司章程，设置了董事会等机构。上述工作完成后，房地产公司一直未按约定进行公司注册登记，到 2001 年 10 月，已超过约定注册时间两年多，公司仍未注册，公司业务也因此未开展。此时贸易公司方面因业务变化，要求抽回出资。双方发生争执，贸易公司诉至法院，以对方违约为由，要求房地产公司退回投资款，房地产公司则称：双方签订协议，缴纳出资款，制定了章程，成立了董事会，虽未按约定履行注册登记手续，但公司实质上已合法成立。贸易公司在公司成立后要求抽回投资，违反法律规定，请求法院判决驳回原告的诉讼请求。假如你是法官，你认为应该如何处理。

■ 现代企业经营组织

现代企业是由劳动者组成的社会经济组织。为了保证企业经营管理活动的有序运转，实现企业的经营目标，现代企业必须根据市场情况和内部条件设置经营组织，因此，本节将对现代企业经营组织的建立和调整进行研究。

□ 现代企业组织结构的设计

1．现代企业组织结构的涵义和作用

现代企业的组织结构是指企业各构成部分以及它们之间的相互关系。它是现代企业制度的重要组成部分，对建立现代企业制度具有重要的作用。

现代企业组织结构是否合理，直接关系到企业的生存与发展。这是因为科

学合理的组织结构适应了市场经济的客观要求和企业的实际，能充分调动职工的劳动积极性和创造性，提高劳动效率，促进企业经济效益的增长，为企业在激烈的市场竞争中生存和发展打好基础。因此，企业经营者必须十分重视企业组织结构的构造。

2. 设计现代企业组织结构的基本要求

(1) 精干高效相统一。精干高效就是在保证完成组织目标，达到高效率和高质量的前提下，以最少的机构，用最少的人完成经营管理的工作量，做到人人有事干，事事有人干。为此，应把握好以下三个环节：

1) 根据组织目标和需要来设计组织结构。现代企业组织结构的设计不能因人而定，也不能以上下对口为依据。采用何种类型的组织结构，设置多少机构，每个机构安排多少人，完全应该根据完成经营目标和任务的需要来决定。

2) 分工要合理。现代企业面临着激烈的市场竞争和繁杂的事务，明确分工，设立若干部门分头管理，往往会收到事半功倍的效果。问题在于分工要合理、适当，宜简不宜繁，一个机构能办的事不设几个机构，一个人能办的事决不能安排两个人做。

3) 权责要明确。在设计组织结构时，要明确规定每一管理层次和各职能机构的职责范围，并赋予完成其职责所必要的管理权限。职责与权限必须明确、统一。为了履行一定的职责，就必须拥有相应的权限。只有职责，没有权限，或权限太小，经营管理者就无法履行其责任；相反，只有权限而无责任，就会造成滥用权力，瞎指挥，产生官僚主义。因此，应根据企业的整体目标，从提高企业的整体利益和综合功能出发，制定各机构、各部门的职权范围和工作规范。

(2) 指挥管理相统一。这是指各级经营管理组织必须服从它的上级机构的统一指挥和命令。只有这样才能保证指挥统一，避免多头领导和多头指挥。另外，在每一组织层次中，应严格规定正职与副职之间的职责权限，正职领导者对组织的工作全面负责，副职分管局部或几个部门的工作，正副职之间若发生意见分歧，正职拥有决定权，副职不能擅自作主，擅自发号施令。因此，下级部门只能服从一个上级指挥，只能对一个上级主管领导负责。既要反对越权指挥，也要反对越级请示。

(3) 管理幅度要适当。管理幅度是指领导者所能直接领导、有效管理的下级人数。管理幅度与管理层次呈反比关系，管理幅度越大，管理层次就越少；而管理层次减少，则管理幅度必然增大。如果领导者的管理幅度过大，超过他的能力、精力的许可，就会顾此失彼，误时误事。而管理幅度过小，又需增加层次，增加人员，这不仅不符合精干的原则，而且会影响工作效率。所以，在设计组织结构时，必须确定合适的管理幅度。

（4）岗位规范要明确。这是指企业在设计组织结构时，不仅要确定设置多少机构、各机构的职能和责权范围以及应设置的岗位数，而且，要详细制定每个岗位的规范。岗位规范应明确该岗位的业务范围、职权范围、工作量、上岗条件、工作标准和职业道德等方面的内容。并根据岗位规范的要求实行岗位责任制，以调动职工的劳动积极性。

3．影响现代企业组织结构的因素

在设计一个企业组织结构时，除了注意设计的基本要求外，还必须考虑影响因素，这些因素决定了企业组织结构应具有的具体形式。一般来说，影响企业组织结构的主要因素有：

（1）环境。主要包括经济、政治、文化、社会以及伦理与心理等方面的环境因素。环境因素对企业组织结构的影响是通过企业战略的调整与改变来实现的。也就是说，环境的变化迫使企业经营战略发生相应的变化，而企业经营战略的改变要求企业组织结构也跟着改变，企业组织结构要适应企业的经营战略。如随着市场竞争的发展，企业往往要实施多元化经营战略，那么，在设计企业组织结构时就应增设相应机构与部门，并规定其应有的职权范围。

（2）企业的规模。企业规模对组织结构的影响直接表现在部门设置的过程中。对人数较少的企业来说，几乎不需要设置部门。随着企业规模的扩大，部门设置的需要就变得迫切起来了。企业规模的扩大，部门的增多，管理的层次必然增加。同时，组织的协调会成为越来越困难的事情，因此，委员会就应运产生了。在大企业中，委员会不仅仅是协调工作的部门，有的还委以决策的职能。委员会存在的数量及性质，与公司的规模有密切关系。

（3）技术特性。技术特性与生产类型关系密切。大批量生产经营时，应用的是专业化技术，企业一般采用较为正规的组织结构，组织成员的分工协调关系都是明确的、具体的，而且通过各种正规文件予以记载。多品种、小批量生产经营应用的是变化的技术，企业通常采用灵活的组织结构，根据产品和用户的不同来调整企业的组织结构，企业内部的分权程度较高，基层组织的主动性较大。对于生产经营过程连续性较强，机器设备复杂的企业，应采用较为灵活的组织结构，这样更能发挥组织成员的主动性、积极性及其技术专长，从而更加有效地来实现企业的目标。

（4）工作任务。工作任务与组织结构也有密切的关系。对于重复、呆板和简单的工作，采用正式的集权的组织结构容易指挥与管理。而对于复杂的创造性的工作，最好通过分权化的组织结构加以指挥与管理。

4．企业组织结构的类型

现代企业的组织结构，主要有职能部门型、事业部型和控股公司型三大类。

（1）职能部门型组织结构。即企业内部划分为若干个职能部门，企业总部对这些部门进行策划和运筹，直接指挥各部门的运行。它的优点是有利于各部门的集中统一，直接协调各部门的工作。

但在经营过程中，随着企业规模的日益扩大，这种组织结构就会变得越来越不适应，总部负担越来越重，无力考虑企业长远重大问题。而且由于职能的增多，总部日益庞大，协调更加困难，成本上升，有时难以适应开拓新市场的需要，满足不了市场多元化的要求。20 世纪以后，一些大企业采取了新的组织结构，以适应企业经营管理的新需要。

（2）事业部型组织结构。即企业按产品、部门、地区和顾客划分为若干个事业部，由企业总部对事业部授权，使其拥有很大自主权限，在一定条件下，可按市场情况决定经营活动。每一事业部相对于公司总部是自主经营、自负盈亏，且可设置职能部门。

这种组织结构的特点是既考虑了企业组织又考虑了市场，即把市场机制引入企业内部，将计划分配资源的优点与按市场机制分配资源的优点相结合，这是市场内部化过程的表现。其优点是：将企业总部领导从烦琐的日常事务中解脱出来，使其把主要精力放在企业长期发展战略和重大问题上。同时由于事业部与市场联系紧密，便于掌握市场动态和适应市场变化。

（3）控股公司型组织结构。即在公司总部下设若干个子公司，公司总部作为母公司而存在，对子公司进行控股，承担有限责任，从而使经营风险得到限制。母公司对子公司可通过控股、子公司董事会以及出售股份资产等来控制子公司。

这种组织结构实行的是内部分权，其优点是有利于规模巨大的公司分散财产风险和经营风险。其缺点是母公司对子公司有时缺乏必要的协调和联系。

控股公司型组织结构对巨大的跨国公司非常适用，既能发挥母公司的战略优势，又能发挥子公司的积极性、灵活性。而且，在必要时，母公司可以放弃没有前途的子公司，以避免财产和经营风险。

【思考题】

跨国公司应采用什么类型的组织结构？为什么？

□ 现代企业内部的部门设置

1. 部门设置的一般依据

企业内部的部门设置是指将企业的工作和人员组编成可管理的单位。部门设置是建立企业组织结构的基本任务之一。

部门设置的根本目的在于分工，通过部门设置而建立的许多单位，联合成组织的总体结构，在本质上是以工作为中心的。决定部门设置的一般依据是职能、产品、顾客和地区等。

(1) 按职能设置部门。企业组织按职能设置内部的部门，就是按工作的相似性来划分部门。如图 2-6 所示。例如，制造业企业的生产部门、营销部门、财务部门等，每个部门的工作性质相似。因此，部门的划分实际上就是各个职务共同特性的组合。当然，企业在按各个职务的主要职能划分部门以后，每个部门还可以按衍生的次要职能再细分部门。例如，营销部门可以进一步划分为市场调研、广告和推销等。企业在划分主要职能部门之后，是否需要设置次要职能部门，取决于企业的类型、规模、管理水平及其他有关条件。

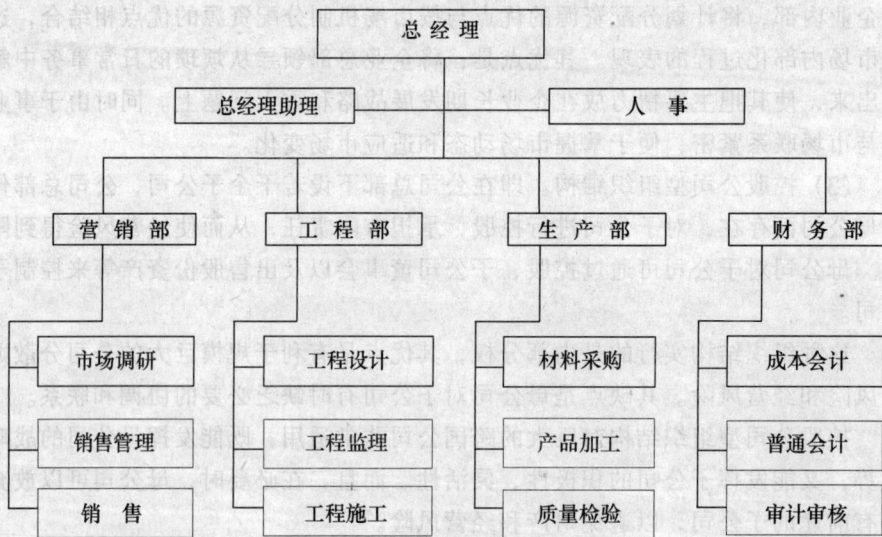

图 2-6　按职能设置的部门

（2）按产品设置部门。企业组织依据产品设置内部的部门，就是把与某种产品有关的各项业务工作组成一个部门。如图 2-7 所示。拥有不同产品系列的企业往往根据产品建立管理单位。按产品设置部门的做法，正在广泛地被应用，并日益受到重视。按产品设置部门较适合于大型、复杂、多品种经营的企业采用。

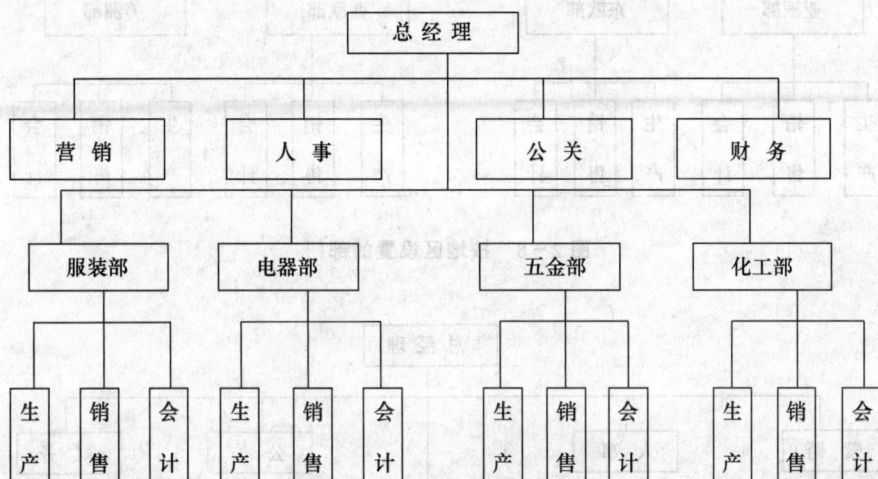

图 2-7　按产品设置的部门

（3）按地区设置部门。企业组织按地区设置内部的部门，就是把企业分布在某些地区的各项业务工作组织成为一个部门。如图 2-8 所示。这种类型特别适用于大规模的企业，或者业务工作在地理位置上分散的某些企业。跨国公司常采用这种方法来设置部门。

（4）按顾客设置部门。企业组织按顾客设置内部的部门，就是根据用户的不同类型来划分部门。如图 2-9 所示。实质上是把需求相同类型顾客的业务工作交由一个部门来经营，以便更好地满足不同类型顾客的需求，使顾客感到方便与满意。

（5）矩阵组织。按矩阵组织的原则来设置企业内部的部门，就是按职能划分部门与按产品划分部门的一种综合方式。如图 2-10 所示。在一般情况下，企业按职能来划分部门，但当需要完成某项产品任务时，又设置产品专项工作部门。产品专项工作部门由各个职能部门派出的人员共同组成，一旦产品专项任务完成后，就撤销专项工作部门，有关人员又回到原来的职能部门。

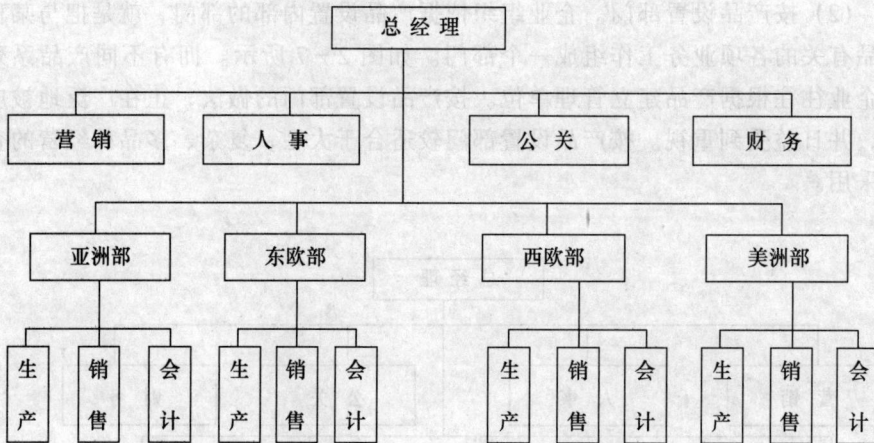

图 2-8　按地区设置的部门

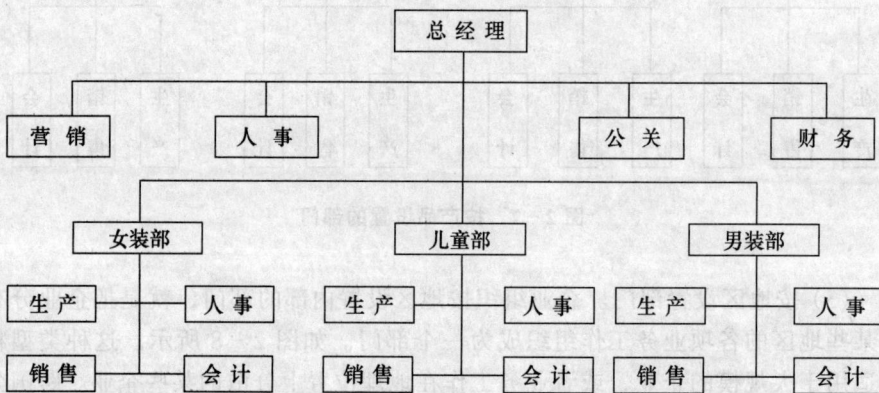

图 2-9　按顾客设置的部门

2. 管理幅度和委员会

（1）管理幅度。企业组织的部门设置以后，就会出现组织结构上的另一个问题：一个人究竟能指导多少部门或人员？这个问题通常就叫做管理的幅度问题。管理幅度就是管理者所管辖的下属人员（或部门）的数目。管理者所管辖的下属人员多，称之为管理幅度宽；反之，就称为管理幅度窄。管理幅度与组织层次呈反比，管理幅度宽，组织层次就会减少；管理幅度窄，组织层次就会增加。

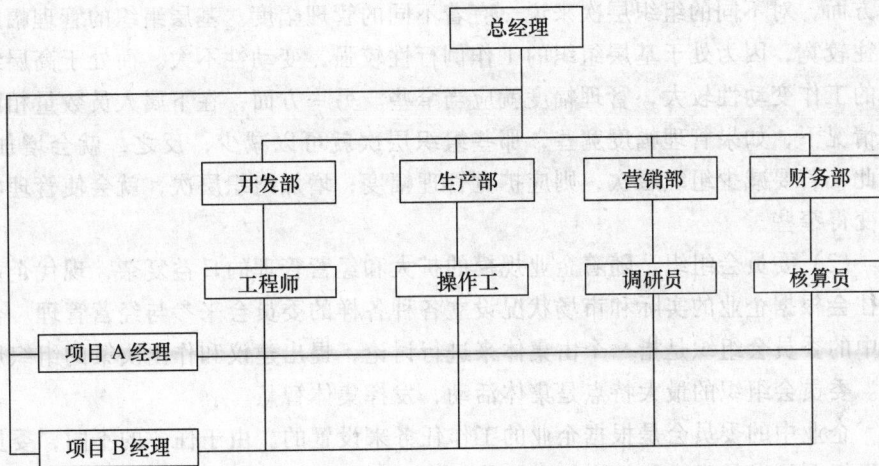

图 2－10　矩阵组织

在一般情况下，影响管理幅度的主要因素有以下五个方面：

1）工作性质。工作性质的差异性是影响管理幅度的基本因素。它主要包括工作的重要性、工作的变化性以及下属人员工作的相似性。如果工作很重要，管理幅度应窄些，而对于不太重要的工作，管理幅度可以宽些；如果属于复杂、多变、富于创造性的工作，管理幅度窄些为好，而对于例行性的工作，即经常重复、较为稳定和变化不大的工作，管理幅度可以宽些；如果下属人员的工作具有相似性，管理幅度则可以宽些，反之则应窄些。

2）工作能力。企业员工的工作能力包括领导者的工作能力和下属人员的工作能力。如果领导者的工作能力强，那么管理幅度可以宽些；反之，则应该窄些。如果下属人员的工作能力强，管理幅度则应当宽些，反之，就应该窄些。

3）管理方法。企业管理方法对管理幅度的影响，主要表现在授权和监督系统上。如果企业在管理过程中较多地采用授权的方法，或者企业的监督系统比较完善，那么管理幅度可以宽些；反之，如果授权很少，或者企业监督系统不健全，则管理幅度就应窄一些。

4）部门划分。企业内部的部门划分与管理幅度有着密切的关系。一般来说，如果部门划分得很细，专业性较强，就会导致较宽的管理幅度；如果部门划分得较粗，综合性强，则管理幅度就应窄些。

5）组织层次。企业内部的组织层次与管理幅度的关系表现在两个方面：

一方面，对不同的组织层次来说，有着不同的管理幅度。基层组织的管理幅度往往较宽，因为处于基层组织的工作例行性较强，变动性不大。而处于高层组织的工作变动性较大，管理幅度就应当窄些。另一方面，在下属人员数量相同的情况下，如果管理幅度宽些，那些组织层次就可以减少，反之，就会增加。因此，若要减少组织层次，则应扩宽管理幅度；增加组织层次，就会使管理幅度变得窄些。

（2）委员会组织。随着企业规模的扩大和经营管理的日益复杂，现代企业往往会根据企业的实际和市场状况设立各种各样的委员会来参与经营管理。企业中的委员会组织是指一个由集体来进行讨论，提出建议和作出决策的组织形式。委员会组织的最大特点是集体活动，发挥集体智慧。

企业中的委员会是根据企业的工作任务来设置的。由于任务的不同，委员会组织既可以是常设组织、权力机构和决策机构，也可以是临时组织、参谋机构和信息机构。

委员会组织作为集体组织，它的主要优点体现在以下四个方面：

1）集体判断。集体判断常常胜于单独一个人的判断，因为集体总比个人能提供更广泛的知识和经验。因此，一个需要不同的知识和各种经验去求得最优解答的问题，最适合于进行集体研究。

2）增进激励。委员会可使更多的人参与决策。一般来说，参与编制计划或决策工作的人，通常会怀着更大的热情去接受和执行这些计划或决策。

3）制约权力。在企业经营管理中经常会出现权力过于集中在某个人的弊端，从而给企业经营管理带来损失。这种弊端可通过委员会组织得到解决，因为委员会组织实行的是集体决策原则，它可以通过既定的制度和程序实现一定的权力制约。

4）改善协调。委员会的成员往往来自不同的部门和层次，他们一般要定期开会，委员们通过面对面地接触，可以对各部门、各层次的工作情况相互交流、相互了解和相互谅解，从而有利于做好协调工作。

委员会组织虽然具有不少优点，但也存在着一些缺点，如果对这些缺点没有足够的认识，就很难有效地利用委员会这一组织。委员会组织的主要缺点有：

1）决策时间较长。委员会决策需要有多人共同来进行，要让其成员形成统一认识，作出决定，往往需要花费较多的时间。

2）效率较低。因为委员会决策花费的时间长，所以，就会出现行动迟缓，效率较低的现象。

3）导致问题妥协解决。委员会的决策往往会是折中的结果。因为在决策过程中委员们可能会因尊重别人，畏惧上级或权威，随大流等原因而放弃自己正确的意见，顺从别人的看法。有时也会因委员们争执不下，只好放弃最好的解决方案，而勉强通过一个不好不坏的折中方案。

4）责任难以明确。在委员会组织内，委员的责任感较差。因为委员会是集体决定，不是某个委员具体负责决定事情，所以往往不如个人决定那样认真负责。对于失误，也无法追究委员个人的责任，容易出现大家负责而又都不负责的现象。

【思考题】

委员会组织对企业经营管理有何作用？

现代企业内部的组织职权和授权

1. 组织职权

（1）组织职权的概念。企业的组织职权是指企业内部组织机构和组织成员正式规定的权力。组织的领导者可以依据这些权力，采取行动，指挥下级，进行经营管理等活动，从而，实现企业组织的目标。

企业组织职权的规定，是设计企业组织结构的核心内容。只有明确规定职权，才能把已经分工的部门和层次联结为一个组织整体，才能使已经决定的管理幅度获得最佳的组织效果，从而达到设立组织结构的目的。

（2）组织职权的类型。企业内部的组织职权，通常有直线职权、参谋职权和职能职权三种类型。

1）直线职权。企业组织的直线职权，是指从企业最高层领导到最基层职位人员自上而下地逐级行使管理与监督的权力。具有这种直线职能的各级主管人员，称为直线人员。直线人员的关系表现为：每个成员只接受一个最近的上级人员的管理和监督。

在直线职权的组织系统中，企业就是一个由一系列上下级人员联系起来的整体。它具有组织结构简单、责权明确、决策迅速、命令统一和组织秩序较好等优点。

直线职权组织系统的主要缺点是：只注意上意下达，而忽视下情上达和横向沟通联系；要求管理者的知识与能力较全面，否则难以恰当地指挥下级；主管人员往往忙于日常事务，而对长期规划和重大决策的考虑不够。

2) 参谋职权。企业组织的参谋职权就是在直线职权的基础上赋予专家协助直线人员做好工作的权力。具有参谋职权的各类专家，叫做参谋人员。由协助直线人员工作的参谋人员组成参谋组织，在整个企业组织中起着重要的参谋作用。

参谋组织的主要优点是：既能保持直线组织的优点，又能发挥各类专家的作用，把直线组织和参谋组织的优点结合起来；由于专家的参谋作用，可以使直线人员减轻负担，有更多的时间从事更重要的工作。

参谋组织的主要缺点是：参谋人员与直线人员之间的协调困难；难以准确地规定参谋人员的权限和难以分清责任等。

3) 职能职权。企业组织的职能职权，就是职能部门在一定条件下有向直线组织发布命令的权力。在直线职权和参谋职权中发布命令必须由直线人员逐级下达。但对职能职权来说，职能部门可以通过一定的程序、规定或其他方式等获得向直线组织或其他部门发布命令的权力。例如，企业人事部门可以由企业授权规定一套劳动人事制度；财务会计部门可以被授权规定财务会计制度等。职能职权是一种管事的权力，而不是管人的权力。它所发布的命令往往涉及到企业的各个部门和所有人员。

职能职权的主要优点是：有利于减轻直线人员的负担，提高企业经营管理效率和便于发挥专家在企业的作用。它的主要缺点是：较难规定职能职权的范围和容易出现职能职权泛滥而职责不清的现象。

从上述企业组织的三种职权分析中可以看出：三者都有各自的优缺点，同时，这三种职权的存在，也往往会产生一些冲突。所以，企业在确定组织职权的过程中，关键要明确三种职权之间的关系，使其互相补充，有效地结合起来。

由直线职能、参谋职能和职能职权分别形成的直线组织、参谋组织和职能组织是企业组织结构的三种基本组织形式。每一种组织形式，都提供了一种企业组织成员既有分工、又能协调起来的方式。但由于现代企业经营管理的复杂性，企业往往不是单纯地使用某一种组织形式，而是将这三种形式综合起来使用。

2．授权

(1) 授权的作用。授权是指为了完成一定的任务，实现一定的目标而规定各级组织和岗位的职权。授权的实质就是职权的流动，而且总是上级向下级授权，即上级为下级规定职权。在企业组织内部授权是非常必要的，它是企业经营管理工作的重要内容之一，具有下列作用：

　　1) 合理授权能使企业各层次的主管人员腾出时间，处理本层次最重要的问题。因此，各个组织层次的领导都应该通过授权来完成本层次所担负的任务。

　　2) 合理授权能为下层人员提供培养和锻炼工作能力的机会，有利于培养人才和提高员工的工作能力。

　　3) 合理授权能够提高企业决策的效率。一般来说，谁最接近需要解决的问题，谁的决策就最有效。因此，逐级授权有助于各级人员有效地作出决策，解决问题。

　　4) 合理授权能够提高企业组织成员的士气。企业组织的上级授权给下级，可以调动下级组织成员工作的主动性和积极性。

　　(2) 影响授权程度的因素。所谓授权程度就是集权与分权的程度。在企业组织内部，授权是必要的，但同时也是有限度的，授权的过多或过少，对企业的经营管理都是不利的。因此，企业组织在决定授权程度时，应充分考虑以下影响因素：

　　1) 决策的重要程度。一般来说，重要的决策应由较高层次的组织作出；不太重要的决策，可授权给下一级组织作出。

　　2) 下级主管人员的能力。如果下级主管人员能力强，授权可以多一些；能力弱，授权则应少一些。管理人才的缺乏往往会限制职权的分散，因为上级总是想把权力授予合格的管理人才。

　　3) 组织的规模。一般来说，企业组织规模较小时，集权的程度可以高一些；组织规模较大时，分权程度可高一些。

　　4) 企业内外部条件的稳定性。如果企业内外部变化较快，授权可以多些，以便更好地适应变化的需要；企业内外部条件变化不大，授权可以少些，以利于企业的稳定与控制。

　　5) 政策一致性的愿望。一般来说，对于那些强调政策一致性的企业，总是推行集权，因为集权是达到一致性最容易的方法；而那些鼓励多样性的企业，除了重大事务仍实行集权外，希望通过更多地分权来促进竞争和创新，提高士气和效率。

　　6) 管理哲学。企业最高管理者的性格及他们信奉的哲学，对职权的分散程度有着重大的影响。专制型的最高管理者往往倾向于集权，因为他们不肯放弃所拥有的权力；反之，民主型的最高管理者则希望能更多地分权。

　　7) 控制技术。如果上级对授予下级的职权的运用能通过一定的控制技术进行有效监督和控制，则应适当分权；反之，就应当增大集权程度。

（3）授权的原则。为了做到合理授权，企业在授权过程中，一般应遵循如下原则：

1）统一指挥的原则。在授权过程中，要坚持一人只对一人负责的原则，不能多头领导，以免使下级无所适从，造成指挥的混乱。

2）逐级授权原则。企业内部的授权，应从最高层组织开始，自上而下地逐级授权，直至到最基层组织，不能越级授权。

3）职权明确原则。企业各个组织层次的职权，包括已授出和未授出的职权，都必须明确，最好采用书面形式公布于众。

4）职权与职责相对称原则。职权是执行任务的权力，职责是完成任务的义务，两者必须对称。行使职权的同时，就应负有相应的职责。因此，在授权中，应根据其职责来授予相应的权力，避免有责无权或有权无责。

5）例外管理原则。在一般情况下，各级组织应依据已有的规定行使自己的职权并履行相应的职责。但是，在例外的特殊情况下，应由上级来直接处理意外出现的问题。这样，既能保证经营管理的稳定，又能处理好特殊事件。

6）职权绝对性原则。企业内部的上级组织职权授予下级之后，仍然要对下级组织承担责任。由于这种责任的绝对性，上级组织既有授权于下级的权力，又有收回授权的权力。

【案例】

某百货股份有限公司是个大型零售企业，地处市中心，拥有 5 层营业面积 3 万平方米，资金 2 亿元，在职职工人数为 1500 人。主营业务为食品、日用百货、化妆品、服装、家电、鞋帽、钟表、针纺织品和工艺品等商品的零售，兼营批发和餐饮。

请你根据上述资料和市场情况设计出该企业的组织结构图并作简要说明。

■ 本章小结

• 现代公司，也称现代公司制企业，是指具有独立的法律主体地位，对自己行为负有限责任并冠以公司名称的现代企业组织形式。现代公司具有法人组织，承担有限责任和公司产权商品化、市场化、货币化、证券化等特征。

现代公司的组织形式有多种，但最基本的是有限责任公司和股份有限公司。它们在股份特征、股东人数、最低注册资本、出资方式、公司设立和信息披露等方面均有所不同。

股东、股票和股利是现代股份公司的三个基本要素，它直接关系到现代公司的设立和运行。

现代公司的领导体制是由股东会、董事会、监事会和总经理组成。四者既相互独立，又相互联系、相互制约，形成了权责分明、统一高效的现代企业领导体制。

• 企业注册登记是指企业依据政府有关法律、法令的规定，按照一定的程序和要求，在政府有关部门办理设立、开业、变更、歇业和注销等手续，以取得企业法人资格或合法经营权等活动的总称。它具有赋予企业从事生产经营活动的资格，保护企业的合法权益和维护社会经济秩序的作用。

企业注册登记，按是否取得法人资格可分为企业法人登记和营业登记；按登记的内容可分为开业登记、变更登记和注销登记。

企业注册登记的主要事项有企业名称、住所和经营场所、法定代表人、经济性质、经营范围和经营方式、注册资金、职工人数、经营期限和分支机构等内容。

企业登记包括企业法人开业登记、变更登记和营业登记三大类，它们的基本程序是申请、登记审查、核准登记和筹建开业四个基本环节。

• 现代公司的设立是指设立公司的自然人或法人，为组建公司，使公司取得法人资格而必须完成的一系列法律行为。根据我国《公司法》的有关规定，设立有限责任公司首先应具备股东符合法定人数、股东出资达到法定最低资本限额和经过审批等基本条件。然后，再通过制定公司章程、股东出资、成立组织机构和进行设立登记等程序来进行。

股份有限公司的设立是指使股份有限公司成为企业法人的一系列法律行为。股份有限公司的设立应具备落实好发起人、按规定出资、准备好申请设立的文件、拥有固定的生产经营场所和必要的生产经营条件、有公司的名称以及符合股份有限公司要求的组织机构等基本条件。

股份有限公司的设立有发起设立和募集设立两种形式。发起设立是指由发起人认购公司应发行的全部股份而不再向社会公众公开募集股份进行设立公司的行为。募集设立是指由发起人认购公司章程所确定的那部分股份，其余股份向社会公开募集而设立公司的行为。股份有限公司的募集设立要比发起设立更为复杂。

• 现代企业的组织结构是指企业各构成部分以及它们之间的相互关系。设计现代企业组织结构的基本要求是：精干高效相统一，指挥管理相统一，管理幅度要适当和岗位规范要明确。环境、规模、技术和工作任务是影响现代企业组织结构的主要因素。

现代企业的组织结构主要有职能部门型、事业部型和控股公司型三大类。它们具有不同的优缺点和适用范围，在企业生产经营活动中的作用也是不同的，企业可以根据经营管理需要和企业特点来进行选择。

企业内部的部门设置是指将企业的工作和人员组编成可管理的单位。部门设置是建立企业组织结构的基本任务之一。决定部门设置的一般依据是职能、产品、顾客和地区等。

企业的组织职权是指企业内部组织机构和组织成员正式规定的权力。企业内部的组织职权，通常有直线职权、参谋职权和职能职权三种类型。

授权是指为了完成一定的任务、实现一定的目标而规定各级组织和岗位的职权。企业组织在决定授权程度时，应充分考虑决策重要程度、下级主管人员能力、组织规模、企业内外部条件的稳定性、政策一致性的愿望、管理哲学和控制技术等影响因素。

为了做到合理授权，企业在授权过程中，一般应遵循统一指挥、逐级授权、职权明确、权责对称、例外管理和职权绝对性等原则。

第 3 章

企业经营环境分析

■ 企业经营环境概述
■ 企业外部环境分析
■ 企业内部条件分析
■ 企业经营环境综合分析
■ 本章小结

　　企业是从事生产经营活动的经济组织。它的生产经营活动与外部环境发生着错综复杂的联系，同时也受到自身内部条件的制约。所以，企业要搞好生产经营活动，就要对外部环境和内部条件综合起来分析，为企业进行正确的经营决策提供依据。

　　本章主要介绍企业外部环境和内部条件的涵义，企业外部环境中的微观、中观和宏观环境，企业内部条件分析的内容以及外部环境与内部条件综合分析的方法等内容。

■ 企业经营环境概述

　　在研究企业经营环境之前，必须首先了解企业经营环境的内涵及其分析的意义，这将有助于我们更好地对企业经营环境进行分析。

□ 企业经营环境的内涵

　　企业经营环境是指所有与企业经营活动有关的外部环境和内部条件因素的总和。

　　所谓外部环境，是指企业进行生产经营活动所处的外部条件或面临的周围情况。外部环境因素包括企业微观、中观和宏观环境。所谓内部条件，是指企业在一定的技术经济条件下，从事生产经营活动所具备的内在客观物质条件和主观工作状况。任何企业的生存与发展都必须以外部环境为条件，以内部条件为基础，都不可能脱离企业的经营环境去安排生产经营活动。

　　企业外部环境与内部条件是相互联系、相互制约的。外部环境因素一般是不可控因素，企业经营者只能收集和利用这些因素，并采取适应性措施。而在采取适应性措施过程中，则还要与自身内部条件相结合进行考虑，从而充分发挥其自身优势。

　　企业经营环境是动态的有机组合。企业内部条件因素总是推动、促进外部环境因素向着有利于企业发展的方向变化。当外部环境因素给企业带来不利影响时，企业就应调整内部条件因素来克服或改变这种不利因素的影响。作为企业经营者，应通过对企业经营环境的分析，努力谋求企业外部环境、内部条件与经营目标的动态平衡。

【思考题】

企业经营环境由哪两方面组成，这两者之间存在什么内在关系？

□ 企业经营环境分析的意义

1. 经营环境分析是企业从事生产经营活动的基本前提

企业是社会的细胞，企业的生存与发展离不开所处的社会环境和企业内部条件。如生产经营活动必须遵守国家的有关法规、政策；所需的人、财、物必须通过市场获取，而其产品必须通过市场用以满足社会；而企业内部的主客观条件又是企业从事生产经营活动的基础。因此，企业经营者必须认真分析企业内外部环境因素，根据外部环境的变化来调整企业内部条件的状况，为企业顺利开展经营活动创造良好的条件。

2. 企业经营环境分析是企业制定经营决策的基础

企业生产经营活动是与内外部环境密切相关的开放系统，企业从社会获取人力、物力、财力和信息等资源，经过企业内部生产过程，将其转换成产品或劳务，以满足社会需要。在整个过程中，受到社会政治、经济、文化、技术、市场、资源等因素的影响，而经营决策又始终贯穿于生产经营活动的全过程，经营者只有对上述各种因素做出客观、全面、科学的分析与判断，才能保证经营决策的科学性与正确性。

3. 企业经营环境分析有助于企业及时发现机会、避开威胁，实现经营目标

企业的外部环境是客观存在的，并不断发生变化。对经营者来说，这既是一种约束，又是一种机会。认真根据外部环境所提供的各种信息，以及内部条件所提供的各种保障，进行对比分析，就可以发现有利因素和机会，避开威胁，有效地实现经营目标，不断提高企业经济效益。

【案例】

20 世纪 70 年代以来，日本的许多轿车生产厂家发现世界能源供应日趋紧张和人们环保意识的日益提高，于是及时调整了经营决策，大量开发系列新型节能和低污染轿车，并大力向国际市场推广，几年下来就迅速抢占了美、德等国的高能耗、高污染轿车的市场。

这对我国汽车工业的发展有何启示？

■ 企业外部环境分析

企业外部环境对企业的经营活动直接产生影响，对外部环境的分析是有效开展企业生产经营活动的基础。

□ 企业外部环境的构成

企业的外部环境可分为三个层次：

第一个层次，企业的宏观环境。它是指给企业造成市场机会和环境影响的社会力量，包括人口环境、经济环境、自然环境、技术环境、政治环境及社会文化环境。这些都是企业不可控制的社会因素，但它们通过中观环境和微观环境对企业经营产生巨大的影响。

第二个层次，企业的中观环境。它是指联系企业宏观环境与企业微观环境的媒介，包括企业所在的行业概况及行业的竞争结构状况两个方面。

第三个层次，企业的微观环境。它是指与企业产、供、销等经营过程和人、财、物、信息、时间等经营要素直接发生关系的客观环境，是决定企业生存和发展的基本环境。包括企业产品和劳务的购买者、企业经营要素（人、财、物、信息、技术等）的供应者、与本企业争夺销售市场和资源的竞争对手、与本企业具有利益共同性或优劣势互补性的同盟者以及与本企业的生产经营活动有直接联系的运输部门、外贸部门、业务主管部门、财税部门等。

企业的外部环境构成可通过图 3-1 表示。

□ 企业宏观环境分析

企业的宏观环境作为企业不可控制的外部力量，对企业的生产经营活动起着不容忽视的作用。研究企业的宏观环境，就是要认清一个国家在人口、经济、自然、政治法律、科学技术以及社会文化等方面的特点，为企业的经营战略和决策活动提供依据。

1. 政治法律环境

任何国家的政府都要对企业的经营活动施加影响，通过制定经济政策或立法对企业进行鼓励、限制或禁止是政府的主要职能之一。市场经济是法制经

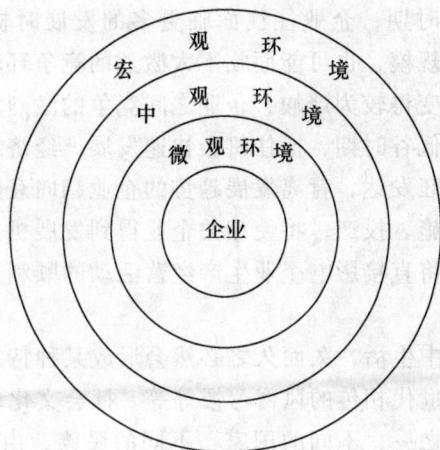

图 3-1　企业外部环境构成图

济，随着我国市场经济的发展，我国经济立法工作进一步加快，诸如消费者权益保护法、反不正当竞争法、广告法、价格法等。每次新法律、法令的颁布实施，都可能给企业经营带来机会和威胁，为此应及时加以监控。政治法律环境就是指总的政治形势，它涉及社会制度、政治结构、政府的政策倾向和国家法律与法规等。对企业来讲，主要包括法律制度、方针政策、政治风险、国际关系等几个方面。

从经营角度分析，政治法律环境主要是培养企业对政治法律的敏感性，从而把握机会、避开威胁。

另一方面，企业对法律或政策具有能动性，使国家及地方政策、法规有利于企业的发展。最后，还应注意政府执法机构及人员的变动和消费者组织（如消费者协会）对企业经营活动的影响。

在政治上，企业要留意政府关于经济发展的方针以及各类政策，如人口政策、产业政策、能源政策、物价政策、财政金融货币政策等，留意我国与主要贸易伙伴的政治关系的变动与发展。例如我国加入 WTO（世界贸易组织）以后，会给许多企业带来重大机遇和挑战。

2．经济环境

经济环境主要是指整个国民经济的发展状况，包括国民经济增长速度、经济结构、生产力布局、银行信贷和市场发育程度等。这些宏观经济环境因素的变化，通过改变企业的资源投入和市场环境来影响生产经营和战略决策。

在国民经济增长时期，企业往往面临更多的发展时机。企业可以增加投资，扩大生产或经营规模，也可能面临不太激烈的竞争环境。当经济停滞或衰退时期，企业环境将变得较为严峻，企业之间竞争的激烈程度交替加剧。优秀企业家应善于在经济低谷时期，抓住机会快速发展。经济结构的调整，将使顺应调整方向的企业兴旺发达，背离发展趋势的企业趋向衰败和淘汰；国家重点工程、重点项目的实施、投产，将使相关企业得到发展机会；市场发育程度和市场体系是否完善，将直接影响企业生产经营活动的顺利进行。

3．社会文化环境

人类在某种社会中生活，久而久之必然会形成某种特定的文化，包括价值观念、道德规范以及世代相传的风俗习惯等等。社会文化环境是影响人们需求和行为的最重要因素之一，不同的国家、不同的民族，由于其文化背景各异，有着不同的风俗习惯和不同的工作风格。

社会文化环境因素，主要包括三大方面：一是社会结构；二是社会风尚；三是社会文化与教育。企业在生产经营活动中应对这些因素密切关注。

（1）社会结构。社会结构一般包括人口构成、职业构成、民族构成及家庭构成等，其中人口构成的影响最大。例如，人口总数直接影响着社会生产总规模；人口的地理分布影响着企业的厂址、店址选择；人口的性别比例和年龄结构，在一定程度上决定了社会需求结构，进而影响到社会供给结构和企业产品结构，等等。

【案例】

近年来，我国人口老龄化进程日益加快。随着人民生活水平提高和医疗保健制度的完善，我国人口死亡率逐年下降，1957 年为 1％，而到 1996 年仅为 0.658％。我国人民的平均寿命，解放前为 35 岁，1957 年提高到 57 岁，而到 1996 年达到了 69.8 岁，人口死亡率下降和平均寿命延长意味着人口趋于老龄化。1994 年底，60 岁以上老年人口 11697 万人，比 1990 年的 10246 万人增加 1451 万人，增长了 14.16％；年均增长速度为 3.37％，大大超过同期总人口增长速度。现在我国 65 岁以上的人口已占总人口的 10％以上，表明我国已进入老龄化社会，这就意味着老年人养老、保健市场潜力巨大。特别是我国实行计划生育政策，因此老龄化问题尤为严重。如老年人养老市场，前景不可估量，随着观念的转变，我国家庭养老模式将会过渡到社会化养老。可以大胆预测，在 20 年之后，我国敬老院比幼儿园还要多。事实上这种趋势已初露端倪，据报道，北京市已将部分幼儿园改造成敬老院，而杭州市敬老院尽管一再扩大规模，还是难以满足社会日益增长的需求。

另外，近几十年来我国家庭结构趋于小型化，几世同堂的大家庭大大减少，三口之家成为典型家庭结构模式。这种变化也带来了家庭生活方式和生活习惯的变化。据统计，杭州市家庭每户平均规模，1956 年为 5.6 人，1986 年为 3.49 人，1997 年为 3.14 人。由于家庭日趋小型化，家庭户数迅速增加，那么以家庭为单位的消费品也应随之发生相应变化，市场对电视机、录音机、电冰箱、洗衣机、家具等家庭用品的需要便大大增加，这样就给经营这些家庭用品的行业提供了市场机会。根据全国及国内的一项调查结果显示，我国大约有 1/4 的城市青年向往加入"单身贵族"的行列，其中自由职业者（大学教师、记者、律师、文艺工作者等）有 39.13% 愿意成为"单身贵族"。

你认为上述资料会给企业经营带来什么启示？

（2）社会风尚。社会风尚包括传统的风俗习惯、宗教信仰等，也包括时尚的变更。被许多人竞相仿效的时代潮流消费品生产尤其要关注社会风尚的变化。社会风尚中的生活方式和消费价值观念，对生产消费品的企业影响较大。

（3）社会文化与教育。这对企业的影响表现为两个方面：一方面，企业职工的工作能力和贡献大小与教育和文化水平有关，它将影响企业的经营活动；另一方面，教育与文化又会改变人们的生活方式、消费习惯，从市场需求的角度来影响企业的生产经营活动。

4. 技术环境

技术环境是指与本行业有关的科学技术及其发展趋势。现代技术有硬件和软件两种形态。硬件技术就是新材料、新设备、新工艺等物质化的技术；软件技术就是新技术、新思想、新方法等信息化的技术。每个企业如不强化其研究与开发活动，不关注国内外本行业的最新技术并积极引进，将很难得到发展，甚至会因技术落后而遭市场淘汰。因此，企业必须密切关注与本企业相关的新的软件、硬件技术。

5. 自然环境

自然环境是指能够影响社会生产过程的各种自然因素。自然环境对企业经营的影响主要表现为：自然资源日益短缺、能源成本趋于提高、环境污染日益严重、政府对自然资源管理的干预不断加强、气候变动趋势、地理环境特点等，所有这些都直接或间接地给企业带来威胁或机会。

面对资源短缺，企业应重点发展节约能源、降低原材料消耗的产品，如节能、节电、节时、节空间的产品，寻找替代品开发新材料，如用太阳能、核能、地热等新能源代替煤炭、石油等传统能源，加强"三废"的综合利用，大力发展人工合成材料，使产品轻型化、小型化、多功能化。

从经营角度分析，对资源依赖性较大的企业或产品品质明显受地理和气候条件影响的企业，要注重树立资源战略意识和环境保护意识。国外企业和政府对不可再生资源都实施了战略性保护政策，我国政府也及时制定了注重环保的可持续发展战略。

【思考题】

试举例说明宏观环境对企业生产经营活动的影响。

□ 企业中观环境分析

企业中观环境分析，主要是指对企业所在行业的分析，即要认清企业所在行业的总体状况，了解行业发展趋势，发现行业中存在的威胁，寻找企业发展的机会。它主要包括对行业概况分析和行业竞争结构分析。

1. 行业概况分析

行业概况分析，包括行业所处的发展阶段、行业在社会经济中的地位以及行业的基本特征等内容。

（1）行业所处的发展阶段。行业是随着社会需求的产生而产生，又随着社会需求的发展而发展的。在行业发展的过程中，要经历具有不同性质的发展阶段。作为企业的经营者，必须认清行业所处的发展阶段，根据不同发展阶段的行业的不同特点来制定本企业的生产经营策略。

从行业出现到消亡的整个周期看，其发展要经过投入期、成长期、成熟期和衰退期四个阶段。如图3-2所示。

判断行业所处的发展阶段，可通过市场占有率、需求增长率、产品特点、竞争者数量、用户购买行为、技术变革以及进入壁垒等方面的研究来进行，如表3-1所示。

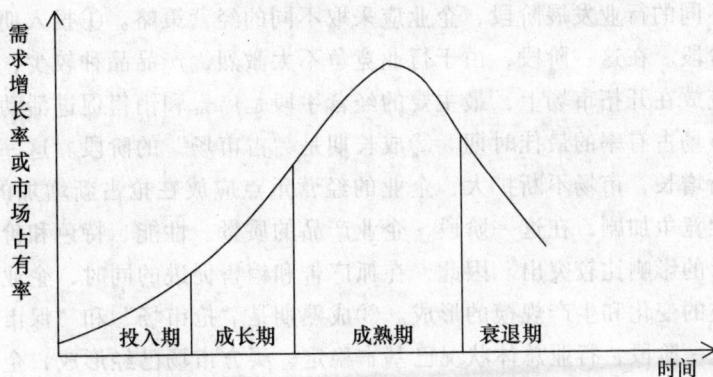

图 3-2　行业生命周期的各发展阶段

表 3-1　　　　　　　　　　**行业所处的各发展阶段的特征**

	投入期	成长期	成熟期	衰退期
市场增长率	市场增长率较高	市场增长率很高	市场增长率不高	市场增长率下降
需求增长率	需求增长较快	需求高速增长	需求增长不多	需求下降
产品特点	产品没有统一的标准，设计经常更改，质量不稳定	产品品种增多，具有技术和性能上的差异，质量较好	产品标准化，品种稳定，通常只是外观上的轻微变化，质量优良稳定	无产品差异，质量参差不齐，品种减少
竞争者数量	极少数企业参与竞争	竞争者数量增多，出现兼并	竞争激烈，实力较弱者被淘汰，价格竞争成为企业间竞争的主要形式	企业逐渐退出行业，竞争者减少
市场的明朗程度	行业特点、行业竞争状况和用户需求特点不明确	行业特点、行业竞争状况和用户需求特点逐渐明确	行业特点、行业竞争状况和用户需求特点非常明朗	市场明朗并逐渐缩小
用户的购买行为	需要靠说服性广告才去试用	顾客群不断扩大，对质量的要求不一	市场饱和，买方市场形成	客户大多数是老主顾
技术变革	技术变动较大，存在不稳定性	技术逐渐稳定	技术已经成熟	技术已经落后
进入壁垒	进入壁垒较低	进入壁垒逐渐提高	进入壁垒很高	企业基本不愿进入

在不同的行业发展阶段，企业应采取不同的经营策略。①投入期是"打市场"的阶段。在这一阶段，由于行业竞争不太激烈，产品品种较少，企业经营的重点应放在开拓市场上，最主要的经营手段是广告和销售促进活动。投入期是提高市场占有率的最佳时期。②成长期是"占市场"的阶段。这一阶段消费需求不断增长，市场不断扩大，企业的经营重点应放在抢占新增加的市场上。由于行业竞争加剧，在这一阶段，企业产品的质量、性能、特色和价格等方面对购买者的影响比较突出。因此，在抓广告和销售促进的同时，企业还应注重产品种类的变化和生产规模的形成。③成熟期是"抢市场"和"保市场"的阶段。在这一阶段，行业总体状况已基本稳定，买方市场已经形成，企业要提高市场占有率，只能去抢夺其他企业的市场。企业的经营重点，应放在抢市场和保住既有的市场份额上，经营活动应以扩充产品种类、提高售后服务水平、改进产品包装为主。同时，要注重对成本的控制，因为价格因素在这一阶段的竞争中起着重要的作用。广告、销售促进活动可以趋缓。④衰退期的情况则比较复杂，企业可根据实际情况，决定是继续留在本行业，挖掘本行业尚存的市场机会，或是转入其他行业。

（2）行业在社会经济中的地位。行业在国民经济中的地位，主要表现在四个方面：①行业的产值（净产值和总产值），利税额，吸收劳动力的数量，以及这三项指标占工业总产值、财政收入和就业总量的比重。②行业的现状和未来对整个社会经济及其他行业发展的影响程度。③行业在国际市场上的竞争、创汇能力。④行业产品的收入弹性系数，也能够说明行业在国民经济中的地位。其公式为：

$$某行业产品的收入弹性系数 = \frac{某行业产品的需求增长率}{人均国民收入的增长率}$$

若弹性系数大于 1，则说明本行业在产业结构中能够占有更大的份额，有更广阔的发展空间。

（3）行业的基本特性。由于各行业的社会使命、发展条件以及产品和生产过程等方面的不同，使得各行业都具有自身的特性。研究行业的基本特性，可以揭示企业所在行业和所要进入的行业与其他行业的差别，便于企业从总体上把握行业环境。

1）行业分工。随着经济的发展、科技的进步以及生产规模的不断扩大，行业分工也在不断地发展，由少到多，由粗到细。从纵向来看，行业内部会出现不同层次的分行业，高层次的行业又都包含若干低层次的小行业；从横向来看，同一层次的行业又包含许多不同的企业。行业内这种纵横分工，界定了每个企业在本行业中的经营范围，决定了每个企业同其他企业的分工关系。研究行业分工，有助于企业在错综复杂的行业体系中，找准自己的位置。

2）行业类型。按照行业使用的主要资源，可以把行业分为劳动密集型行业、资金密集型行业和技术密集型行业。按照行业的市场结构状况，可以把行业分为供不应求型、供求平衡型和供过于求型。按照行业内企业数量的多少，可以把行业分为多数企业构成型和少数企业构成型。按照行业内各种规模企业的分布，可以把行业分为规模实力悬殊型（行业内大小企业的规模和实力差距很大）和规模实力均衡型（行业内大小企业的规模和实力相差不大）。分清行业的不同类型，有助于企业根据本行业的特点，制定正确的经营策略。

2．行业竞争结构研究

通常，在一个行业里存在着五个方面的力量，它们综合决定着这个行业的竞争激烈程度和行业的获利能力。这五个方面是：潜在进入者的威胁、替代品的压力、购买者讨价还价的能力、供应者讨价还价的能力以及行业内现有企业之间的竞争（见图3－3）。

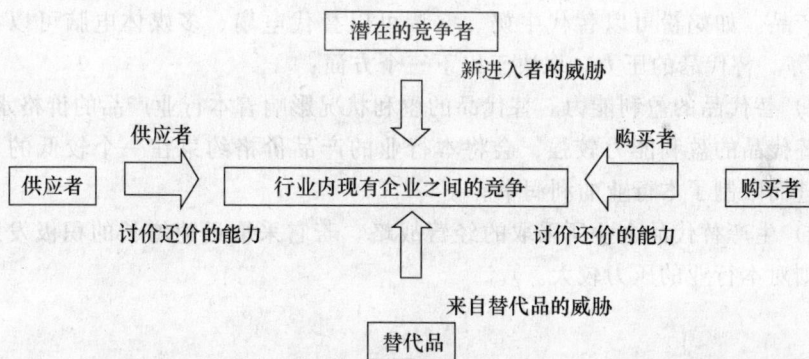

图 3－3　行业竞争结构图

在不同的行业中，这五种竞争力量的强度是不同的，并且随着行业的不断发展，其强度也会有所变化。企业要较好地回避行业风险，有效地防御来自各个方面的竞争，就应该对这五方面力量的状况有清楚的认识。

（1）潜在进入者的威胁。潜在的进入者对某个行业威胁的大小，主要取决于进入该行业需要克服的障碍，我们称之为进入壁垒。行业的进入壁垒，主要与以下八个方面的因素有关：

1）规模经济，即行业内现有企业的生产经营是否都达到了一定规模。

2）产品差异，即行业内现有企业是否拥有受到确认的品牌，取得了用户的信任。

3）资本要求，即进入该行业所需的基础投入资金的多少。

4）转变费用，即顾客从使用一个企业的产品转到使用另一个企业的产品所面临的一次性费用。

5）资源供应，即行业内现有企业是否已与原材料及技术供应渠道建立了良好、稳定的供应关系。

6）销售渠道，即行业内现有企业是否已建立良好的销售渠道。

7）其他成本因素，即行业内现有企业是否因特殊的一些原因积累了丰富的生产经验、工人操作熟练、废品率低等能使成本保持在较低水平的因素。

8）政府政策，即政府对该行业是否有限制性政策（如需要政府特批的生产经营许可证等）。

此外，潜在的进入者对某个行业的威胁，还依赖于进入者所能预期的来自该行业现有竞争对手的反击程度。

（2）面临替代品的压力。替代品是指那些与本行业产品具有相同或相似功能的产品。如奶粉可以替代牛奶、空调可以替代电扇、多媒体电脑可以替代VCD等。替代品的压力，取决于以下三个方面：

1）替代品的盈利能力。替代品的盈利状况影响着本行业产品的价格水平。如果替代品的盈利能力较强，会将本行业的产品价格约束在一个较低的水平上，进而限制了本行业的利润率。

2）生产替代品企业所采取的经营战略。若它采取迅速增长的积极发展战略，则对本行业的压力较大。

【案例】

从1994年广东万燕生产并投放市场的第一台VCD影碟机开始，中国的VCD市场竞争由此拉开了序幕。到1998年，中国的VCD厂家的生产能力达到5000万台以上，大大超过市场需求的1200万台。价格大战由此展开。与此同时，SVCD、CVD甚至DVD等新一代产品纷纷问世，更加速了VCD机被市场淘汰的进程。DVD机的清晰度高、纠错能力强，是VCD机所望尘莫及的。据有关资料显示，VCD机在1999年底已基本退出市场，被SVCD、DVD等淘汰。VCD机退出市场的现象说明什么？

3）用户的转变费用。

（3）购买者的压力。购买者对本行业的竞争压力，主要体现在他们会利用各企业间的竞争来行使压力，如对产品价格、质量和售后服务等方面提出有利于他们的要求。研究购买者对行业的压力，可从以下三个方面入手：

1）购买者的集中程度。如果本行业产品集中供应给少数几个用户，则这几个用户对本行业构成较大的压力。

2）购买者对产品价格的敏感程度。对价格越敏感，对本行业的压力越大。购买者对价格的敏感程度，主要和三方面的因素有关：一是购买群体（企业）的盈利能力或个人（消费者）的收入水平；二是本行业的产品在购买者所有产品中所占的比例；三是本行业的产品质量对购买者的影响。

3）购买者的选择余地。选择的余地越大，对本行业的压力越大。选择余地主要和三个方面有关：一是本行业产品的标准化程度；二是购买者的转变费用；三是购买者的信息量。

（4）供应者的压力。供应者的压力主要体现在供应者通过提高原材料或其他供应品的价格、减少紧俏资源供应或降低供应质量等要求，与本行业企业讨价还价，从而牟取更多的利益。研究供应者的压力，可从供应者的集中程度、供应品的可替代程度、本行业对供应者的重要程度、本行业对供应品的依赖程度、供应品的转变费用以及纵向一体化倾向等六个方面入手。

（5）同行业企业间的竞争。行业内的企业之间总是存在着竞争，但不同行业内部企业之间竞争的激烈程度是不一样的，有的比较激烈，有的则比较缓和。行业内企业间竞争的激烈程度，主要取决于以下几方面因素：

1）行业内企业的数量结构。若行业内企业数量较多，行业的竞争将趋于激烈。若行业内的企业都处在势均力敌的地位，即使行业内的企业不多，也会产生激烈的竞争。

2）行业的增长速度。在行业快速增长时期，市场需求也在不断地扩大，各个企业可在与行业增长保持一致的情况下，求得自身的充分发展，竞争不是很激烈。而当行业发展缓慢时，企业只得把力量放在争夺市场占有率上，从而会产生激烈的竞争。

3）固定成本和库存成本。当行业生产的固定成本较高时，企业为降低单位产品的固定成本，势必增加产量，这会使各企业的生产能力急剧膨胀，甚至过剩，有时还会引起价格竞争，增加竞争的激烈程度。

4）产品特色。若行业内各企业生产的产品各有特色，差异性较大，各自都有不同的用户，则竞争会较为缓和。

5）用户转变费用。若用户从购买一个企业的产品转向购买另一个企业产品时的转变费用较高，则竞争较为缓和。

6）规模经济的要求。按照规模经济要求需大量增加生产能力的行业，由于各企业都为达到规模经济的要求而增加新的生产能力，会使原有的供需平衡被不断打破，加剧行业竞争的激烈程度。

7）退出壁垒。退出壁垒是指企业退出行业时所要付出的代价，主要包括企业退出时未使用资产的损失，安置人员、库存物品处理等方面的费用以及由于企业退出而带来的对企业无形资产（如企业形象）的影响。当退出壁垒很高时，经营不好的企业只得继续经营下去，使得行业竞争加剧。

【思考题】

试举例说明行业环境对企业生产经营活动的影响。

□ 企业微观环境研究

企业微观环境的诸要素中，最主要的是购买者、供应者、竞争对手和同盟者四个方面。

1．购买者研究

企业是商品的生产者和经营者，企业向社会输出的产品或劳务，最终要通过顾客的购买行为，到达顾客手中。顾客根据自己的实际需要、支付能力、行为偏好等，选择自己认为合适的商品、品牌甚至企业。因此，企业要使自己的产品或劳务得到顾客的认可，在与竞争对手争夺顾客的竞争中占据有利位置，必须对购买者进行认真细致的研究。

影响顾客购买行为的因素主要有购买者的消费需求、购买能力和购买偏好等。因此，对购买者进行研究，也应该从这几个方面出发。具体包括以下内容：

（1）细分市场特点。市场细分化是企业根据消费者需求和购买行为的差异性，将总体市场分解为许多具有类似性购买群体的细分市场。各个细分市场都是由需求大致相同的消费者组成的。市场细分化的核心是消费者需求和购买行为的差异性。

通过市场细分的调查和研究，企业可以了解本企业产品在各细分市场上的销售情况。如果发现在某些细分市场上产品的销售量很大，企业便可以通过对这些细分市场的分析，掌握购买本企业商品的消费者群体的特点，进而将这些消费群体确定为目标市场，集中优势力量开拓目标市场。如果发现在某些细分市场上购买者少，企业应查明原因，采取相应措施挖掘市场潜力。

（2）购买力调查。购买力的高低决定着市场需求的状况，而购买力又是由很多因素综合决定的。对于生活资料，购买力调查，就是要查清购买状况及家庭收入等。对于生产资料，购买者主要是生产企业，应主要调查基本建设的投资规模与重点，企业技术改造和生产规模扩大等情况。

（3）购买动机调查。购买动机是一种基于需求而由各种刺激因素促成的心理冲动。它是购买行为的先导，诱发并支配着购买行为。购买动机的产生，往往是多种因素综合在一起促成的。由于经济收入、文化程度、生活环境等方面的差异，人们往往会产生不同的购买动机。如有些人会从质地、款式、价格等方面综合选择服装，有些人则主要从自己的爱好和品位出发去选择，还有些人是出于从众心理而产生购买动机。调查购买动机，并弄清产生购买动机的原因，便于企业采取相应的诱发措施来促进产品的销售。

（4）潜在需求调查。消费者的需求包括现实需求和潜在需求两种。所谓现实需求，是指消费者已意识到，并有购买能力且准备购买某种商品或劳务的需求。所谓潜在需求，是指消费者对某种商品或劳务表面上看并无需求，而实际上是由于某种原因而没意识到或虽已意识到但还没有形成购买的需求。研究购买者的潜在需求，有助于企业认清市场潜力，改进营销策略，把潜在需求转变为现实需求，从而扩大企业的市场份额。

2．供应者研究

供应者能否及时、稳定、合理地为企业提供各种生产要素，直接关系到企业生产经营活动能否正常进行。从买卖关系的角度来看，企业是供应者的顾客，是供应者的购买者和服务对象。但由于我国企业普遍存在着资金短缺、原材料和能源供应紧张、高素质劳动力缺乏，以及信息渠道不理想等现实状况，企业为了获得必要的资源，必须积极主动地去吸引资源所有者把资源投入到该企业。因此，企业要对供应者的状况进行仔细研究，做到心中有数。具体包括以下几个方面：

（1）供应企业的生产经营状况、产品质量、价格水平。

（2）资金供应者（银行及其他融资机构）的基本状况、贷款或投资方向。

（3）供应者所在行业的竞争状况、行业发展趋势。

（4）潜在供应者的情况等。

3．竞争对手研究

企业的竞争对手包括两类：一类是与本企业生产相同或相似功能产品的企业，他们在和本企业争夺市场；另一类是和本企业使用相同经营资源的企业，他们在和本企业争夺资源。企业只有全面客观地了解竞争对手，掌握竞争对手的优势和劣势，才能在激烈的市场竞争中占据主动。

企业对竞争对手的研究，应从以下几个方面入手：

(1) 竞争对手的基本情况。包括企业的地理位置、企业规模、发展规划、经营思想、领导者素质、员工素质等。

(2) 竞争对手的生产情况。包括生产规模、生产效率、技术水平、革新能力、原材料供应情况等。

(3) 竞争对手的销售系统。包括销售渠道、营销策略、销售网点分布、售后服务内容、广告宣传等。

(4) 竞争对手的产品情况。包括产品结构、产品功能、质量、价格、包装等。

(5) 竞争对手的市场地位。包括目标市场、市场占有率、市场覆盖率、销售增长率、企业信誉等。

(6) 竞争对手的财务状况。包括产品成本、资金来源、资金占用情况、信贷能力等。

(7) 其他潜在竞争对手的情况等。

4. 同盟者研究

所谓同盟者，是指与本企业具有利益共同性或优劣势互补性的其他企业组织。对同盟者进行研究，是企业微观环境研究的重要内容。对同盟者的研究，要考虑下面一些问题：

(1) 研究同盟企业的发展规划、经营思想、经营战略、生产能力等方向性问题，以确定是全面合作，还是部分合作；是长期同盟者，还是短期的联盟。

(2) 在内外部环境发生变化时，要考虑同盟者是否有变为竞争对手的可能。

(3) 研究同盟者和竞争对手的关系，以便确定对同盟者的策略。

(4) 研究是否存在着潜在的同盟者。

【思考题】

企业的微观环境可从哪几方面来分析，它们是怎样对企业的生产经营活动产生影响的？试举例说明。

■ 企业内部条件分析

企业的内部条件，是指构成企业生产经营过程的各种要素的组合。企业的生产经营活动，涉及生产要素、管理素质、经营能力的各个方面，是一个复杂的系统，它不仅包括生产技术手段、员工技能水平等直接影响企业生产经营的要素，也包括职工关系的协调、经营管理水平等决定企业效能发挥的因素。因此，企业内部条件，就是反映和决定企业素质的因素。

企业生产经营的最终目的，是向市场提供适销对路的产品，同时通过产品销售过程的顺利实现，不断求得自身的生存与发展。在社会主义市场经济体制下，企业经营的好坏，最终完全由市场来决定，由经济效益来衡量。分析企业的内部条件，也应从这几个方面入手，具体包括：

□ 企业经营实力分析

经营实力是企业的生产能力、技术能力、销售能力、管理能力、信息处理能力的综合。

1．企业生产能力分析

企业的生产能力是指企业在一定时期内（通常为一年）直接参与生产过程的固定资产，在一定的技术组织条件下所能生产一定种类的产品或加工处理一定原材料数量的能力。企业要进行正常的生产活动，不仅需要厂房设备，需要原材料和零部件，还需要人力资源。分析企业的生产能力，要对上述各项因素一一进行分析。

2．企业技术能力分析

企业的技术能力包括企业拥有的产品设计开发能力、技术装备能力、技术人员等，它反映企业技术力量的总体水平。

3．企业销售能力分析

销售能力包括销售机构的设置、销售渠道、促销活动分析等内容。

（1）销售机构分析。主要分析销售机构设置的是否合理，营销人员的素质、工作效率等。

（2）销售渠道分析。主要分析中间商的作用大小、销售渠道的选择是否合理。对销售渠道进行分析，要根据产品的种类和性质、行业的销售习惯、市场竞争关系、零售商分布状况、企业本身的条件以及国家有关政策等几方面综合考虑。

（3）促销活动分析。主要分析企业可用于促销的经费多少、促销方式选择的合理性、促销人员的素质和促销活动的结果等。

4．企业管理能力分析

企业的管理水平直接对企业的经济效益产生影响。经营者可从以下几个方面考察企业的管理能力：

（1）企业管理体制和组织结构状况。例如，是否建立现代企业制度、组织机构设置是否合理、是否能发挥管理人员的积极性和创造性等。

（2）企业经营思想和企业文化。如企业是否确定了核心价值观，并以此指导整个企业的生产经营活动，企业文化建设是否落到实处等。

（3）企业战略管理状况。如企业领导是否有战略思想、企业是否重视经营战略的制定并组织实施等。

（4）企业基础管理状况。这包括质量管理、技术管理、营销管理、财务管理、现场管理、人员管理等各方面的规范和组织情况。

（5）企业管理创新状况。管理创新是企业提高管理水平的原动力，也是实现质量、效率、效益的有效途径。它具体包括管理目标的创新、管理制度的创新及组织机构的创新等。

5. 企业信息处理能力分析

企业的信息处理能力，是企业获取信息、传输信息、分析信息和运用信息的综合能力。

随着社会经济的发展和市场的日益扩大，信息在企业生产经营中的地位显得越来越重要。客观及时的信息，不仅有助于企业了解市场，抓住稍纵即逝的市场机会，更有助于企业认清未来市场走向，是企业经营决策的依据。可以说，谁拥有了信息，谁就获得了占领市场的先机。

【思考题】

企业目前有哪些收集市场信息的方法？试举例说明。

企业产品市场营销分析

在市场经济条件下，企业生产经营的目的是为了通过市场出售产品，取得应有的经济效益和社会效益。因此，对企业的产品和市场营销状况进行分析，是企业内部条件分析的重要内容。

1. 产品性能与产品质量分析

从市场营销的观点看，产品是满足消费者需要和对社会作出贡献的商品。产品质量的好坏、是否能够满足消费者的需求，是决定产品市场营销状况的重要因素。

产品性能分析，主要分析产品的功能是否满足消费者的需要、在性能上有哪些优缺点、产品的品牌价值如何等。广义上讲，产品性能分析，也包括对产品的包装、售后服务等方面的分析。分析产品性能，要注意与同行业其他厂商的对比情况，通常可采用产品的平均技术性能指标来对比，也可以结合产品竞争力分析来对比。

产品质量分析主要分析产品合格率、产品成本率、产品等级品率、产品质量分数、废品率、返修率等。

2．产品竞争力分析

产品竞争力分析，主要是分析本企业的产品在技术性能、质量、外观、包装、品牌、售后服务、价格、成本、销售渠道、促销策略等方面与竞争对手相比的情况。

3．产品市场地位分析

产品的市场地位，主要用产品的市场占有率和市场覆盖率两个指标来表示。

$$市场占有率 = \frac{本企业产品销售量（额）}{市场上同类产品销售总量（额）} \times 100\%$$

$$市场覆盖率 = \frac{本企业产品投放地区数}{全市场应销售地区数} \times 100\%$$

市场占有率反映了企业产品在某一个特定范围内的市场地位，而市场覆盖率则反映企业产品在空间上的覆盖状况。

4．产品生命周期分析

产品生命周期是根据产品在市场上销售状况，把产品从投入市场到被市场淘汰的全过程，分为投入期（产品研制成功到投入市场）、成长期（产品在市场上被承认、销售增长幅度大）、成熟期（大量生产大量销售）、衰退期（被新产品淘汰或销售锐减）四个阶段。

产品生命周期分析，就是分析产品处在生命周期的哪个阶段，从而采取相应的经营策略。产品生命周期分析，可与产品成长性分析结合进行。

5．产品的成长性分析

产品的成长性可由销售增长率和市场扩大率来表示。

$$销售增长率 = \frac{本年度销售量（额）- 上年度销售量（额）}{上年度销售量（额）} \times 100\%$$

销售增长率和产品在生命周期中所处的阶段有很大关系，它也是判断产品所处生命周期的重要依据。

市场扩大率是反映产品市场地位变化的指标。

$$市场扩大率 = \frac{本年度市场占有率}{上年度市场占有率} \times 100\%$$

6. 产品的获利能力分析

产品的获利能力是反映产品为企业提供经济效益的重要指标。企业生产的不同产品，有的获利能力大，有的获利能力小。我们可以按照各种产品的销售收入和利润情况分别排队，从差异中发现产品开发和经营管理上的问题，找出原因，制定正确的经营策略，同时确定合理的产品组合。

【思考题】

企业产品市场营销分析的主要内容是什么？

□ 企业经济效益分析

企业的经济效益，一般是指成本与利润之间的对比关系。提高经济效益，就是要通过尽可能地减少各类资源的消耗和占有，最大限度地生产出适合社会需要的物质财富，获得更多的产出。经济效益分析通常包括盈亏分析、资金利润率分析、偿债能力分析、资金周转状况分析等四个方面。

■ 企业经营环境综合分析

□ SWOT 分析

SWOT 分析是指把企业内外环境所形成的机会（Opportunities）、威胁（Threats）、优势（Strengths）、劣势（Weaknesses）四个方面的情况结合起来进行分析，以寻找制定适合本企业实际情况的经营战略和策略的方法。

SWOT 分析的主要目的，在于对企业的外部环境和内部条件进行客观公正的评价，以识别各种优势、劣势、机会和威胁等因素，有利于开拓思路，正确地制定企业战略。

SWOT 分析，还可以作为选择和制定战略的一种方法。因为它提供了四种战略，即 SO 战略、WO 战略、ST 战略和 WT 战略。如图 3 - 4 所示。

	内部优势（S） 1.…… 2.…… 3.……	内部劣势（W） 1.…… 2.…… 3.……
外部机会（O） 1.…… 2.…… 3.……	SO 战略 依靠内部优势 利用外部机会	WO 战略 利用外部机会 克服内部劣势
外部威胁（T） 1.…… 2.…… 3.……	ST 战略 依靠内部优势 回避外部威胁	WT 战略 减少内部劣势 回避外部威胁

图 3－4　企业 SWOT 分析及其战略结构

　　SO 战略是依靠内部优势去抓住外部机会的战略。如一个资源雄厚（内部优势）的企业发现某一国际市场未曾饱和（外部机会），那么它就应该采取 SO 战略去开拓这一国际市场。

　　WO 战略是利用外部机会来改进内部弱点的战略。如某家电企业面对市场上对数码相机的需求增长迅速(外部机会),但企业内目前十分缺乏数码技术专家(内部劣势),那么就应该采用 WO 战略培养或聘请技术专家,或购入一个高技术企业。

　　ST 战略是利用企业的优势，去避免或减轻外部威胁的打击。如一个企业的销售渠道（内部优势）很多，但由于各种限制又不允许它经营其他商品（外部威胁），那么就应该采取 ST 战略，走集中型、多样化的道路。

　　WT 战略是直接克服内部弱点和避免外部威胁的战略。如一个商品质量差（内部劣势），供应渠道不可靠（外部威胁）的企业应该采取 WT 战略，强化企业管理，提高产品质量，稳定供应渠道，或走联合、合并之路以谋生存和发展。

　　SWOT 方法的基本点，就是企业战略的制定必须使其内部能力（优势和劣势）与外部环境（机遇和威胁）相适应，以获取经营上的成功。

【思考题】

　　企业应如何进行 SWOT 分析？

□ SWOT 案例分析

　　北京康派特经济发展研究中心曾对我国中药产业进行了 SWOT 分析及战

略矩阵设计，我们可以根据下表较为全面地了解中药产业的现状及战略走向。

表 3 - 2　　　　　　　　　　中国中药产业 SWOT 分析及战略矩阵

内部条件 战略 外部环境	优势 S 1. 博大的中医药理论和数千年积累的实践经验 2. 丰厚的中医药文化底蕴基础 3. 中医的发展和中医药人才优势 4. 丰富的中药材资源 5. 中药产业已形成了相当基础 6. 国家和一些地方政府对中药的重视 7. 国内现实和潜在的中药市场 8. 中药现代化已取得相当成效，技术进步迅速 9. 中医理论指导下的保健品、食品和化妆品兴起 10. 中医药的自主知识产权优势	弱点 W 1. 标准规范不健全 2. 管理体制不顺 3. 竞争力强的企业少 4. 国家未从战略角度支持中医药发展 5. 基础研究工作落后 6. 知识产权保护不力 7. 适合中药现代化的人才不足 8. 市场秩序有待规范 9. 中药企业现代企业制度有待建立和完善
机会 O 1. 经济全球化及中国加入WTO 2. 三个观念（发展，消费，医疗保健）变化 3. 现代科学（生命，细胞，免疫等）的发展 4. 信息网络技术的发展 5. 中国和世界经济的持续发展 6. 人民生活水平提高对健康需求的要求 7. 人类人口学和疾病谱的变化 8. 对医药重视程度的提高 9. 回归自然的潮流和保健品等健康新需求	SO 战略 1. 中药现代化产业推进战略 2. "十五" 计划应有支持中医发展的内容 3. 中药的现代化和国际化 4. 支持中药现代化的政策措施 5. 作为战略性产业来发展 6. 产业区域发展（跨地区、跨岸、跨国合作） 7. 中药大健康产业 8. 涵盖农工商知的大中药产业 9. 为人类健康做出贡献同时实现产业发展目标 10. 绿色中药战略	WO 战略 1. 从国家角度考虑中药产业的发展 2. 健全符合中医药特点又被世界所接受的标准体系 3. 改善产业国际化经营的环境，培育跨国公司 4. 改革管理体制，适应全球化、现代化的要求 5. 加强基础研究工作，适应全球化和三个观念的变化 6. 创新管理和知识产权保护 7. 加速中药现代企业制度建设 8. 中药企业的信息化和网络化建设
威胁 T 1. 贸易壁垒特别是绿色壁垒 2. 文化障碍 3. 国外植物药和生物制药的快速发展 4. 标准规范的差异 5. 国际上有关法律和制度障碍 6. 竞争对手的发展与战略提升 7. 中外社会保障制度对中医药接纳不足 8. 有些国家制定针对中国的中药发展战略	ST 战略 1. 绿色战略与国际市场开拓 2. 中医药文化的国际交流和发展 3. 中医药特色与生物技术等先进技术结合 4. 推动中药产业国内外制度和法律环境的改善 5. 现代化与国际化、优势与创新提升中药产业竞争力 6. 中药产业的国际竞争与国际联盟战略 7. 保护中药材资源	WT 战略 1. 建立中药产业质量标准化建设进程的时间表 2. 改革中药发展的制度环境 3. 规范中药市场秩序 4. 培养中药产业现代化和国际化的人才 5. 标准化与知识产权的结合 6. 加速企业体制改革，建立现代企业制度 7. 支持中药产业创新技术的发展

■ 本章小结

本章从影响企业经营活动的外部环境和内部条件出发，系统地研究了这两方面的构成因素及其对企业经营活动的影响表现和经营思路。主要内容如下：

• 企业经营环境是指所有与企业经营活动有关的外部环境和内部条件因素的总和。这两者是动态的有机组合。

研究企业经营环境的意义：企业从事生产经营活动的基本前提；企业制定经营决策的基础；有助于企业及时发现机会、避开威胁，实现经营目标。

• 企业的外部环境可分为三个层次：第一个层次是企业的宏观环境；第二个层次是企业的中观环境；第三个层次是企业的微观环境。

企业的宏观环境作为企业不可控制的外部力量，对企业的生产经营活动起着不容忽视的作用。研究企业的宏观环境，就是要认清一个国家在人口、经济、自然、政治法律、科学技术以及社会文化等方面的特点，为企业的经营战略和决策活动提供依据。

企业中观环境分析，主要是指企业所在行业的分析。对行业环境进行分析，就是要认清企业所在行业的总体状况，了解行业发展趋势，发现行业中存在的威胁，寻找企业发展的机会。它主要包括对行业概况的分析和行业竞争结构分析。

企业微观环境的诸要素中，最主要的是购买者、供应者、竞争对手和同盟者四个方面。

• 企业的内部条件是指构成企业生产经营过程的各种要素的组合。企业的生产经营活动，涉及生产要素、管理素质、经营能力的各个方面。分析企业的内部条件，主要从企业经营实力分析、企业产品市场营销状况分析和企业经济效益分析三个方面入手。

• 企业的生存与发展是以外部环境为条件，内部条件为基础，因而在分析企业经营环境时，对两者必须综合分析。企业内外环境的综合分析的方法主要是 SWOT 分析法。

第4章

企业经营战略

- ■ 企业经营战略概述
- ■ 企业总体战略
- ■ 企业职能战略
- ■ 企业联合战略
- ■ 本章小结

　　如何在竞争激烈的市场环境中求得长期发展，已经成为当前企业及其决策者面临的重大课题。解决这一问题的根本途径就是要在企业中树立起战略观念，并科学地制定和实施经营战略。本章主要阐述企业经营战略的概念、特征和作用，经营战略的类型、制定的程序，以及总体战略和职能战略的基本形式。

■ 企业经营战略概述

　　企业经营战略是关系企业长远发展的重大问题，因而，作为企业经营者，应对经营战略有全面地、正确地认识和理解。

□ 企业经营战略的概念

　　企业经营战略是企业在充分了解市场环境和分析自身条件的基础上，为求得长期发展，通过适应未来环境的变化，对企业发展目标、实现目标的途径和手段所进行的总体谋划。

　　企业经营战略的概念包括以下四层涵义：

　　1. 企业战略是要规划企业长远的发展方向

　　任何根据外界环境的短期波动所采取的对策以及关于销售量、价格、利润等的具体安排都不是经营战略的范畴。

　　2. 企业战略是定性的范畴

　　它是关于企业向何处发展以及怎样发展的问题，诸如确定企业的战略指导思想、战略目标、战略重点、战略对策等。对经营者来说，这类问题多属于非程序化决策，主要采用定性研究的方法。

　　3. 企业的战略具有实践性

　　即企业战略应当是切实可行的，而不是主观想象。

　　4. 企业的战略应取得广泛的共识

　　它不是企业中少数领导者的构想，而必须为企业各部门的经营管理人员及全体职工充分理解、接受，才能保证战略的实施。

【思考题】

　　什么是企业经营战略，怎样理解企业经营战略？

□ 企业经营战略的地位与作用

企业经营战略是全体职工的行动纲领，为企业发展指明了基本方向，它在企业各项工作中居于首要地位。能否认识到经营战略的地位并科学制定经营战略，已成为区别传统管理者和现代企业家的一个重要标志。战略在企业中的主要作用有以下几个方面：①企业经营战略能促使企业具有长远发展的基本方向和奋斗目标，使企业的经营活动目的明确。企业战略首先要对内、外部环境状况及其变化趋势进行科学分析，在此基础之上，明确企业的风险与机会，认识企业在市场竞争中的地位，以此确定企业长远发展的基本方向，明确企业经营的目的。②通过企业战略能够促使企业把各项工作组织好、协调好，使企业的一切活动有条不紊，提高工作效率，实现企业更快发展。③企业经营战略能有效激励和鼓舞员工的士气，起到统一全体员工思想和行动的作用。④企业经营战略也是企业参与市场竞争的必然要求。在市场经济条件下，企业要想生存发展，必须适应市场变化，研究市场的变化趋势，认真谋划自己的行动战略。⑤通过制定企业经营战略，促使企业行为符合行业和国家的总体发展战略，符合国家的方针政策、法律法规的要求，避免企业经营活动的盲目性。

可见，企业经营战略决定着企业的前途与命运，它是企业提高自身素质、增强活力、适应外界环境变化、保持长久旺盛生命力的有力武器。

【案例】

日本企业之所以能在上世纪后半叶成功地超过美国企业，其原因之一就是重视经营战略的研究。据统计，日本企业已有97％实施了战略规划，并将其视为企业发展的法宝。很多国家包括我国的企业也都在学习日本企业，制定出较为明确的经营战略。

20世纪80年代初，欧洲一家杂志社对许多知名企业的高层领导进行了调查，了解他们的时间是如何安排的。结果表明，这些高层领导，有2／5的时间用于企业的经营战略研究。这正如美国通用电气公司董事长威尔逊所说："我整天没有做几件事，但有一件做不完的工作，那就是制定战略，规划未来。"

□ 企业经营战略的基本特征

企业经营战略一般具有以下几个方面的特征：

1．全局性

企业战略是以企业全局的发展规律为研究对象，是指导整个企业生产经营活动的总谋划。

2．长远性

战略的考虑着眼未来，着眼长远。企业战略既是企业谋求长远发展意愿的反映，也是企业规划未来较长时期生存与发展的设想。而它的制定与执行，也必然影响企业的长远发展。

3．纲领性

企业经营战略是企业长时期生产经营活动的纲领，是企业经营管理综合思想的体现。经营战略研究的是诸如确定企业发展目标、经营方向、经营重点以及对应该采取的基本行动方针、重大措施等做出原则性、概括性的规定，从而为企业经营的基本发展指明方向，具有很强的指导性。

4．竞争性

企业战略主要研究在激烈的市场竞争中如何强化本企业的竞争力量，如何与竞争对手抗衡，以使得本企业立于不败之地。同时在对未来进行预测的基础上，为避开和减轻来自各方面的环境威胁，迎接未来的挑战制定各种行动方案。

5．稳定性

企业发展战略的全局性和长远性决定了经营战略的相对稳定性。经营战略必须具有相对稳定性，才会对企业的生产经营活动有指导作用。如果经营战略朝令夕改，变化无常，不仅难以保证战略目标和战略方案的具体落实，而且也失掉了战略的意义，还可能引起企业经营的混乱，给企业带来不应有的损失。

经营战略的上述特征，决定了它与其他经营活动的区别。

【思考题】

为什么企业经营战略具有上述特点？

企业经营战略的内容与类型

1．企业经营战略的内容

企业经营战略的内容一般包括四个部分：经营领域、差别优势、战略行动、目标成果。首先，要了解企业的主要经营领域。一般来说，经营领域由行业和市场两部分组成。确定了经营领域之后，需要考虑企业在该领域的优势和劣势是什么，以及如何保持企业的这种优势（即差别优势）。在分析了经营领域和企业优势之后，找出差距，制定方案，以便采取相应的战略行动。目标成果，即期望的目标结果。这种目标成果可能是公司效益的提高或规模的扩大，也可能是公司在市场上所处的地位等。

2. 企业经营战略类型

企业经营战略由总体战略和职能战略两部分构成。总体战略是企业战略体系的主体，它奠定了企业战略体系的基础，起着统率全局的作用。职能战略则是总体战略按专门职能的落实和具体化，它服务于总体战略，并且受总体战略的制约。

（1）企业总体战略涵义和类型。总体战略是对企业的各项经营活动都起指导作用的战略。总体战略是企业进行各项经营活动的中心。对一个企业来说，在同一领域和同一时期，只能有一个总体战略。

按照竞争程度和对抗角度的不同，总体经营战略主要有三种形式：

1）发展型战略，又称进攻型战略。即在企业现有的战略基础水平上向更高方向发展。其主要特点是：不断增加投资，不断开发新产品和新市场，不断提高产品的市场占有率。发展型战略从各个职能领域来看，面临不同的选择。其中，最重要的是竞争战略的选择。

2）稳定型战略，又称防御型战略。即企业通过投入少量或中等程度的资源，维持现有生产规模，维持现有的销售额和市场占有率，保持现有的竞争地位。其特点是：巩固成果，维持现状，经营安全，不冒太大的风险，企业采用各种措施来防御竞争对手，但不主动出击。

3）紧缩型战略，又称退却型战略。这种战略是在市场需求下降情况下，企业在原有的经营领域内已处于不利地位，自己又无能力改变这种情况，只能逐渐收缩，以至退出原有的经营领域，以收回资金，将战略重点转移到对企业更为有利的经营领域。

（2）企业职能战略的涵义及内容。职能战略是总体战略在某一局部或某一领域的细致设计和具体落实，是保证总战略实施的专业性分战略。与总战略相比，职能战略跨越的时间短、专业性强，它着重于为企业发展指明特定的方向，规定具体的战略行动。职能战略根据其专业领域的不同，可分为市场战略、产品战略、技术战略、投资战略等，后面我们将重点加以介绍。

【思考题】

举例说明企业总体战略的主要形式。

□ 企业经营战略的制定

企业经营战略的制定是在对企业外部环境和内部条件进行科学分析的基础上，按照一定的程序，经企业经营者和全体职工反复论证和比较后才形成的。主要步骤如下：

1. 确定战略指导思想

战略指导思想是关于企业长远发展方向的指导思想，它是企业制定和实施经营战略的基本思路和观念，是确定战略目标、战略重点、战略部署和战略对策的指导性纲领。企业在制定经营战略时，应注意树立以下思想：

（1）市场思想。企业经营者必须把用户的需要和利益放在第一位，为用户提供最适用的产品和最佳的服务，并不断开拓市场，努力创造用户的需要。

（2）竞争思想。企业在制定经营战略时，要有敢冒风险、不怕竞争，善于竞争，在竞争中求生存和发展的战略思想。这里的竞争即包括产品的竞争、服务的竞争，也包括人才的竞争、管理的竞争、技术的竞争等。

（3）系统思想。企业在制定经营战略时，必须站在系统的、整体的高度，全面地、综合地考察外部环境的现状及其变化趋势和企业各种经营要素的状况及其变化，使两者保持动态平衡。

（4）信息思想。现代企业必须及时、准确地掌握各种信息，并善于分析和利用信息对外界环境和企业自身进行正确的预测和判断，才能大大减少战略制定时对未来的不确定性。

（5）时效思想。时效思想就是节约时间、提高效率。在复杂多变的市场上竞争，要争分夺秒、不失时机地利用各种机会和条件，讲求经营效率，并尽可能追求最大效率。

（6）创新思想。知识经济时代要求企业在制定经营战略时须不断创新，以适应日益变化的市场环境。创新是企业发展的永恒动力，只有不断创新，才能开辟未来。企业创新是一项系统工程，包括经营决策创新、管理创新、营销创新、产品创新、技术创新等。

2. 建立战略规划组织

制定战略规划是一项复杂的系统工程，必须有相应的组织和人员保证，所以企业应设置专门从事战略规划的部门负责这项工作。战略规划部门的任务是：预测和研究企业经营环境的变化，以及各种环境因素对企业经营的影响；研究企业经营目标，发现各种战略性问题，并拟订出经营战略；评价企业提出的各项战略，研究和评估各种可相替代的战略方案，并根据环境的变化，适时地进行经营战略的修改和完善。

3．科学制定战略规划

正确的战略规划依赖于科学的规划程序。战略规划的制定程序包括如下步骤：①树立正确的战略思想。②进行战略环境分析。③制定战略宗旨。④规定战略目标。⑤划分战略阶段。⑥明确战略重点。⑦制定战略对策。⑧战略规划平衡。⑨进行可行性论证。⑩审定批准战略规划。⑪组织战略规划实施并在实践中检验修正。当然，在各个步骤之间，要不断地进行反馈。

【思考题】

企业经营战略的制定必须树立起哪些思想？

□ 企业经营战略的实施

为了保证经营战略能有效实施，在战略实施过程中，主要应做好以下三项工作：

1．建立战略实施组织机构

经营战略是通过一定的组织机构来实施的。经营战略的组织机构必须具备三个基本条件：一是目标明确。只有明确了战略目标，并且能够为实现该目标而努力的组织机构，才能高效率地工作。二是相互协调。各组织层次应该相互协调、相互信任，以保障在战略实施过程中的行动一致性。三是合理授权，以保证各部门的积极性。

2．经营战略的实施

为了有效地实施经营战略，在经营战略实施的过程中，应注意做好以下工作：

（1）将战略方案的内容层层分解。这种分解可从两方面进行：

一方面进行空间上的分解，即将战略方案按层次进行分解，制定出一系列实施性分战略。这种分解有三个层次：第一层次分解给高层管理人员（企业主管领导），第二层次分解给中层管理人员（各职能业务部门负责人），第三层分解到基层岗位和个人。

另一方面进行时间上的分解，即将企业战略规划的总目标按时间分解为各阶段目标。

（2）以战略目标为中心建立企业内部责任制。它要遵循责、权、利相结合的原则，将各项管理工作围绕战略目标组织起来，并形成一个整体。这项工作从两方面着手：

一是以企业战略为目标，形成责任制的动态责任系统。动态责任，就是随着时间变化而变化的责任。如各种指标、措施等组成的体系，并通过分解层层落实到部门、岗位和个人，成为各单位和个人的行动目标，即将空间分解和时间分解落到实处。

二是以企业战略为目标，建立责任制的静态责任系统。它是按照战略要求来设计和改革各项综合管理和专业管理，并通过业务分解法层层分解到部门、岗位和个人，形成保证战略实现的完善的管理系统。静态责任与动态责任相结合，便形成了以战略为中心的责任系统。根据这一系统的要求，再分配保证战略实现的权利，就形成了权利系统。为了检查战略实施情况并加以督促，应进行适当地奖励或惩罚，这又形成利益系统。这样一来，就形成了以实现战略为中心的经济责任制保证体系，使经营战略的实施有了可靠的保证。

3. 经营战略的控制

在组织实施战略的过程中，还必须进行战略控制。所谓控制是指管理者将预定的目标或标准与经过反馈回来的实现成效进行比较，以检查偏差的程度，并采取措施进行修正。控制是战略管理的重要环节，是保证实施结果与规划目标趋于一致的重要手段。控制过程可分为三个步骤：

（1）确定评价标准。评价标准是工作成果的规范，用来确定是否达到战略目标和怎样达到战略目标。评价标准既有定性标准，又有定量标准。

（2）衡量成效。就是将实施成果与预定的目标或标准进行比较，找出两者之间的差距及其产生的原因。

（3）纠正偏差。对通过衡量成效发现的问题，必须能对其产生的原因采取纠正措施，才能真正达到战略控制的目的。纠正的措施可能是改变战略实施过程中的活动、行为，也可能是改变战略规划本身。

【思考题】

在经营战略实施的过程中，应努力做好哪些工作？

■ 企业总体战略

企业总体战略是指导整个企业生产经营活动的总谋划。它可以从各个不同的角度加以分类。其中，比较重要的一种分类是从战略态势来分，有发展型战略、稳定型战略和紧缩型战略三种战略形态。本章主要阐述这三种战略形态的内容、特征及其运用。

□ 发展型战略

　　发展型战略又称为进攻型战略，即在企业现有的战略基础水平上向更高方向发展的战略。其主要特点是：不断增加投资，不断开发新产品和新市场，不断提高产品的市场占有率。发展型战略从各个职能领域来看，面临不同的选择。其中，最重要的是竞争战略的选择。

　　现代企业都面临着激烈的市场竞争，如何在竞争中取胜可谓是企业战略选择的核心所在。企业面临竞争战略的选择时，主要考虑两个问题：

　　一是为企业寻找或创造一个具有吸引力的行业。一家企业的盈利性如何，不仅仅取决于这家企业自身的素质和经营管理水平，还取决于这家企业所处的行业。因为不同的行业，其平均利润水平和市场前景是不同的，因此行业的竞争形势也各不相同。影响行业竞争结构的因素主要有五种，即新进入者、替代者、供应者、购买者和行业内原有的竞争者。这五种因素对一家企业的盈利能力产生不同的影响，并决定一家企业采用何种竞争战略。

　　二是为企业在行业内确定一个有利的市场地位。在同一个行业内，一个企业是否能够得到比其他竞争者更丰厚的利润，取决于它在这个行业中所处的竞争地位是否有利。企业竞争地位的改善要通过企业的战略行为选择来完成。

　　美国战略学家波特认为，企业为获取相对竞争优势可以有三种选择，由于这三种战略具有应用的基础性和广泛性的特点，又被称为一般经营战略。它们是：

　　1. 低成本战略

　　这种战略的核心是在追求规模经济效益的基础上来降低成本，并以此获得比竞争对手更高的市场占有率，使企业的盈利处于同行业的领先地位。采取这一战略的关键是建立起达到有效规模的生产设施，在此基础上全力降低成本，加强生产成本与管理费用的控制，最大限度地减少研究开发、服务、推销、广告等项费用。总之，尽管企业对质量、服务及其他方面不能忽视，但贯穿于这个战略的中心问题是使成本低于竞争对手。

　　低成本战略适用于在市场竞争中价格竞争占有主导地位的行业。在这些行业中，所有企业生产的都是标准化产品，产品差异化程度小，因而价格竞争成为市场竞争的主要手段，如钢铁、煤炭、石油、水泥、木材等行业的企业，采用低成本战略会取得较好效果。

成本降低的主要渠道有两条：一个是对已有的成本支出进行控制，控制成本的重点应放在总成本中所占份额较大成本项目上，或与标准成本偏差较大的成本项目上。二是采用先进的专用设备，提高劳动生产率，实行大批量规模化生产，降低产品平均成本。这需要具有领先于竞争对手的先进专用设备，并且具备足够资金的支持和足够的市场需求支持。

2．差异化战略

所谓差异化战略，就是企业通过专利技术以及凭借其他技术与管理措施，生产出在性能上、质量上优于现有标准产品的新产品；或者在销售方面，通过市场广告宣传和加强推销活动，使用户对本企业的产品产生与众不同的印象。差异化战略的核心是特色，这种特色可以表现在产品设计、技术特性、产品品牌、销售方式、服务方式、促销手段等各个方面。这种特色使得消费者对该企业的产品情有独钟，由此对产品价格的敏感程度下降，愿意为其支付较高的价格。这样，企业可以抵御现有竞争者的攻击，消费者不因竞争者的价格较低而去选购他们的产品。由于产品的独一无二使其难以被替代，也使新进入者很难对其构成威胁。另外，在与经销商和供应商的讨价还价中，由于它的某种特色能帮助它从消费者那里获得较高的利润，企业也处于比较有利的地位和较大的回旋余地。

为使现有产品实现差异化，可以通过转变销售方式、加强售后服务、增加产品的附加价值、增加产品的品种规格等手段来进行。但是，差异化也是暂时的。某种产品在一个时期内是差异化产品，经过一段时间，就会逐渐变为标准产品，需要企业不断努力开发新的差异产品，靠不断挖掘新的差异优势来占领市场。

3．集中战略

集中战略是通过满足特定消费者群体的特殊需要，或者服务于某一有限的区域市场，来建立企业的竞争优势及其市场地位。这种战略的最突出的特征是企业专门服务于总体市场的一部分，即对某一类型的顾客或某一地区性市场作密集型的经营。集中战略的核心是细分市场，即该企业所确定的目标市场与行业中其他细分市场之间具有明显的差异性。

企业实行集中战略，可以有效地抵御来自各个方面的竞争。由于是以一个特定的消费者群体为焦点，集中满足他们的要求，所以企业或者能够比其他竞争者更经济地满足消费者的要求，或者能够比其他竞争者更周到地满足他们的需求。如果是前一种情况，则企业就在这个特定的市场上获得了成本优势；如果是后一种情况，则企业就在这个特定的市场上获得了差异化优势。无论是哪一种情况出现，企业都可以在自己所选择的细分市场中获得较高利润。

企业实行集中战略的优点是：由于经营目标和范围集中，管理简单方便，可以集中使用企业的各项资源；能够深入研究与本企业产品有关的各项技术，深入了解市场用户的具体需要；可以在一定程度上提高企业的实力，从而提高企业的经济效益。此外，实行集中战略，企业还可以通过目标市场的选择，寻找现有竞争者的最薄弱环节切入，避免与实力强大的竞争者正面冲突，因此，这种战略特别适合实力相对较弱的那些中小企业。

应当说明的是，在稳定的环境下，集中战略对企业来说是相当有利的。但在环境不稳定时，例如，市场变化、用户变化、技术变化或国家政策变化，集中战略会因经营范围过窄而面临很大的威胁。

【思考题】

企业应如何选择发展型战略？

□ 稳定型战略

稳定型战略，又称防御型战略。即企业通过投入少量或中等程度的资源，维持现有生产规模，维持现有的销售额和市场占有率，保持现有的竞争地位。其特点是：巩固成果，维持现状，经营安全，不冒太大的风险，企业采用各种措施来防御竞争对手，但不主动出击。

稳定型战略主要针对本企业的发展现状，在尽量不增加生产要素投入的条件下，依靠企业内部改革，挖掘潜力，合理运用经营要素，采取适当的经营组合，使企业的产品结构、组织结构及其他各项工作合理化，从而实现企业的内涵扩大再生产，提高企业的经济效益。

当企业实力较弱，或者当企业的外部环境出现不利于企业发展的因素，企业本身又找不到进一步发展的机会时，为避免或减少风险，企业采取稳定型战略，在经营上追求与过去相同或基本相同的目标，打出一定的保险系数。这在短期内是一种合理的选择。但从长远来看，企业采用稳定型战略并不适宜。当企业的外部环境对企业较为有利或企业实力有所增强，企业内部条件较好时，如果一味地实行稳定型战略，就不能充分发挥企业内部潜力，还可能由于过于保守，使企业错失发展良机，难以获得更快发展。所以，企业也应根据情况需要适时地实行外延增长型经营战略，即通过大量增加投资，增加产品品种，增加员工的办法来扩大生产经营规模，充分发挥自身优势，谋求企业更大规模、更快速度的发展。

【思考题】

联系实际谈谈稳定型战略的实施条件。

□ 紧缩型战略

紧缩型战略，又叫退却型战略。这种战略是在市场需求下降情况下，企业在原有的经营领域内已处于不利地位，自己又无能力改变这种情况，只能逐渐收缩，以至退出原有的经营领域，以收回资金，将战略重点转移到对企业更为有利的经营领域。这种战略常用在经济不景气、需求紧缩、资源有限、产品滞销等情况下，即市场吸引力与企业经营能力均不足时。

紧缩型战略包括以下基本类型：

1. 以退为进战略

当企业环境恶化、利润持续下降、财务状况变差时，企业先暂时从现有的地位与水平往后退，渡过"难关"，等到条件成熟后再大踏步前进。这种形式的紧缩，一般是通过降低费用开支和压缩战略时，企业应通过削减开支标准、推迟新项目的投入等办法，将有限的人力、物力、财力用于强化其自身的独特的经营能力，为复苏积蓄力量。当主要是内部环境造成企业采用紧缩战略时，企业应全力解决内部管理问题，理顺各种关系，减少"内耗"，改善财务状况，为采用新的战略方案做好准备工作。

2. 适当抛弃战略

当企业采用前述方法不能奏效时，可以采用适当抛弃的办法。即为维持企业整体的生存，放弃一部分生产经营项目，如某些产品或经营部门。企业将经营资源从这些经营领域中抽出，不再进行任何新的投资，停止一切设备的维修，停止一切广告宣传，收缩产品的销售渠道等。当以下情形出现时，企业可以考虑采取适当抛弃战略：企业当前的经营规模超出了自身的能力，造成财务状况恶化；企业资金紧张，资金来源出现问题；企业内部的某些单位经营较差等等。主动和适时地采用抛弃战略有利于企业摆脱困境，充分利用新的发展的机会。这种战略不适合高技术、高投资行业的企业，也不适合内部各个经营领域依赖性很强的企业，因为在这些企业中，放弃某些经营领域或项目可能导致更大的损失。

3. 完全退出战略

当企业遇到很大困难，无论采用以退为进战略还是适当抛弃战略都不足以应付其面临的危机时，完全退出战略便是惟一的选择。这种战略是指企业完全放弃了当前所有的经营领域，不再继续生存。当市场吸引力弱且企业能力衰减时，主动退出比被迫退出更能保证企业的利益，因为被迫退出意味着企业资不抵债或破产。采用退出战略的关键在于退出时机的选择。恰当的时机能使企业既有选择多种退出方式的机会，又不失掉可能生存的机会。一般来讲，退出时机越迟，企业的选择性越少。

【思考题】

当企业面临经营危机时，你认为在战略上它有哪些选择？

■ 企业职能战略

企业职能战略是总体战略的具体分战略，是企业在经营活动中对一些具体经营领域的战略方向选择。职能战略主要包括产品战略、市场战略、投资战略、技术战略等。

□ 产品战略

1. 产品的整体概念

所谓产品，是指能够提供给市场、用于满足人们某种需要的实物、服务、场所，等等。所谓产品的整体概念，指产品是由三个基本层次组成的整体：核心产品、形式产品（形体产品）、扩大产品（附加产品）。

核心产品，是产品整体概念的最基本层次。它所要回答的是顾客需要的中心内容是什么。核心产品为顾客提供最基本的效用和利益。核心产品向人们说明了产品的实质，企业市场营销人员在推销产品时，最重要的是向顾客说明产品的实质。应当指出，劳务也是产品，这种产品的实质是通过某种特定的服务来满足某种特定的需求。例如，理发是为了满足人们清洁、卫生、美容的需要，等等。

形式产品，即产品的形式，较产品实质具有更广泛的内容。它是消费者对某一需求的特定满足形式。产品的形式一般通过不同的侧面反映出来。如质量水平、产品特色、产品款式以及产品包装和品牌。事实上，形式产品是向人们展示核心产品的外部特征，它能满足同类消费者的不同需求。

附加产品，即产品的各种附加利益的总和。通常指各种售后服务，如提供产品使用说明书、质量保证、安装、维修、送货、技术培训等。在现代市场营销环境下，企业销售的绝不只是特定的使用价值，而必须是反映产品的整体概念的一个系统。在日益激烈的竞争环境中，附加产品给顾客带来的附加利益，已成为竞争的重要手段。

2. 产品组合战略

所谓产品组合战略，就是根据企业总体战略的要求，对构成产品组合的广度、深度和相关性等方面所做出的战略选择。

产品组合包括三个因素：广度、深度和相关性。产品组合的广度（也称宽度），说明企业经营多少产品类别，拥有多少条产品线等，多者为广，少者为狭；产品组合的深度是指企业经营的各种产品线内的产品项目的多少，多者为深，少者为浅；产品组合的相关性，是指各种产品在最终用途、生产条件、分销渠道及其他方面相互联系的程度。

分析产品组合的广度、深度和相关性，有利于企业更好地开发产品和实施经营战略。在一般情况下，扩大产品组合的广度，扩展企业的经营领域，实行差异性多角化经营，可以更好地发挥企业潜在的技术、资源优势，提高经济效益，并可分散企业的经营风险；加强产品组合的深度，可以占领同类产品的更多细分市场，满足更广泛的消费者的不同需求和爱好，而加强产品组合的相关性，则可以使企业在某一特定的市场领域内赢得良好的声誉。

产品组合的广度、深度与产品项目、产品线的设置和增减密切相关。图4-1表明一个企业产品组合的关系：图中有 12 个产品项目、4 条产品线，每条产品线的深度分别为 4、3、2、3 个产品项目。这个图向企业决策人员展示了产品决策的主要问题，即如何增设、加强或剔除某些产品线和产品项目，优化广度和深度的组合关系，以实现销售额和利润的最大化。

优化产品组合的过程，通常是分析、评价和调整现行产品组合的过程。由于产品组合状况直接关系到企业销售额和利润水平，企业必须经常对现行产品组合就未来销售额、利润水平的发展和影响做出系统的分析和评价，并决策是否增加、加强或剔除某些产品线或产品项目。

3. 产品选择战略

产品选择战略指企业对整顿老产品和开发新产品两方面所做出的战略

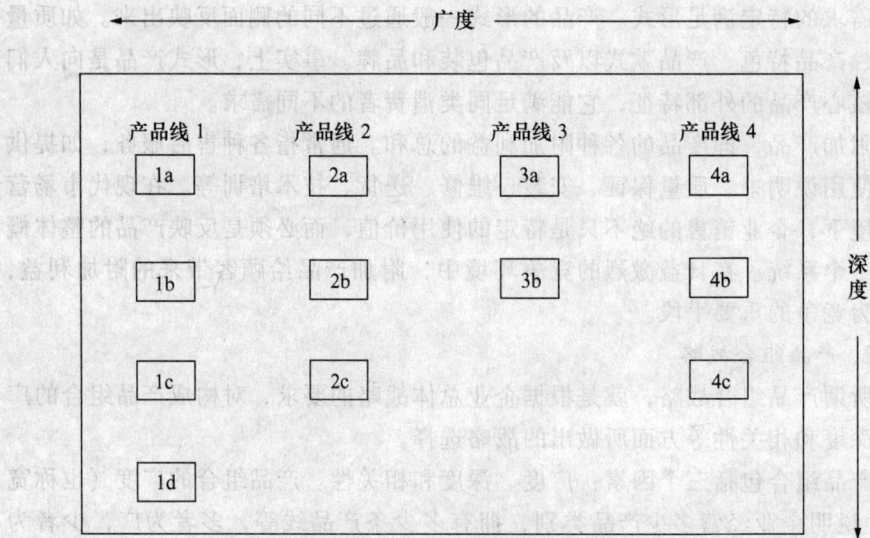

图 4-1　产品线的广度与深度

选择。

（1）整顿老产品。有两重涵义：一是淘汰老产品，一是改进老产品。

任何一个产品都有其生命周期，都可能由企业的"摇钱树"（紧俏商品）变成"赔钱货"（滞销商品）。滞销商品既然不能为企业带来利润甚至造成巨大损失，自然就应坚决予以淘汰。淘汰老产品时可有以下几种策略：

1）立即放弃。若企业已准备好了新的替代品，或是该产品的资金可迅速转移，或是该产品市场销量急剧下降，造成巨大亏损，甚至该产品的存在将危害其他有发展前途的产品等，这时企业应采取立即放弃的策略。

2）逐步放弃。为了稳定市场，避免企业的生产经营产生巨大动荡，也可逐渐减少老产品的产量，增加新产品的产量，将投资逐渐从老产品转移到新产品上。

3）自然淘汰。即企业不主动淘汰某些老产品，而是让其"自生自灭"，完全遵循产品的生命周期规律。其产品的投资生产完全随着市场销量的减少而减少。

处于生命周期成熟阶段的老产品，虽已被广大顾客所熟悉和接受，市场销量也很大，但销售增长率渐缓，销售费用渐增，竞争日益加剧。企业必须对这些老产品加以改进，以求延长成熟期。

【案例】

上海生产的"白猫"洗衣粉，以洁白、去污力强、颗粒细小均匀、不刺激皮肤等优点，早在 60 年代就占领了香港市场。后来，该厂对其配方作了两次改进，使销售量一次又一次增长。一次是为满足"泡沫丰富"需要的改进，一次是为满足洗衣机普及后"低泡沫"需要的改进。

改进老产品有以下几种具体策略：

1）改进产品。即企业提高产品质量，改进产品外观或式样，改变或增加一些性能，扩大用途，降低价格等，以吸引新用户和促使现有用户增加购买。

2）改进市场。即企业千方百计寻找新的用户和促使现有顾客增加使用，多购买本企业的产品。这就要求企业大力开展促销活动，如举办商品展销、削价出售等，以尽量维持市场占有率及抢占新的市场。

3）改进服务。即尽量加强产品服务，提高服务质量。例如，为购买本企业产品的顾客提供质量保证、实行"三包"等。

（2）开发新产品。所谓新产品，是指在产品设计、生产工艺、产品功能、外观包装等方面同其他产品相比具有显著改进或独创性的产品，它一般是具有较高获利能力和较大市场潜力的产品。新产品虽然种类繁多，但都具备先进性、创新性、经济性和风险性等特征。在日益激烈的市场竞争中，企业要想持久地占领市场并取得有利的竞争地位，必须不断推出新产品，实施新产品开发战略。

为提高新产品开发的成功率，开发产品时应遵循以下步骤：

1）构思。所谓构思，就是为满足一种新需求而提出的设想，把各种设想加以分析、综合，逐步形成比较系统的新产品概念。寻找和搜集构思的方法有：

• 产品属性列举法。将现有某种产品属性一一列举，尝试改变或创新每一种属性以获得各种可能的新产品。例如，电视机的一个属性即开关，根据这一属性可将手动改为遥控，就得到一个新产品——可遥控电视机。

• 强行关系法。先排列若干不同的产品，然后把某一产品与另一产品或几种产品强行结合起来，产生一种新的产品构思。例如，市场上畅销的组合家具就是把大衣柜、写字台、装饰柜等不同特点及不同用途相结合，设计生产出的既美观又实用的新型家具。

• 聚会激励创新法。将若干名经验丰富的专业人员或发明家集合在一起

（一般以不超过 10 人为宜），开研讨会。会前提出设想，会后归纳总结，形成新产品的构想。

　　•征集意见法。通过问卷、座谈会等方式，征求顾客对原产品的希望和要求，征求经销商、代理人等有关机构和人士的意见和建议。

　　2）筛选。各种新产品的构思并不一定都适合企业的生产经营，所以必须进行筛选。筛选的基本标准是：这些新产品构想是否具有足够现实性与合理性。主要是分析构想与企业资源和企业目标是否一致、是否具有市场潜力等。

　　3）分析。这是对新产品构思进行商业分析。在这一步骤要按需要的投资总额、预计销售额、价格等进行评价与预测，还必须审定现实的竞争及潜在的竞争。现有竞争对手的市场地位愈稳固，新产品进入市场的可能性愈小。一般说来，商业分析不宜由那些提出新产品构思或主张采纳这种构思的人进行，以避免分析中的主观性。

　　4）开发。将筛选确定的新产品概念（成型的产品构思）在通过商业分析后，送交研究开发部门或技术工艺部门研制成为产品模型或样品。

　　5）试销。为确保新产品开发成功，可先将产品样品投放到有代表性的小范围市场上进行试销。以检验这种新产品的市场效应，然后再决定是否大批量生产。不过，并非所有新产品都必须经过试销，是否试销主要取决于企业对新产品成功率的把握程度。

　　6）投放。新产品试销成功后，就可以正式批量生产，全面推向市场。这时，企业就要动用大量资金，支付大量费用，而新产品投放市场的初期往往利润微薄，甚至亏损，因此，企业在此阶段应在以下方面慎重决策：

　　投放时机。如果新产品是用来代替本企业其他产品的，那么投入市场的时机应是在原有产品库存较少的情况下上市；如果新产品的需求具有较强的季节性，应在最恰当的季节投放，以争取最大销量；如果新产品需要改进，应等到产品进一步完善后再投放，切忌仓促上市。

　　投放地区。即考虑在城市还是在乡村、在国内市场还是在国际市场投放新产品等。一般情况下，应集中在某一地区市场上开展促销活动，取得一定的市场份额，再向全国各地扩展。但是，资金雄厚并拥有完备、顺畅的国内、国际销售网络的大企业，有时也可以直接将新产品推向全国或国际市场。

　　4．产品品牌战略

　　品牌是指用来识别厂商产品的某一名词、符号、图案或他们的组合。它的基本功能是把不同企业之间的同类产品区分开来，不致使竞争者之间的产品发生混淆。

所谓品牌战略，是指企业在品牌化（使用品牌还是不使用品牌）、品牌使用者（指使用制造商品牌还是使用经销商品牌）、品牌家族（是使用群体品牌还是使用个别品牌）等方面所做出的战略选择。

（1）品牌化决策。在现代社会，绝大多数企业都为自己的产品设计、使用品牌，只有少数企业或产品不使用品牌，例如：

1）大多数未经加工的原料产品，如棉花、大豆、矿砂等。

2）同质的、用户很难区分制造商的产品，如钢材、煤炭等。

3）消费者已习惯不用品牌的产品，如煤气、自来水、电等。

4）某些生产简单、选择性小的小商品。

企业进行产品设计，确定品牌名称、品牌标志，并向政府有关部门注册登记的全部活动，称为品牌化。品牌化活动的关键是设计品牌，在设计品牌中应遵循以下原则：

1）合法。品牌名称合乎国家语言规范，品牌标志尊重宗教民俗，不犯禁忌。

2）简捷。品牌要易于辨认、易于口传、易于记忆。如"娃哈哈"果奶、"海尔"冰箱等。

3）想象。能使顾客不禁产生联想，具有赏心悦目的美感。如"飘柔"洗发水、"力士"球鞋等。

4）提示。向消费者提示产品的某些功能、特性或满意程度。如"快胃片"、"镇脑宁"药品等。

5）独特。有个性、有创意，留给顾客或消费者深刻印象和特别好感。

（2）品牌使用者决策。大多数品牌是制造商的标记，这是由于产品设计、质量、特色等都是由制造商决定的。但是，近年来经销商的牌子日益增多。工商企业究竟是使用制造商品牌还是经销商品牌，必须全面地权衡利弊，以做出决策。在制造商具有良好市场声誉、拥有较大市场份额的条件下，大多使用制造商品牌。无力经营自己品牌的中间商，只能接受制造商品牌。相反，在制造商资金能力薄弱、市场营销力量相对不足的情况下，可以使用经销商品牌。尤其是那些新进入市场的中小企业，无力在自己的品牌下将产品打入市场，往往借助于中间商品牌。如果中间商在某一市场领域中拥有良好的品牌信誉及庞大完善的销售体系，利用中间商品牌也是有利的。

（3）品牌系列决策。品牌系列是指企业将自己所生产经营的产品使用统一的或相似的品牌，还是各个产品单独使用品牌。所以，品牌系列决策有群体品牌和个别品牌两种策略。

群体品牌一般运用在价格和目标市场大致相同的产品上。例如，"娃哈哈"系列食品、饮料就是使用群体品牌。运用群体品牌策略有以下优点：建立一个品牌信誉，可以带动许多产品，并可以显示企业的实力，提高企业的威望，在消费者心目中更好地树立企业形象；同时也有助于新产品进入目标市场；在群体品牌下的各种产品可以互相声援，扩大销售。但企业采用群体品牌也是有条件的：第一，这种品牌必须在市场上已获得了一定的信誉；第二，采用群体品牌的各种产品应具有相同的质量水平。如果各类产品的质量水平不同，使用群体品牌就会影响品牌信誉，特别是有损于较高质量产品的信誉。

个别品牌策略是指企业对各种产品分别使用不同的品牌。这种策略有两种形式：一是各种产品分别采用不同的品牌，二是各种产品线分别采用不同的品牌。

个别品牌策略适用于那些经营产品线较多而关联性较小、生产技术条件差异较大的企业。其主要优点是：企业不会因某一品牌信誉下降而承担较大的风险；个别品牌为新产品寻求最佳品牌提供了条件；有利于新产品和优质产品的推广；新产品在市场上销路不畅时，不致影响原有品牌信誉；可以发展多种产品线和产品项目，开拓更广泛的市场。个别品牌策略的最大缺点是加大了产品的促销费用，使企业在竞争中处于不利地位。同时，品牌过于繁多，也不利于企业创立名牌。

【思考题】

"统一"冰红茶、"统一"乌龙茶、"统一"柠檬汁等系列饮料是使用了什么品牌策略，这种策略有何优缺点？

□ 市场战略

企业的经营目标最终要通过将产品销售到市场上才能体现出来。因此，市场战略是事关企业经营全局的重大问题。市场战略主要有目标市场选择、市场定位、市场发展等方面的决策。

1. 市场选择战略

市场战略的关键是市场细分和目标市场选择，而目标市场的选择又建立在市场细分的基础上。

所谓市场细分，就是企业按照"细分因素"把整个市场分为若干需要不同的产品和市场营销组合的子市场，其中任何一个子市场都是一个有相似需求的顾客群。"细分因素"主要有地理、人口、心理、行为等。

　　所谓目标市场的选择，就是企业在市场细分的基础上，选择一个或若干个子市场（细分市场）作为自己产品的销售对象即目标市场。通常可供企业选择的目标市场有下列五种产品与市场细分的组合形式，如图 4-2 所示。

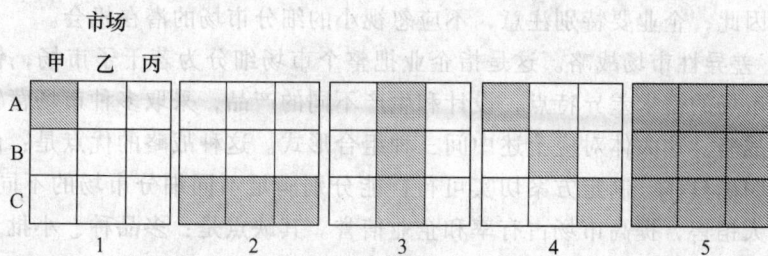

图 4-2　市场细分组合形式

　　(1) 产品——市场集中化。这是指企业的目标市场无论从市场（顾客）角度或是从产品角度，都是集中于一个细分市场。这种策略意味着企业只生产一种标准化产品，只供应某一顾客群体。较小的企业通常采用这种目标市场策略。

　　(2) 产品专业化。这是指企业向各类顾客同时供应某种产品。当然，由于面对着不同的顾客群，产品在档次、质量或款式等方面会有所不同。

　　(3) 市场专业化。这是指企业向同一顾客群供应性能有所区别的同类产品。例如，一家电冰箱厂专以大中型旅游饭店为目标市场，根据它们的需求生产 100 升、500 升、1000 升等几种不同容积的电冰箱，以满足这些饭店不同部门（如客房、食堂、大餐厅等）的需要。

　　(4) 选择性专业化。这是指企业有选择地进入几个不同的细分市场，为不同的顾客群提供不同性能的同类产品。采用这种策略应当十分慎重，必须以这几个细分市场均有相当的吸引力（即均能实现一定的利润）为前提。

　　(5) 全面进入。即企业决定全方位进入各个细分市场，为所有顾客群提供他们所需要的性能不同的系列产品。这是大企业为在市场上占据领导地位甚至力图垄断全部市场而采取的目标市场策略。

　　综合以上五种组合形式，企业选择目标市场的战略主要有以下三种：

　　1) 无差异市场战略。这是一种求同存异的市场战略。该战略只求满足最大多数顾客的共同性需要，不考虑整个市场需求的差异性，以整个市场中的共同需求为服务目标。这相当于上述的"全面进入"形式。

这种战略的优点是：由于经营品种少、批量大，可规模生产和批量销售，节省各项开支，降低成本，提高利润率。其缺点是：不能适应多变的市场形势和满足小的细分市场的需求，易引起消费者心理上的不满和反感。同时，如果许多企业同时在一个市场上采用此战略，便会形成激烈的竞争局面，降低获利能力。因此，企业要特别注意，不应忽视小的细分市场的潜在机会。

2）差异性市场战略。这是指企业把整个市场细分为若干子市场，针对不同细分市场的需求差异特点，设计和生产不同的产品，采取多种市场营销方案的市场战略。这大体对应上述中间三种组合形式。这种战略的优点是：由于目标市场明确具体，制定方案切实可行，能分别满足不同细分市场的不同需求，从而扩大销售，提高市场占有率和企业信誉。其缺点是：多品种、小批量的生产经营会使成本提高，包括设计、制造、管理、仓储和促销等方面的成本都会增加，从而使商品价格上升，可能得不偿失。

因此，差异性市场战略有个适度问题。对大多数企业而言，应经营少数品种，且尽可能使每个品种能适应更多消费者的需要，从而使产品能形成一定批量，取得较大的经济效益。对于一部分生产个性化产品的企业来说，可充分运用差异性市场战略。如时装公司，可能一个式样只做几件甚至一件。

3）集中性市场战略，也称密集性战略。这是指企业在细分市场后，选择一个细分市场为目标市场，集中力量进行专业化产品生产和销售。这大体对应于上述"产品——市场集中化"组合形式。

这种战略的出发点是：宁可在这些小市场上占有大量份额，也不在整个大市场上占有小份额。

该战略的优点是：由于生产、销售专业化，可节省费用，提高效率，增加盈利；同时由于企业对特定目标市场的需求情况能较深入地了解，可提供良好服务，提高企业及其产品在市场上的知名度。这种战略特别适用于资金有限、实力不强的小企业。它的缺点在于：目标市场过于集中，风险较大，当市场需求发生变化，或有竞争对手进入时，企业可能陷入困境。因此，选用此种战略，一定要慎重。

以上三种目标市场选择战略各有利弊。企业到底作何选择，还需充分考虑以下相关因素。

1）企业实力。包括生产、营销、管理能力和资源配置水平等。结合企业实力，对所选择的产品系列和产品品种是过分狭窄还是过分宽泛进行评估。如果企业实力较强，可采用无差异性市场战略；若资金不足、资源有限，难以应付整个市场需求时，可选择集中性市场战略。

2）产品特性。指消费者感觉产品品质上的差异程度。如果企业产品品质特性相似，如盐、糖等，竞争主要集中在价格上，适合采用无差异市场战略；反之，产品特性差异较大，如服装等，则应选择差异性市场战略或集中性市场战略。

3）市场特性。指消费者的需求、偏好、购买行为及其他各种特征的相似程度。通过市场特性来分析和评估市场机会，如果市场特性大致相同，宜采用无差异市场战略，反之，则要采用差异性市场战略或集中性市场战略。

4）产品生命周期。当新产品刚投放市场处于投入期时，竞争对手较少，可采用无差异市场战略，以便探求市场的现实需求和潜在需求；当产品进入成熟期，则应选用差异性市场战略，以开拓新市场，或采用集中性市场战略，以设法保住现有市场，推迟衰退期的到来。

5）竞争对手的市场战略。如果竞争对手采用无差异市场战略，本企业可采用差异性市场战略相对抗；如果竞争对手采用了差异性市场战略，则本企业可采用集中性市场战略，或者对市场进行更有效地细分。如果本企业具有与竞争对手的相对优势，可采用和竞争对手相同的市场战略，直接与之抗争，取得市场上的优势地位。

2. 市场定位战略

企业一旦选定了目标市场，就要在目标市场上进行产品的市场定位。所谓市场定位，就是根据竞争者现有产品在市场上所处的位置，针对消费者对该种产品某种特征或属性的重视程度，强有力地塑造出本企业产品与众不同的、给人印象鲜明的个性或形象，并把这种形象生动地传递给顾客，从而使该产品在市场上确立适当的位置。市场定位是塑造一种产品在市场上的位置，这种位置取决于消费者怎样认识这种产品。这就表明，市场定位是通过为自己的产品创立鲜明的特色或个性，从而塑造出独特的市场形象来实现的。产品的特色或个性，有的可以从产品实体上表现出来，如形状、成分、构造、性能等；有的可以从消费者心理上反映出来，如豪华、朴素、时髦、典雅等；有的表现为价格水平，有的表现为质量水准，等等。企业在进行市场定位时，一方面要了解竞争对手的产品具有何种特色，另一方面要研究顾客对该产品的各种属性的重视程度（包括对实物属性的要求和心理的偏好），然后根据这两方面进行分析，再选定本企业产品的特色和独特形象。至此，就可以塑造出一种消费者将本企业产品与别的同类产品按某一角度区分开来，从而完成了产品的市场定位。

例如，某无线电厂 E 决定进入 21 英寸的彩电市场。通过市场调查，了解到消费者对彩电最为关注的是质量优劣和价格高低。另外又了解到目前市场上已有四个厂商 A、B、C、D 提供同类产品，它们所处的市场位置如图 4－3 所示（图中圆圈面积大小表示厂家的销售额多少）。E 如何给自己的产品定位，可以有以下两种选择方案：

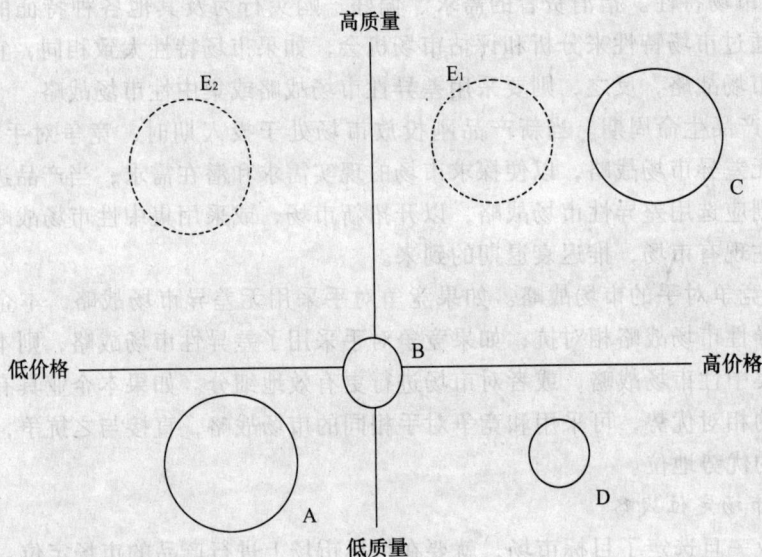

图 4－3　市场定位方案图

　　方案 1：E 企业的市场定位在 C 附近（即 E_1），与它争夺顾客。不过，如此定位需要考虑以下条件：第一，优质高价彩电的市场容量足以吸收两个厂家产品；第二，本企业能比 C 厂商生产出更好的产品，如结构更为合理，或具某种独特功能（如具有遥控、超平显像管功能），等等；第三，这样定位与本厂的资源、特长、声望是相称的。

　　方案 2：定在左上角空白处（即 E_2）。这是一个质量较高、价格较低的市场区，尚无厂商提供产品。由于这里选择的是质高而价低的市场，就必须具备以下条件：第一，本厂具有生产较高质量彩电的技术、物质条件；第二，虽然销售价格较低，但仍能实现利润目标；第三，通过宣传，能够有效地使潜在购买者相信本厂产品的质量远比 A 厂家的高而与 C 厂家的不相上下，决非"便宜无好货"，以保证不断扩大销售，提高市场占有率。

以上分析表明，市场定位战略是一种竞争战略，它显示了一种产品或一家企业同类似的产品或企业之间的竞争关系。定位方式不同，竞争态势也不同。定位方式主要有：

（1）避强定位。这是一种避开强有力的竞争对手、寻找市场空隙的市场定位。上例中的方案 2 就是属于这种定位方式。其优点是：能够迅速地在市场上站稳脚跟，并能在消费者心中迅速树立起一种形象。由于这种定位方式市场风险较小，成功率较高，常常为多数企业所采用。

（2）迎头定位。这是一种与在市场上占据支配地位的即最强的竞争对手"对着干"的定位方式。在上例中，如果 C 厂家是 21 英寸彩电市场上竞争力最强的厂家，那么 E 厂商的定位实施方案就是一种迎头定位。显然，迎头定位有时会是一种危险的战术，但不少企业认为这是一种更能激励自己奋发上进的可行的定位尝试，一旦成功就会取得巨大的市场优势。在发达国家，这类事例屡见不鲜。

【案例】

如百事可乐刚投放市场时，可口可乐已占据了全美国 70% 以上的饮料市场。但百事可乐确定了迎头定位的战略，与之进行了长达几十年持续不断的争斗，最后终于从可口可乐手中抢占 30% 的饮料市场，成为"三分天下有其一"。与此相类似，"汉堡包王"当年与麦当劳快餐系统的竞争，也是一种迎头定位。

实行迎头定位，必须知己知彼，尤其应认清自己的实力。不一定强求压倒对方，能够跟对方平分秋色就已是巨大的成功。

（3）重新定位。通常是指对销路少、市场反应差的产品进行二次定位。在上例中，如果 E 厂商在一段时间内实施方案 1 未获成功，转而实施方案 2，就是重新定位。很明显，这种重新定位旨在摆脱困境，重新获得增长与活力。这种困境可能是企业决策失误所引起的，也可能是对手有力反击或出现新的强有力竞争对手而造成的。不过，也有的重新定位并非因为已经陷入困境，相反，却是产品意外地扩大了销售范围而引起的。例如，专为青年人设计的某种款式的服装在中老年消费者中也流行开来，该服饰就会因此而重新定位，开始关注中老年市场。

实行市场定位应与产品差异化结合起来。市场定位实际上是心理上的，它产生的结果是潜在消费者怎样认识一种产品，对一种产品抱什么态度。产品差异化是在与类似产品之间造成区别的一种策略。因而，产品差异化是达到市场定位目标的一种手段。没有产品差异化，在同一个目标市场上就不会有竞争的产品，不会有替代的产品，不会有互为补充的产品，如此，也就没有了市场定位。

当市场定位在细分的市场上进行时，要求同时运用市场细分化和产品差异化两种策略。市场细分化与产品差异化的不同点在于：前者的着眼点是市场需求，是要针对不同顾客群的需求特点开发出不同的产品，因而是一种市场导向型策略；后者的着眼点是已经存在的产品，使产品具有某种特征是为了与竞争者的同类产品相区别，因而是一种产品导向型策略。以市场细分为基础选择目标市场，这是运用细分化策略；而在作为目标市场的细分市场上实行市场定位，则需运用产品差异化策略。可见，市场细分化、市场定位和产品差异化都是市场战略的组成部分。把细分化与差异化对立起来的认识不符合市场战略的要求，在实践中也是有害的。

3．市场发展战略

（1）基本市场发展战略。参照安绍夫"产品与市场组合"的概念，企业基本市场发展战略可有如表4－1所示的四类形式：

表4－1　　　　　　　　产品与市场组合的市场发展战略

	现有市场	新市场
现有产品	市场渗透战略	市场开发战略
新产品	产品开发战略	多种经营战略

1）市场渗透战略。不改变企业现有产品与市场，以现有产品去扩大现有市场。实施途径有：让现有用户多购买自己的产品；设法把竞争者手中的用户争过来；把产品卖给从未使用过本企业产品的用户等。

2）市场开发战略。用现有产品去开辟新的市场。具体实施途径有：扩大市场半径，即在巩固原有市场上千方百计使产品从地方走向全国、由国内打入国际；挖掘潜在需求，即依据用户的需要，改进或增加产品的性能与用途，从而开拓新市场，满足新的消费者的需要。

3）产品开发战略。开发新产品，巩固和提高现有市场的占有份额，采取措施有：自己投资研究新产品，排挤竞争对手；引进购买别人已开发的新技术来开发新产品；在竞争对手已开发的技术与产品基础上开发"功能与价格比"更优的产品等。

4）多种经营战略。即用新产品去开发新市场，进入全新经营领域的战略。

（2）特殊市场发展战略。我们把适合于以追求高市场占有率目标的大型企业的紧张战略和适合于实力薄弱的中小企业的逆向战略，称为特殊市场发展战略。

紧张战略，又称饥饿战略，也称为"先啃骨头后吃肉"战略。它是指企业有意识地使自己的传统产品市场保持着"供应紧张"的局面，但这种局面又不是依靠企业对这种产品的"限产"来维持的，而是将这种产品投放到一个"销路不佳"的新市场去做"开发性"工作。如一家洗衣粉厂可以有意识地减少对传统市场的供应，使其处于饥饿状态，而全力开辟新市场。一旦拥有高市场占有率再消灭传统市场上的饥饿状态。这种策略的运用的意义是深远的，它既可以使企业的产品在传统市场上保持着优势，又不断顽强地开拓新市场。

【案例】

"金利来"领带早期的促销策略就是典型的紧张战略。它的做法是：先在新的目标市场上大量地投入广告宣传，把"金利来"的品牌深入到千家万户，成为"男人的世界"。但是当众多消费者急忙赶往商店购买时，却发现没有"金利来"产品出售。原来"金利来"并不马上把产品提供给市场，而是先让市场上出现短期的"消费饥饿"，当消费者的消费需求被充分调动起来之后，再大量地将产品投放市场，结果获得了意想不到的成功。

逆向战略，即企业逆市场潮流而动，违市场常规而为，以求出奇制胜、后发制人。它可有以下几种具体类型：

1）复旧型。人们都有一种怀旧心理，许多精明的企业就是抓住这种心理开发老旧产品的。例如，旗袍、仿明清藤木家具等仍受一些人的欢迎。许多中国艺术品之所以经久不衰，正在于它独特的古朴风格。

2）后发型。即当产品处于成长期时，企业不随其他企业一起蜂拥进入市场，而是等产品处于衰退期、各企业纷纷退出市场后再进入市场。例如，木壳收音机和布鞋等都是一般厂商不愿经营的、处于衰退期的产品，而江苏海门的几个企业却通过经营这些产品，大获其利。

3）异常型。即企业专门生产与市场正常规格不同的产品。如一家制鞋厂专门生产特大号、小脚鞋等特型鞋，结果收入也颇多。

4）粗制型。这种战略与追求质量精度战略相反，在具备一定基本质量前提下，尽量压低成本，低价倾销。例如，一些一次性用品的生产就属此类。

5）短目型。这种战略与追求市场长期占有率的长远战略相反。只盯住暂时市场目标，例如，许多企业在"武术热"时立即推出大批武术器械，而当武术热散去时，企业已赚取足够的利润，又去生产其他时髦用品。

【思考题】

一家企业要发展经营规模，获取规模效益，你认为应该采用什么市场战略？

□ 技术战略

技术战略主要包括技术发展角色战略和技术取自来源战略等。

1．技术发展角色战略

企业在行业中的技术地位，即扮演行业技术发展中的何种角色，称为技术发展角色战略。它一般有以下三种战略类型或战略选择：

（1）领先型。指企业在本行业的技术发展上保持领先地位，这种类型需要较多的投资，扮演这种角色的一般都是实力较雄厚的企业，它们通过独立研究、协作开发、技术引进等种种办法，力求采用最新技术，通过技术的领先求得市场占有率的领先。

【案例】

日本卡西欧（Casio）电子产品，依靠科学技术，更新非常快，每过一两年就推出一代新产品，并且其功能要比上一代产品提高，而价格则下降。如1983年出售的电脑功能比1963年同类产品完备得多，但价格只有它的1／3，以此占领了日本市场几十年而长盛不衰。

（2）尾随型。即企业紧紧追随在领先型企业后面采用新技术。主要是对别人已采用的新技术加以改进与提高，并在降低成本和扩展市场销售等方面多下功夫。这种企业也有一定的开发研究力量，但不是着眼于创新，而是推出比领先型企业"功能与价格比"更高的产品。这样一方面可以节省大量开发试验费用，另一方面可通过观察与跟踪领先型企业，取其长补其短，后发制人。领先型企业推出的新产品尚处于投放期，在功能上不可避免地有一些缺陷，在生产上则成本较高，而在销售上则经常遇到困难。若尾随型企业能够抓住机会，迅速做出反应，则能成功。但采用这种战略也由于存在着不确定性，有一定风险，因此主要依靠这种战略的企业尤其是大中型企业是不多的。一般企业在竞争中往往是将领先型与尾随型相互结合使用。

（3）模仿型。即指企业自己不搞新技术开发，而是靠购买技术专利，进行仿制，步人后尘。这种做法花钱少且可较快获得新技术，但市场容量有限。所以，这种战略一般适合于开发研究能力比较薄弱而制造能力强，或技术力量薄弱的中小企业。

应该指出的是，一个企业往往同时采用上述三种类型的技术战略，尤其是大型企业和企业集团。例如，一家大型汽车制造企业某时期可能在越野车技术上扮演模仿者角色、在轿车技术上扮演尾随者角色、在卡车技术上扮演模仿者角色。这不仅是由于每一企业科研力量与资金的限制，而且是为了减少风险。因为领先型和尾随型战略虽然有获巨额利润与占领市场的强大诱惑，但失败的概率很大。相反，虽然模仿型战略获利不会太大，但风险较小。所以，成熟的企业尤其是大型企业和企业集团应该在这三种战略中寻求一种合理的平衡。

2．技术取自来源战略

企业在技术发展中，新技术、新工艺、新产品的取自来源，一般也有三种战略类型或战略选择：

（1）开发型。这种类型是企业通过市场调查，预测社会的需求趋势，建立自己的研究机构，开展基础理论及有关新技术、新材料的研究，探讨新产品的原理与结构，从而研制出本企业独特的新产品或更新换代产品。它一般经历基础研究、应用研究和开发研究三个阶段，多为实力雄厚的大中型企业所采用。

（2）引进型。这是指在技术转移过程中买进技术。包括专有技术知识，如产品的设计和制造方法、材料配方等；技术培训、聘请专家指导、引进先进管理等。如果某产品在市场上已有成熟的制造技术，采用这种方式，企业可以尽快地掌握该产品的制造技术，缩短该产品投入市场的周期，加速投资的收益性。这种战略尤其适合技术相对落后的国家和地区。

【案例】

在所有采用引进型技术取自来源战略的国家和地区中，最成功的例子是日本。第二次世界大战后，日本的工业技术比世界先进技术落后很多，于是采取了技术引进型战略。在二十多年的时间内，共引进各种先进技术与管理方法两万多项，投资却只花了这些研究项目的 1/3。而时间则更是大大节省。例如，原八幡钢铁公司战后已破旧不堪，重建时直接从欧美引进最先进的技术，一下子就缩短了技术差，成为技术设备最先进、规模最大的世界性大型钢铁企业。日本的成功与其引进的技巧非常有关系，他们的做法是情报先行、引进软件为主、博采各国之长、不断引进，以保证引进技术不过时。他们把引进的重点工作放在吸收与消化上，同时十分注意引进先进管理方法与先进技术方法相配合。

（3）综合型。综合是指把技术引进与技术开发、技术创新结合起来。结合的方式有：

1）通过引进关键设备，或对原有设备进行改装利用，并采用现代化的测量、监视与控制技术，使操作科学化、生产工艺达到最佳化。

2）在某些生产工序之间采用一些新技术、新设备，强化工艺过程，使生产流程合理化，并为连续生产创造条件。

3）充分利用原有厂房与外围设备，设备拆旧换新，引进先进设备替换落后设备。

4）以技术引进带动技术改造，加速技术革新的步伐。

5）提高折旧率或用"快速折旧法"，促进设备更新与技术改造。这种战略比较适合于有一定工业技术基础、拥有大批老设备同时又缺乏大规模引进所需资金的企业。

【思考题】

你认为，我国纺织企业应采取什么技术战略？

□ 投资战略

企业的发展离不开投资。成功的投资战略会为企业持续性的发展提供战略能力上的保证。投资战略既要注重战略性投资项目的选择，同时还要对不同投资项目的风险做出比较分析。

1. 投资战略的涵义

投资战略是从整个企业出发的长期资金筹措和分配决策，是关于企业长期资金来源和投资项目的战略性决策，是企业经营战略的重要组成部分。长期资金来源是指长期资金的筹措渠道，例如，长期信贷、发行债券、税后利润等。投资项目是为了换取一系列未来的预期利益而需投入大量资金的特定项目，例如，工厂的新建、扩建，技术开发和技术改造，等等。

投资战略是一种支持战略。企业围绕总体发展战略所制定的一系列经营战略，例如，产品战略、市场战略、技术战略，等等，都少不了资金的支持，只有当这些战略所涉及的项目都得到资金落实以后，企业的总体发展战略才有可能变为现实。

投资战略一般具有两个方面的重要特征，即长期性和不可撤销性。长期性是指投资战略的后果和影响一般要在很远的将来才会反映出来，同时它将大体上形成企业的基本特征；不可撤销性是指投资战略制定以后，虽然往往还要进行一定程度修改，但是要想再撤销这项决策则是不可能的。这是因为投入项目的固定资产往往没有转让市场，变现能力极差。

鉴于这两个因素，投资战略不仅限定了企业未来的产品方向、技术装备水平、工艺流程等，而且在很大程度上决定了企业未来经营费用的高低。

2．投资战略的内容

（1）投资项目。投资项目主要是指为了追求未来的发展目标，而需投入一定资金的项目名称。例如，上海申美饮料公司提出的发展方向是通过扩大生产规模，达到规模经济，形成低成本优势，提高市场占有率。为此，决定在浦东金桥兴建亚洲规模最大的可口可乐装瓶分厂，这个装瓶分厂就是支持企业发展目标的投资项目。

（2）投资规模。投资规模是指未来发展项目需要投入的资金总额。例如，宝钢的一期工程建设项目的投资规模为 200 亿元人民币。

（3）投资组合。投资组合是指投资总额中不同风险程度的投资项目的有机组合。不同风险程度的标志主要是各自未来期望收益的不确定性程度。一般可用未来期望收益的方差来表示。若把全部资金用于高风险项目自然可以取得高期望收益，但如果失败，后果极其严重。如果只注重近期的安全收益，而不敢从事高风险投资，则显然不利于企业未来的发展。采用不同风险程度投资的组合，可以提高企业利用机会、抵抗风险的能力，比较稳定地求得企业持续生存和发展。

（4）资金来源和用途结构。这是指投资项目内部资金不同筹措渠道和使用途径的构成。例如，某企业一项重大投资项目的资金结构如下：

资金来源结构：

	总投资	5000 万元
其中：	银行贷款	1000 万元（年息 6%）
	企业债券	2500 万元（年息 7%）
	自有资金	1500 万元

资金用途结构：

	总投资	5000 万元
其中：	工程费	1500 万元
	安装费	1000 万元
	设备费	2000 万元
	其他	500 万元

只有明确投资总额中各构成部分的数额、比例、利率等，才能计算出总投资的综合资金成本，并进一步计算出期望收益。

（5）投资进度。主要是指根据投资用途结构的要求，把全部资金实际投入项目的时间表。例如，某项目投资规模为 5000 万元，其投资进度为：

2001 年	2000 万元
2002 年	1500 万元
2003 年	1500 万元

（6）预期的投资收益。预期的投资收益是投资战略中最重要、也往往是最难把握的一项内容。因为投资战略是企业关于未来发展项目的重大决策，具有长期性特征，而未来较长时期充满了风险性和不确定性因素，使得项目未来的预期效益也充满了风险性和不确定性。预期投资收益的评价指标通常有投资回收期、净现值和内部收益率等。

1）投资回收期。是指以项目的净现金流量抵偿全部投资所需要的时间。净现金流量从其内容上看包括每年获取的净利润和每年提取的折旧额。投资回收期是考察项目的投资回收能力的一种静态指标，并不反映项目的整体盈利能力。其表达公式为：

$$\sum_{i=1}^{T} At = 0$$

式中：At——第 t 年的净现金流量

　　　　　　T——投资回收期

　　如果项目投资是一次性发生的，而且项目所取得的净现金流量每年都相等，则可用更简单的公式计算：

$$T = \frac{K}{A}$$

式中：K——全部投资额

　　　　A——投产后每年净现金流量

　　　　T——投资回收期

　　2）净现值。净现值是指按行业的基准收益率或设定的折现率，将项目未来各年的净现金流量折现到投资初始的现值之和。它是考察项目盈利能力的一个动态指标。其计算公式为：

$$NPV = \sum_{i=0}^{n} \frac{At}{(1+i)^t}$$

式中：At——第 t 年的净现金流量

　　　　i——行业基准（期望）收益率

　　　　n——项目的寿命

　　　　NPV——净现值

　　若各年的净现金流量均为 A，投资 P 为一次性的，则 NPV 可用下式计算：

$$NPV = A \cdot \frac{(1+i)^n - 1}{(1+i)^n \cdot i} - P$$

　　如果 NPV＞0，说明项目的投资收益率高于行业基准收益率，一般可考虑采纳投资方案；如果 NPV＜0，说明项目的投资收益率低于行业基准收益率，一般应放弃该投资项目。

　　3）内部投资收益率。是指某一投资项目在其寿命期内，各年净现金流量现值累计等于零的折现率。它也是考察项目盈利能力的一个动态指标。内部投资收益率的计算可用试算的方法进行。

　　内部投资收益率同资金成本比较，如果内部投资收益率大于资金成本，则可接受该投资项目；若小于资金成本，则应放弃该投资项目。

　　3．综合资金成本的计算

　　企业投入的资金通常有三个基本来源，即债务资金、股本资金和自有资金。计算资金成本的中心问题是把企业作为一个整体来评价，用综合资金成本作为方案采纳的标准。

　　（1）债务资金成本。债务资金成本主要包括借款成本和债券筹资成本等。由于债务利息是在所得税前列支，利息有抵税作用，所以企业为此而负担的实际成本为：利息×（1－所得税率）。

1）借款成本。借款筹资时的筹资费用往往比较小，因此可以忽略不计，所以借款成本主要表现在借款利息上。其计算公式如下：

$$K = I \times (1 - T)$$

式中：K——借款成本率

I——借款年利率

T——所得税税率

2）债券资金成本。由于债券筹资时的筹资费用较高，所以必须考虑其筹资费用；此外，债券发行价格与债券面值可能存在着差异，计算其成本时要按预计的发行价格确定其筹资总额。其计算公式如下：

$$K = \frac{L \times (1 - T)}{Q \times (1 - f)}$$

式中：K——债券资金成本率

L——债券各年利息额

T——所得税率

Q——债券发行总额

f——债券筹资费率

【案例】

某公司发行五年期债券，面额总值为 5000 万元，平价发行，已知债券票面利率为 10%，发行费率为 3%，所得税率为 33%，问该债券的年资金成本率为多少？

解：债券各年利息额＝5000×10%＝500（万元）

$$K = \frac{L \times (1 - T)}{Q \times (1 - f)} = \frac{500 \times (1 - 33\%)}{5000 \times (1 - 3\%)} = 6.9\%$$

答：该债券的年资金成本率是 6.9%。

（2）股票资金成本。

1）优先股成本。是指企业定期向优先股股东支付的股息。它与债券不同之处在于，优先股股息要在税后支付，也没有固定的到期日，即股票不需还本。假定优先股每年股息是相等的，我们可以把股息视为永续年金，所以其资金成本的计算公式为：

$$K_p = \frac{D}{P_0 (1 - f)}$$

式中：K_p——优先股成本率

　　　D——优先股每年的股息总额

　　　P_0——发行优先股股本总额

　　　f——优先股筹资费用率

2）普通股成本。普通股成本比较复杂，它没有固定的到期日，股息发放的数额和时间由公司董事会决定。每年的每股股息可以不变，也可以固定的增长率增长，在特殊情况下还可以不发股息。普通股成本通常可以按风险程度来确定，即先确定无风险的资金成本和风险报酬率这两部分，然后相加得到。其公式为：

$$K = K_0 + r$$

式中：K——按风险调整的资金成本

　　　K_0——无风险的资金成本

　　　r——风险报酬率

这里 r 的确定通常具有很大的主观性。我们一般是以整个市场平均风险报酬率为基点，综合考虑到资金使用方式的风险、期限长短的风险以及市场环境变化的风险等因素来确定。由于 r 的影响因素很多，且很难定量，所以它一般要依赖于决策者的智力、经验和风险意识。

除了以上所说的企业资金来源需要计算资金成本外，企业自有的资金也需要计算其成本。企业的自有资金主要有两项：企业税后留利和固定资产折旧。企业把自有资金用于自身的投资项目，粗看起来似乎不用支付成本，但是由于存在外部投资机会，企业应把外部投资机会作为自有资金的一种可能利用的机会，同时把所放弃的最好的外部投资机会提供的盈利作为机会成本。换句话说，自有资金的资金成本就是它的机会成本。

(3) 企业的综合资金成本。企业在筹资时，必须确定综合的资金成本，可以用总资本中各种资金所占的比重为权数，分别乘以各种资金成本，用加权平均的方法计算出加权平均资金成本，作为企业的综合资金成本。其计算公式为：

$$K_w = \sum_{i=0}^{n} W_i K_i$$

式中：K_w——加权平均资金成本

　　　W_i——第 i 种资金占总资金的比重

　　　K_i——第 i 种资金的成本

例如，某企业的综合资金成本计算如表 4 - 2 所示。

表 4 - 2 综合资金成本计算表

资金来源	金额（百万元）	比例（权数）	税后成本（%）	加权成本（%）
银行贷款	5	0.1	7.0	0.7
债券	10	0.2	10.5	2.1
普通股	20	0.4	15.0	6.0
税后留利	15	0.3	12.0	3.6
合计	50	1.0		12.4

　　经上表计算，可知该企业的综合资金成本为 12.4%。资金成本是企业使用资金进行投资或其他活动的代价，也就是资金的"价格"。为此，企业使用资金所带来的收益必须大于所付出的成本。这要求企业对未来的收益做出准确的估计及预测，然后结合可能的需要量来最终决定筹资的数量。在这个基础上，再根据各种筹资方式的期限长短、财务风险大小和成本大小等因素进一步确定合理的资金组合。这对企业的投资战略具有重要意义。

【思考题】

　　如何计算综合资金成本？

■ 企业联合战略

　　企业联合战略是指为实现企业发展的战略目标，在自愿互利的原则下，企业与其他企业、科研单位、大专院校等单位打破部门、地区和所有制的封锁与界限，共同就某些甚至全部生产要素或生产经营活动进行统一的组织与调配，逐步形成和建立的一种企业联合体或企业集团。按企业联合的紧密程度，企业联合战略可分为三种类型，即企业一体化战略、企业集团战略和企业兼并与合并战略。

□ 企业一体化战略

　　如果本企业的经济实力逐步增强，市场占有率逐步提高，那么企业可以通过在供产、产销等方面实行一体化战略。实行一体化战略，可以提高生产效率，扩大产品的销售，巩固企业的市场地位，提高企业竞争优势，取得显著的经济效益。其具体形式有：

1. 垂直一体化战略

垂直一体化战略，又称为纵向一体化战略。它是将生产与原材料供应，或者生产与产品销售联结在一起的战略形式。换句话说，也就是企业在向前和向后两个方向可能扩大现有经营业务的一种发展战略。它包括以下两种具体的战略形式：

一是后向一体化，也叫供产一体化。这是指生产企业与原材料供应企业之间的联合，即企业通过收购或兼并若干原材料供应企业，拥有或控制其供应系统，进而自行供应从事现有产品生产或劳务所需要的部分或全部的原材料。例如，某服装厂原来是从棉纺厂购进棉布，现在服装厂与棉纺厂联合起来，保证了棉布的供应。对本企业来说，实行后向一体化是一个很有吸引力的战略选择。它可以使企业免受供应商在原材料供应方面的牵制，保证按时、足量、优质、低价地获得生产经营所需的各种原材料，这对企业加强生产控制、降低产品成本、提高产品质量提供了保证。

二是前向一体化，也叫产销一体化。这是指生产企业与用户企业之间的联合，即企业通过收购或兼并若干用户企业，或者拥有和控制其商业分销系统，进而自行组织产品的销售。例如，棉纺厂原来只为服装厂生产提供各种棉布、棉纱，现在棉纺厂与服装厂联合经营，即该厂不仅生产棉布、棉纱，而且还制成服装销售。企业实行前向一体化战略，有利于企业及时准确地把握市场信息，了解用户对产品或劳务的需求，从而进行相应的调整，更好地适应市场的需求。

企业实行垂直一体化战略，可以加强对生产过程的控制，降低产品成本，加强对销售市场的了解，稳定和扩大产品的销售，更好地拓展市场。但由于企业从原来只管生产变为既组织生产、又组织供应，或既组织生产、又组织销售，这就必然对企业的资金、人才、技术以及经营管理各个方面提出了更高的要求，要求企业在上述各个方面有较强的实力，才能使这一战略得到很好的实施。

2. 水平一体化战略

水平一体化战略，又叫横向一体化战略。指某企业通过收购、兼并竞争者的同种类型的企业，或者通过在国内外与其他同类企业合资生产经营等策略来扩大企业的生产经营范围。企业采用这种战略的目的，主要是增加新的产品或劳务，从而增强企业的实力，提高企业的竞争力。例如，北京"希福"连锁店就是将原来隶属于西城区副食品公司的一些基层小店联合在一起发展起来的。我国东南沿海一些企业以自身在品牌、技术、市场、资金等方面的优势与西部不发达地区的同行进行联合，也是横向一体化战略的具体运用。

【思考题】

垂直一体化战略与水平一体化战略的主要区别是什么？

□ 企业集团战略

企业集团是以一个或若干个大中型企业为中心，由众多具有生产、经济、技术内在联系的企业，按照平等自愿、互惠互利的原则，为了共同的经营目标进行多层次、多形式联合生产经营所组成的大型企业联合组织。

企业集团不同于集团公司。集团公司是企业集团的组成部分，是企业集团的核心，它是由若干个子公司组成的母公司。而企业集团是由集团公司、控股公司、参股公司和其他关联企业共同组成的大型企业联合体。可见，企业集团是企业联合的高级形态，同一般的联合企业相比，企业集团是更高层次、更大范围的联合。

实行企业集团战略有利于企业形成综合的经济优势，有利于增强企业的市场竞争力和适应性，有利于促进生产要素的合理流动和重新组合，创造新的生产力，同时也是促进社会资源优化配置，实现规模经营的有效途径。

目前我国各地区、各行业组建的各种企业集团，尚无统一的方法和标准进行规范化分类，因此人们从不同角度、用不同方法进行企业集团类型的划分。这里，我们介绍以企业集团组建的目的和功能为标准进行的分类：

1. 单点辐射型战略

这是以大型骨干企业的名优产品、系列产品为龙头，向外辐射，把一批相关的生产同类产品或生产零部件的企业组织起来，形成以主导产品为核心，多层次配套网络的企业集团。这种类型的企业集团发展较早，数量较多，也比较成熟，适合于大批量专业化生产企业。

2. 多元化配套型战略

这种战略通常是为保证某个大型建设项目所需设备的成套性，以几个大型骨干企业及相关设计单位为主体，实行从设备设计、制造、安装、调试到人员培训、维修、服务等全过程承包的一种战略。

3. 产供销联合型战略

这是以最终产品为纽带，将该产品的原材料供应企业、产品生产企业、产品销售企业联结在一起组成的供产销"一条龙"的发展战略。

4. 技术开发型战略

这是为推进高新技术产业发展，以同行业的多个大型企业为主体，集中技术优势，开发高技术产品并组织专业化系列生产而组建的企业集团。这类企业集团战略适用于技术密集型的企业，特别是在电子、航天领域较多。

5. 资源综合利用型战略

它是为综合利用资源和发展深度加工而组建的企业集团。

6. 外向型战略

这是企业为适应我国改革开放的经济形势的要求，推进外向型经济的发展，通过多种形式与国内外企业进行联合，共同经营并打入国际市场而组建的企业集团。

7. 技工贸型战略

它是以大型骨干企业或科研设计单位为主体，联合一批相关的工商贸企业，吸引金融业参加，形成集团的联合优势。

8. 服务型战略

它是由科研、设计、工具制造、工艺生产、设备租赁和修理等企事业单位联合而成，为各类企业提供相关服务的企业集团。

【思考题】

我国企业集团的主要类型有哪些？

企业兼并与合并战略

企业兼并是指一个企业以现金购买方式或以本企业股票调换其他企业的股票，从而取得后者的全部资产或控制权，以扩大企业规模和经营范围的一种合并式的企业产权交易方式。

企业合并是指参与企业通过所有权与经营权的同时有偿转移，全部放弃法人资格，不再独立存在，实现资产、要素、经营的合并，由一个新成立的、取得法人资格的企业集中统一经营的企业产权交易形式。

1. 企业兼并和企业合并战略的基本类型

企业合并（兼并）战略主要有以下三种形式：

（1）纵向合并。这是指处于相邻的不同生产阶段的两家企业的合并。纵向合并分为两种，即后向合并和前向合并。

后向合并是指生产企业与原材料、零部件生产供应企业之间的合并，这种战略有利于确保组织生产所需的原材料或零部件的供应，减少企业对投入资源，尤其是关键资源的依赖性。在资源供应长期紧张的情况下，后向合并对加强生产控制，保证产品质量，降低产品成本极有意义。

前向合并是指生产企业向下一个加工阶段扩展或一般制造业向流通企业扩展，这种战略有利于企业及时迅速地了解、把握市场，为用户提供物美价廉的产品，增加企业的市场渗透和开发能力，保证销售稳定持续地增长。

纵向合并战略能够大大强化企业在同行业中的竞争地位，不易受其他竞争对手的影响。这种战略对企业管理提出了更高的要求，要求企业管理部门具有较强的能力，能够对因纵向一体化而增加的各类管理的新问题做好协调工作。

（2）横向合并。这是指生产同类产品或工艺相近的企业之间进行合并。其特点是与生产同一产品或同在一个经营领域的企业合并。这种战略是企业迅速扩大生产规模、提高生产能力、提高市场占有率的一条捷径，并能有效地降低生产经营成本、提高机器设备的利用率、减少竞争的代价，便于统一采购原材料和销售产品，便于采用先进技术设备和工艺，从而使企业获得规模效益。由于横向合并只是在某一经营领域内简单的扩张，因而，除非是有前景的稳定的经营领域，或者这种扩张能改善企业竞争地位，带来可观的收益，否则，横向合并会因过分偏重同一种产品或经营领域的扩张而产生风险问题。

（3）复合合并。这是指产品、技术、市场等各个方面没有直接关系的两个企业之间实行合并，这种战略可以壮大企业综合经营实力，提高市场竞争力，有效地减少经营风险，充分利用品牌优势，大大提高品牌的市场占有率，有利于企业实施长期的发展战略。

2．企业合并的资产重组模式选择

企业合并必须通过资产重组得以实现。资产重组是以盘活存量、壮大企业资本规模、优化企业经营结构为主要内容，企业向外部扩张资本的重要形式。企业的资产重组能否顺利进行，重组后能否实现现代化组合、壮大自身，与重组模式的选择是否得当密切相关。企业必须依据最小代价、最大效益、最佳时机的基本原则，根据各企业的产权关系、资产质量、产品周期、人员构成、债务负担等具体情况，选择最为合适的重组模式。

企业的资产重组模式，从不同的角度可以有多种划分方法。从行业关系分，有横向重组、纵向重组、混合重组；从涉及范围分，有整体重组、部分重组；从生产要素分，有产品重组、技术重组等。但无论哪一种重组，都离不开资金的运作。不同的重组模式涉及到不同的出资方式。从出资方式分，则主要有以下几种重组模式：

（1）兼并收购式。兼并收购是一方企业以出资方式收买另一方企业资产或产权的行为。兼并收购可以是整体兼并收购，也可以通过购买部分产权或股权，达到掌握对方经营决策权，实现控股的目的。

兼并收购作为有偿取得所需资产的一种方式，要求并购方有雄厚的资金实力和融通资金的能力，相对来说，财务风险比较大。但是，正因如此，一个企业在并购另一家企业时，在并购对象的选择、并购力度的掌握、并购时间的安排等方面总是慎之又慎，因此并购行动完成后，资产重组的速度、效能也往往是最快、最好的。

【案例】

1901 年，美国著名财阀摩根从有"钢铁大王"之称的卡耐基手里收购了价值 4 亿美元的钢铁、焦炭及附属企业的股票，成立了美国钢铁公司。这是世界证券史上第一宗大规模并购案。这一并购行动，不仅宣告了美国经济史上第一个企业托拉斯的诞生，而且掀起了美国企业兼并的第一次浪潮，并由此诞生了杜邦公司、美国烟草公司、美国橡胶公司等系列经济巨人，成为美国经济的强大支柱。《华尔街日报》曾这样评价摩根并购案的巨大意义："上帝在公元前 4004 年创造了这个世界，杰·普·摩根在 1901 年重新组织了这个世界。"

在我国，由于企业大规模并购重组所需要的社会经济条件还不够完善，兼并收购还没有能够成为企业资产重组的主要方式。然而，随着改革的力度加大和市场经济的发展，越来越多的企业家开始尝试运用兼并收购的方法来做大、搞大，加快资本扩张，并且已经取得明显的成效，创造了不少成功的案例。

（2）整体合并式。整体合并式重组是指两个或两个以上的企业通过一定的途径合并成为一个企业。可以是强强联合（两个优势企业合并），也可以是劣势企业并入优势企业。合并的结果，可以是合并的各方原有企业法人资格消失，重新组成一个新的企业法人，也可以是其中的一个主体优势企业的法人资格不变，其他企业加盟于主体企业。整体合并式重组是成本最低的一种资产重组方式。因为无论是强强联合，还是其他企业加盟于主体优势企业，都不需要拿出许多资金来购买合并进来的资产。合并后的企业各种生产要素扩大，通过进一步的改造，有可能迅速提高生产能力和竞争能力。

企业整体合并的一个重要前提是合并各方的产权主体一致或接近。如大量国有企业的资产的终极所有权均归国家，易于融合，合并就比较方便。企业的整体合并一般有两种途径：一是"自由恋爱式"。面对日益激烈的市场竞争，企业为壮大自身实力，自行协商，自由组合。随着市场经济的发展，在竞争中自行选择合作合并的"意中人"的做法，正不断增加。二是"行政推动式"。即一级政府或上级主管部门从本地区、本系统、本行业的经济发展规划、总体布局等出发，通过行政决策，推动企业的整体合并。由于我国还处于市场经济进一步发展的过程中，因此，行政推动在企业的资产重组中仍起着十分重要的作用。目前，我国许多大企业集团的组成，大多数是行政推动的结果。

【案例】

1997 年 1 月 9 日，由地处江苏地区的四家特大型国有企业和江苏省石油集团有限公司组建而成的中国东联石化集团正式揭牌成立。这是我国企业实行强强联合，走跨地区、跨行业、跨部门、跨所有制，进而实行跨国经营之路的一个重大举措。东联集团的成立，是国务院经过慎重研究后做出的重大决策。在我国现有条件下，离开了中央政府的推动，如此大规模的企业合并重组是很难想象的。在今后相当长的一段时间内，由行政决策推动合并，仍是我国国有企业进行资产重组的一个重要手段。

(3) 租赁改造式。租赁改造式重组是我国企业改革和资产经营中一种富有创造性的模式。它是通过租赁的方式，取得被租赁企业的资产一定时期内的经营使用权，经过适当投入和改造，迅速形成新的生产经营能力。这是一种投入少、见效快的比较灵活的资产重组方式。

【案例】

中国华源集团的迅速扩张，同其灵活的资产重组方式有很大关系。华源集团同上海金山毛纺厂的合作，就采取了租赁改造的办法。上海金山毛纺厂是一家濒临倒闭的企业。1993 年起，华源集团以每年支付 50 万元的形式租赁了金山毛纺厂，随后，对该厂注入资金，通过引进杜邦氨纶生产设备，调整产品结构，开发生产深加工产品，并给予外贸定单扶持，产品全部出口美国，取得了良好的经济效益。金山毛纺厂起死回生，呆滞资产盘活；华源集团生产能力迅速扩大，效益大增。双方可谓皆大欢喜。

四川成都武侯商场地处黄金地段，占地 1.6 万平方米，是成都重要的商业网点之一，但效益一度不佳。深谙资产经营之道的蜀中上市公司——成都商场，大胆运用租赁的方式，将其改造成为成都商场武侯分场。按常规，新建或收购一家这样的商场所需的资金少则上亿元，多则数亿元，而"成商"采用租赁的方式，仅投入不到 1000 万元，就完成了改造。现在，武侯分场已成为四川省最大的仓储式超市，年销售额达 3 亿元，创利税 1000 多万元。成商此举被誉为"武侯模式"。在此基础上，成商又先后开设了双流东升分场、郫县蜀都分场，等等。"武侯模式"进一步扩大、延伸。

租赁改造式重组的优点，一是前期资金投入少，财务风险小，企业可以集中有限的资金搞好企业改造和扩大生产能力。二是动作简便。企业租赁的只是被租赁企业有效的资产，并不同对方的债务、人员发生关系，纠葛、麻烦少。对被租赁企业来说，盘活了闲置资产，每年有稳定的租赁收入，且毫无风险。

(4) 债权转换式。沉重的债务链是困扰我国众多企业的一大难题。不少企业陷入于"三角债"的怪圈中难以自拔，以致严重影响了自身的发展。在资产重组的过程中，一些企业积极尝试将债权转换为股权，以此来解开债务链，取得了良好的效果。

【案例】

青岛海信集团是一家集科、工、贸为一体的大型电子企业集团，曾成功地将债权转为股权。位于临沂市的山东大型电讯四厂，原是三线军工企业。由于经营不善，累计欠债393.3万元。这笔欠款几乎成为无法讨回的坏账。海信决策将债权变股权，与山东电讯四厂共同组建新的有限责任公司。海信以债权作投资，同时投入部分设备、仪表等有形资产和技术、管理、商标等无形资产，折成 55% 的股份。山东电讯四厂以厂房设备作为投资，折成 45% 的股权。山东电讯四厂的闲置资产得到了充分利用，海信也新增了一个年产 15 万台黑白电视机的生产基地。

解放军总后勤部所属的三九集团在债权转股权方面更是屡创佳绩。三九集团在经营销售过程中，许多医药贸易公司不能及时付款，形成大量欠款。眼看呆账越积越多，三九集团经过精心筹划，决定将债权转股权，变被动为主动。对三九集团来说，这一举措意味着呆账得到清偿，减少了企业损失。二是通过债权变股权，实现了对医药贸易公司的兼并或控股参股，迅速形成自己的药品销售渠道。我国药品经营实行专营制度，不采用这种办法，一般是很难进入这一领域的。对医药贸易公司来说，一是产权主体多元化，有利于转换企业经营机制。二是同三九集团成了产权纽带关系，有利于靠大联大，提高企业声誉，加快自身发展。三九集团用这一思路先后成功地对宁波药材股份公司、无锡医药股份公司、长沙医药公司、浙江衢州医药公司等进行了债务重组，巩固和扩大了自己的销售网络，取得了很大的经济效益。

【思考题】

通过上述案例，你认为海信和三九成功的原因在哪些方面？

■ 本章小结

本章主要介绍了企业经营战略的基本形式，着重从战略的思路上展开阐述，主要内容有：

•企业经营战略是企业在充分了解市场环境和分析自身条件的基础上，为求得长期发展，通过适应未来环境的变化，对企业发展目标、实现目标的途径和手段所进行的总体谋划。

企业经营战略能促使企业的经营活动目的明确，激励和鼓舞员工的士气，促使企业把各项工作组织好、协调好，并有利于企业参与市场竞争。

在经营战略的制定与实施过程中，要做好以下工作：确定正确的战略指导思想；建立战略规划组织；科学制定战略规划。

•企业总体战略是以企业全局的发展规律为研究对象，是指导整个企业生产经营活动的总谋划。从战略态势来分，企业总体战略有发展型战略、稳定型战略和紧缩型战略三种战略形态。

发展型战略主要面临竞争优势的选择，所以形成三种具体战略：低成本战略、差异化战略、集中战略。

稳定型战略是企业为维持现有生产规模，维持现有的销售额和市场占有率，保持现有的竞争地位的战略选择。

　　紧缩型战略是企业在市场吸引力与企业经营能力均不足时才用的战略选择。紧缩型战略包括以退为进、适当抛弃、完全退出三种基本类型。

　　• 企业职能战略是总体战略的具体分战略。它主要包括产品战略、市场战略、投资战略、技术战略等几个方面。

　　产品战略首先要明确产品的整体概念，然后在此基础上，对产品的组合、产品的选择、产品的品牌等方面进行战略决策。

　　市场战略主要是对目标市场的选择、市场定位和市场的发展做出战略决策。

　　投资战略主要是在投资项目和资金成本等方面的战略决策。

　　技术战略主要是对技术角色和技术取自来源两方面做出战略决策。

　　• 企业联合战略是企业与其他组织为了提高市场竞争实力和获得规模效益的战略决策。它主要包括企业一体化战略、企业集团战略和企业合并战略。

第 5 章

企业经营决策

■ 企业经营决策概述
■ 企业经营决策程序
■ 企业经营决策方法
■ 本章小结

现代企业经营者，必须及时了解市场信息和企业自身实际，制定出科学、合理的经营决策，并有效地付诸实施，才能保证企业长期、稳定地发展。经营决策已成为企业经营管理的核心问题，它决定着企业的兴衰成败。本章主要介绍经营决策的概念、类型、原则，以及决策制定和实施的程序和决策分析方法。

■ 企业经营决策概述

制定科学合理的经营决策是保证企业长期生存和发展的前提与基础，因而，正确认识经营决策的含义，掌握其基本特征及类型，对企业具有重要意义。

□ 企业经营决策的概念

所谓决策，简单地说，是指人们在行动之前做出决定。20 世纪 30 年代，美国管理学者巴纳德和斯特恩最早将决策的概念引入管理理论。后来，美国的西蒙和马奇等人发展了巴纳德的理论，创立了现代决策理论。决策理论作为现代管理科学的一个分支开始确立起来。

现代决策理论认为：决策是决策者在掌握大量信息和丰富经验的基础上，确定未来行动的目标，并借助一定的计算手段、方法和技巧，对影响决策的诸因素进行分析、研究后，从两个以上的可行方案中选取一个最优方案的过程。

决策是随着社会政治经济和科学技术的进步而逐步发展起来的。自古至今，决策大体经历了主观意愿阶段、经验决策阶段、科学决策阶段三个阶段。

【思考题】

什么是决策？决策经历了哪几个阶段？

□ 企业经营决策的内容及地位

1. 企业经营决策的内容

企业经营决策贯穿于生产经营活动的各方面和全过程。企业生产经营的各项活动都需要管理，而计划、组织、领导、控制等每一方面职能的发挥，都离不开决策。这正如现代决策理论的代表人物西蒙所言：管理就是决策。

企业的基本经营决策可概括为六个方面，它们是：

(1) 经营战略决策。主要包括诸如经营方针、经营目标、经营策略、经营计划和经营组织等重大问题的决策。

(2) 研究发展决策。这包括技术改造与发展计划、产品开发计划的决策。如生产技术改造决策、提高经营管理水平决策、新产品开发决策和老产品整顿决策等。

(3) 生产技术决策。主要指有关部门生产组织、生产计划、工艺技术、产品质量、生产控制的决策。如生产过程组织决策、经济批量生产决策、产品质量保证体系决策等。

(4) 市场营销决策。包括市场与产品定位决策、价格决策、销售促进决策、销售服务决策、销售计划决策、销售组织决策、销售业务决策、营销人员培训决策等。如市场细分与目标市场决策、市场营销组合策略决策等。

(5) 财务决策。是指对各个经营方案进行财务评价、安排年度预算、确定资金来源与结构等方面的决策等。如筹资决策、财务收支平衡决策、目标利税决策、财务计划决策等。

(6) 人事决策。包括诸如企业经营者的选择配备决策、人力资源开发决策、企业职工激励与奖惩决策等。

2. 企业经营决策的作用

现代管理理论认为：管理的中心在经营，而经营的重心在决策。经营决策贯穿于企业经营管理的各个方面和全过程，它是企业正确开展生产经营活动的前提和基础，是现代企业管理的核心和首要职能。经营决策在企业中的作用可概括为以下三点：

(1) 经营决策正确与否是决定企业成败的关键。随着市场经济的发展，生产社会化程度的提高，市场竞争越来越激烈，企业与外部的联系也日益密切。外部环境在为企业发展提供更多市场机会的同时，也带来了更大的威胁。企业的生存和发展在很大程度上就取决于企业面临重大的决策问题时能否适应外部环境的要求，制定出正确的经营决策，取决于其能否不断实现外部环境、内部条件和企业经营目标三者之间的动态平衡。许多企业的经营失败，并不是由于管理不善或效率不高，而往往是由于投资方向、市场策略、产品开发等方面决策失误造成的。一旦经营决策失误，决策执行得越好，效率越高，损失就越大。

(2) 经营决策是提高企业经营管理水平的重要手段。经营决策往往涉及企业全局，为整个企业的各部门、各环节指明方向。经营决策不仅要规定一定时期企业发展的总目标，而且要将目标自上而下，层层分解为企业各部门、各单位，以至每个员工的目标，这样就可以使各部门和全体员工明确奋斗目标，做好企业的各项工作，保证目标的实现。经营决策中规定的经营方针是企业全体员工从事生产经营活动的行动准则，它可以将各个方面的力量、行动纳入统一的轨道，从而产生巨大的合力。经营决策中规定的各项具体经营策略，可以保证企业各项工作统一、协调、有序地进行，这些都会促进企业经营管理水平和经济效益的不断提高。

（3）经营决策是企业系统的基本行为。从系统的观点来看，企业是一个动态的、有目的的人造系统，由人进行企业系统目标和行为的抉择是其基本特点，而目标和行为的抉择就是企业系统的基本行为。企业系统目标和行为的抉择实际上就是经营决策。企业系统必须根据外界环境的变化和需要相应地选择或调整自己的目标和输入、转换、输出行为，这是一种自觉的、有明确指导思想的经营决策行为。缺少这种行为的企业，一定是盲目混乱的，更没活力可言。因此，没有经营决策的企业系统，其经营管理活动就无法开展。

【思考题】

你认为企业经营决策的主要内容是什么？

□ 经营决策的类型

由于企业在生产经营过程中所要解决的问题是多种多样的，因而其相应的经营决策也是多种多样的。这些决策根据不同的分类标准，可以有以下类型：

1. 按经营决策的重要性程度，可分为战略决策、管理决策和业务决策

（1）战略决策，也称高层决策。这是事关企业生存和发展的全局性、长期性、决定性的大政方针决策。这种决策旨在提高企业的经营效益，使企业的经营活动与企业的内部条件、外部环境变化经常保持动态协调。如经营目标、经营方针的决策、产品决策、投资决策、市场营销决策以及企业高层领导者的择用等决策。

（2）管理决策，也称中层决策。这是指战略决策执行过程中的战术性决策。这种决策旨在提高企业的管理效能，以实现企业内部各环节活动的高度协调及资源的合理利用。如设备更新改造、中层干部任免、组织机构调整等决策。

（3）业务决策，也称基层决策。这是日常生产和业务活动中旨在提高工作效率所进行的决策。如生产方案决策、库存决策、成本决策等。企业职能部门和基层领导经常是这种决策的担当者。

2．按决策发生的重复性，可分为常规决策和非常规决策

（1）常规决策。这是经常重复发生的管理业务决策，因其经常重复发生，有必要也有可能预先把决策过程标准化、程序化，所以又称程序性决策，如生产方案决策、库存决策、设备更新改造决策等。这种决策一般由职能部门进行，高层决策者很少过问。

（2）非常规决策。这是对不重复或很少重复发生的经营事务的决策。这种决策由于情况各异，一般无经验可循，难以按固定的标准、模式进行，所以又称为非程序化决策。如应付新的竞争者、企业改变投资方向、技术引进等决策。由于决策过程不能标准化，所以需要高层决策者亲自参与，并依赖他们的知识、经验、智慧和判断能力，同时须民主决策。

3．按决策所处的条件分，可分为确定型决策、风险型决策和不确定型决策

（1）确定型决策。这是指各个方案都只在事先已确定的状态下展开，并且每个方案只有一个结果，决策者的任务是比较各个方案的优劣，选出最优方案。例如，库存决策、生产任务的最佳分配等。

（2）风险型决策。这是指每个方案都有两种以上可能的结果，而且对各种结果的可能性可以用概率分布来描述。这时选择方案有一定的风险，如新产品决策、企业投资规模与投资方向决策等。

（3）不确定型决策。这是指决策者只知道每个方案都有几种可能结果，但不了解其结果发生的可能性，有时甚至对可能结果也难以明确估计出来，只能根据决策者的主观经验进行判断的决策。

4．按决策目标分，可分为单目标决策和多目标决策

（1）单目标决策。是指只用一个目标来评价和选择方案的决策，即评价一个方案用一个目标来衡量，它所要求达到的目标也只有一个。

（2）多目标决策。是指同时用两个以上的目标来评价和选择方案的决策。例如，评价方案要同时考虑到质量、产量、利润等，成为一系列相互联系的多目标。它具有两个特点：一是所做出的决策不是一个，而是一串；二是这一串决策不仅是彼此相关，而且前一项决策直接影响后一项决策。

此外，还有其他一些分类，如按照决策时间，可分为长期决策（指三年以上）、中期决策（一至三年）、短期决策（一年或一个经营周期以内）；按决策方法，可分为定性决策和定量决策等。

【思考题】

企业经营决策有哪些分类方法？

■ 企业经营决策程序

企业经营决策应当是经过优选的符合客观规律的决策，因而在进行决策时必须遵守一定的基本原则，以保证其科学性。此外，企业经营决策的制定和实施也不是主观随意的，而必须按一定的科学步骤来运行。

□ 经营决策的基本原则

企业在制定经营决策时必须严格遵守如下基本原则：

1. 系统原则

应用系统理论进行决策，是现代科学决策必须遵守的首要原则。决策过程是一个具有明确目标，由许多相互制约、相互联系的要素所构成的有机整体。按照系统原则的要求制定决策，首先，应贯彻"整体大于部分之和"的原理，坚持整体思想，统筹兼顾，全面安排，各要素和单个目标的发展要以整体目标最优化为准则。其次，强调系统内外各层次、各要素、各项目之间的相互关系要协调、平衡、配套，达到系统完整、构成最大的综合能力。最后，要建立反馈系统，实现决策实施运行过程中的动态平衡。

2. 信息原则

信息是决策的基础。在现代决策中，只有掌握大量的信息，才能系统地对信息进行归纳、比较、选择，提炼出对决策有用的信息。信息工作的质量越高，越真实可靠，收集的信息越充分完整，决策的基础就越坚实，其科学化程度就越高。企业要加强对决策的信息源、信息渠道、信息加工处理等方面的管理。企业应有较广泛的信息源，增大信息的容量；防止信息渠道的迂回、阻塞；尤其对信息的加工和分析，要保证其准确、完整、及时，使之成为决策的依据。

3. 可行性原则

决策能否取得成功，取决于主客观等各方面条件的成熟，科学决策不仅要考虑到市场和企业发展的需要，还要考虑到企业的外部环境和内部条件各方面是否有决策实施的可能性。决策的目的是为了实施，如果做出的决策不能付诸实施，就达不到预期目标，这样的决策就毫无意义。因此，应在反复分析与平衡企业的外部环境和内部条件的基础上，将企业的经营目标和经营方案制定得既先进合理，又有实施的可能。

4. 择优原则

由于未来的情况是不能完全肯定的，决策时往往不可能掌握很充分的信息和做出十分准确的预测，因此应尽可能做出多种可供选择的方案，从中进行抉择。在此过程中，不仅要把各种不同的方案进行比较，而且还要把每一种方案同客观实际做认真比较。要比较各种方案带来的影响和后果，考虑各种方案所需的人力、物力和财力等各种必要条件，从中选择一个相对"满意"的方案。由于企业外部环境和内部条件的局限性，企业想寻求解决问题的最"理想"的方案在现实中往往是不可能的，所以，择优原则要求在既定条件下，选出各种方案中相对最"满意"的即可。

5. 反馈原则

这实际上是为了保证决策的科学性。由于环境和市场的不断变化，要求原来制定的决策相应地做出调整。在决策付诸实施的过程中，决策者要密切关注主客观条件的发展变化，重视信息反馈，并据此不断地做出调整，不断提高决策的质量。

6. 民主原则

这是决策科学化的重要组织保证。实现决策的科学化，首先就要民主化。现代企业经营活动中遇到的问题日趋复杂、多样，单靠企业领导者个人的决策已远远不够，而应当由一批有着各种不同知识结构和性格特征的人员一起来进行集体决策。在决策过程中，要善于集中群众的智慧，充分发挥每个人的积极性、主动性、创造性。决策的民主化要求既要有相应的制度，让员工群众关心企业的发展，愿意为企业的发展出谋划策，也要有具备不同的知识结构和性格特征、政治思想和业务素质高的人员组成决策的智囊团，集思广益，以做出科学有效的决策。

【思考题】

企业在制定经营决策时应遵循哪些原则？

□ 经营决策的程序

经营决策的程序，又称为决策过程或步骤。现代决策理论认为，决策是一个从提出问题、分析问题到解决问题、反馈控制的系统工程。为保证决策的科学性、有效性，决策者必须严格遵循科学的决策程序。科学的决策程序如下：

1. 明确经营问题，确定决策目标

确定决策目标是企业进行决策的起点。决策的最终目的，就是要达到既定的目标。目标确定得不明确或不合理，就很容易无的放矢，导致决策失误。所以说，确定决策目标是经营决策的出发点。

(1) 明确经营问题。决策是为了优选和解决问题，所以决策的第一步就是找出经营中存在的问题，企业经营决策是从发现问题开始的。发现问题是企业决策者的重要职责。决策者应根据既定目标搜集和整理信息，进行充分的调查研究，搞清企业经营的各项要素，从中发现新问题。在这一阶段，企业要掌握的信息，应该力求全面、动态、系统、准确、有效，这样才能为经营决策提供科学依据。在对信息进行分析研究的基础上，将事物的应有现象与实际情况做对比，或将理想状态与现实状态做对比，找出差距，发现问题，以便及时决策。如下面公式所示：

决策问题（差距）= 理想状态 - 现实状态

找出差距后，还要进一步查明造成差距的原因。查找原因，一般要采用系统分析的方法。如利用树枝图对造成经营不善的主要原因进行由表及里的深入分析，找出最直接的原因。

(2) 确定决策目标。企业经营问题的差距和原因找到后，就可以着手确定经营决策的目标。企业在经营过程中往往会同时遇到各种问题，于是就同时存在多个目标。例如，企业的竞争力弱，可能是由于产品结构不合理，也可能是工艺落后、产品质量差，还有可能是由于价格过高，于是同时就有更新产品、提高制造工艺、降低成本和售价三个目标。而有些目标是一致的，有些又是相互矛盾的。所以，确定目标要从现实条件出发，既要符合实际需要，又要考虑可能性。这里的现实条件，包括企业外部环境和内部条件两个方面。外部环境重点分析与企业经营相关的市场、原材料、设备等，内部条件则考虑人力、物力、财力和技术等方面的保证。

处理多目标问题有三种做法：一是减少目标数量。通过剔除和必要性不大的重复目标、合并同类目标、应用综合指标代替单项目标等手段，在满足决策需要的前提下，尽量减少目标。二是把目标按重要性程度排列顺序。先解决重要的，再考虑次要的。三是目标之间的协调。目标之间有矛盾时，应以总目标为基准进行协调。在保证对全局有利的前提下，降低某些目标，甚至放弃某些目标。

2．拟定可行方案

确定目标后，就要制定为实现决策目标而可供选择的各种行动方案，即可行方案。这是决策的基础工作。

（1）可行方案应同时满足三个条件：能够保证经营决策目标的实现；企业外部环境和内部条件都能保证方案的实施（即可行性）；方案间具有相互排斥性。

（2）拟定可行方案时的具体要求：①方案必须具备多样性和可行性。多样性是指要拟定两个以上的方案以供备选，可行性是指所拟定的方案都必须是切实可行的。②必须设计和列举所有的可行方案，避免漏掉最好的方案。③不同的备选方案之间必须是相互排斥的。不同方案处于并列关系，不可相互替代。如果甲方案包含了乙方案或甲乙方案是相互补充的，这样就会影响方案的优选。所以设计可行方案时，并不是方案越多就越好，而应注意方案之间的相互排斥性。

（3）拟定可行方案的基本步骤：首先，初步设想。即从不同的角度、不同的途径尽可能多地设想可行方案。这就要求决策者采用创造性思维，搜集与决策目标有关的各种信息，善于集中群体智慧，集思广益。其次，精心设计。即在初步设想的基础上，对每个方案进行反复测算、严格论证并细致推敲实施细节，力求各可行方案"精"、"细"、可操作。

3．评价和选择方案

拟定可行方案是决策的基础，而评价和选择方案是决策的关键。为此，应努力解决好两个根本问题：一是确定合理的评价方案的标准；二是确定科学的选优方法。

（1）确定合理的评价标准。对于目标可以计量的方案，如企业的产量、产值等，数量化目标本身就是它的评价标准。对于目标无法计量的方案，不能用数量来比较，则通常可用下列标准加以衡量：①价值标准。即以方案对实现目标作用效果的大小来评价方案的好坏。这里所指的价值，不仅包括决策方案所带来的以货币计量的价值，还包括决策方案的社会意义，如社会效益、学术价值等。②满意标准。在理论上，选择方案应该是选择最优的，即投入最少而收益最大的方案。而实际上，最优往往是一种理想。由于现实条件的限制，决策往往很难达到理想的状态。所以，只有"满意"方案，没有最优方案。③期望值标准。对于风险型决策，即一个方案可以产生几种可能结果的情况，可以通过计算期望值的大小来选择方案，期望值大为优。④时效标准。决策者要不失时机地进行决策，如果一味追求决策百分之百的成功把握而坐失良机，并不是优秀的决策者。上述四种标准，应根据实际情况灵活运用。

（2）评选方法。评价方案要从系统观点出发，从全局性、整体性利益出发，既要考虑企业的直接利益，又要考虑社会和消费者的利益，同时还要注意方案之间的具体差异。方案评选的科学方法通常有三种：①经验判断法。它是依靠决策者的知识、经验、智慧来探索决策因素的规律性，进而通过直觉判断来选择方案。②数学分析法。即运用数学知识对能用各种数学方法和数学模型表达的方案进行评选的方法。如量本利分析法、线性规划法、决策树法等。③试验法。当决策的问题关系重大，但缺乏经验而又无法采用数学分析法时，可先选少数几个典型方案为试点，吸取经验后，再作为最后决策的依据。如一个新产品在某一市场内进行试销来推测其市场潜力。

4．决策方案的实施与反馈

决策方案决定后，决策过程并没有结束，还要制定具体的实施措施，并把实现目标的方案措施公布于众，让广大员工领会和理解。同时要围绕企业的总体目标，制定各部门、各级人员的具体实施方案，使决策目标落到实处，进行目标管理，最终实现决策目标。

具体而言，要做好以下工作：①组织落实，制定实施计划。②思想落实，使每个员工了解决策目标和具体要求，明确自己的任务。③信息反馈，进行连续的追踪调查。决策方案在实施的过程中，执行的情况与既定目标有偏离是常有的，为此，企业必须建立信息反馈系统，随时把实施结果与预期的目标进行比较，找出差距，并及时采取措施予以调整。

【思考题】

试举例说明企业经营决策的基本过程。

■ 企业经营决策方法

随着决策理论和实践的发展，人们创造了许多决策方法，并且不断地得到充实和完善。经营决策方法可分为定性决策方法和定量决策方法。

□ 定性决策方法

定性决策方法，是指一种在经营决策过程中充分发挥人们的主观能动性的方法，即通过各种有效的组织形式、方法、步骤和环境气氛，充分依靠决策者的知识、经验、能力，来探索决策事物的规律性，从而做出科学、合理的决策。

由于在企业的经营过程中，多数决策属于战略性的非程序化的问题，这类问题往往涉及到社会政治、经济、文化、生态等各方面，所涉及问题纷繁复杂，很难寻找出特有规律。同时，市场经济的发展，科学技术的日新月异，使得企业在经营决策过程中的不确定因素大大增加，这些都使得很多决策问题难以借助于定量方法解决。另外，目前多数企业管理水平较低，人员的素质和设备条件还比较落后，电子计算机的运用尚待进一步地普及与扩大，这也使得定量方法的运用受到限制。因此，定性的决策方法在企业经营决策中仍占有十分重要的地位。常用的定性决策方法主要有：

1. 经验判断决策法

经验判断决策法，又称为经理（领导）人员决策法。它是指企业领导层凭借自己的知识、经验和才智，对决策目标和备选方案做出评价、判断和优选的一种决策方法。这种决策方法有利于集中高层管理者的智慧和经验，利用他们在知识素质、实践经验、判断能力等方面的优势，相互启发，比较评议，抓住实际，做出决策。目前，经验判断决策法是企业较为常用的一种决策方法。

经验判断决策法的组织形式主要有：

（1）全过程法。即企业的负责人或领导班子成员自始至终参与决策的全过程。包括根据生产经营面临的问题提出决策目标和备选方案，并通过召开领导班子会议，集体进行评价、判断、选择，最后由主要负责人做出决策。

（2）自下而上法。决策过程中，先由企业内部各职能部门提出具体的决策目标和备选方案，再上交到企业领导层。由企业领导层在此基础上进行评价和优选，并做出决策。

（3）上下结合法。在决策过程中，先由企业领导层根据企业内外情况提出决策目标，再下发给企业内部各职能部门，由各职能部门根据决策目标，并结合本部门特点，制定出各种备选方案，最后再上交领导层进行评价和优选，做出决策。这种决策方法又称为"自上而下—自下而上"决策法或"U"型决策法等。

经验判断法有如下优点：便于抓住时机，果断决策，灵活性强；由于参与决策的人普遍拥有较高的素质和丰富的决策经验，成功的概率相对较大。这种方法的缺点，主要是有一定的主观性和片面性，容易受到领导者个人素质和能力的影响。

2．专家论证决策法

专家论证决策法，是指企业通过不同的形式，组织有关专家针对决策问题提出决策目标和备选方案，进行可行性讨论，然后根据专家的意见做出决策的一种方法。这种方法充分利用专家的专长，对企业复杂的决策问题能做出正确评价和判断，并可以提高决策的科学性。目前常用的专家论证决策法主要有：

（1）头脑风暴法。这种决策法是美国学者奥斯本于 1939 年首创的。其主要特点是：①会议的召集和主持人不指明会议的明确目的，而是就某一方面的总议题，要求与会者无拘无束地自由发表意见。②参加会议的人员是对决策问题较为熟悉的专家，人数一般为 5～10 人，时间半小时至一小时。③会上不允许对别人的意见进行批评和反驳，也不允许做结论，但可以在别人意见和方案的基础上加以补充、完善，以诱发更多的建设性方案。④会议主持人不发表意见，不过多介绍背景材料，也不透露自己的设想，在没有偏见的倾听中吸取决策所需要的东西。这种方法已被实践证明在决策目标明确的情况下，寻找新方案和创造性方面有较好的效果。

（2）歌顿法。这是美国人歌顿在 1961 年创造的专家会议讨论法。它是针对与会者的心理活动、社会关系及决策问题的保密性而出现的。主持会议者不明讲会议的主题，而是围绕主题提出一些相关问题，以启示专家们发表见解。主要的办法是把决策问题分解成几个局部小问题，或采用类比的方式，暂时隐蔽主要决策问题。例如，要决策整顿老产品、设计和发展新产品问题，而考虑到若此项目上马，组织人事变更可能牵扯与会者的利害关系，便先拿出市场发展趋势问题、材料性能等问题进行讨论，最后再转向主题。这种先从其他方面谈起，最后转回讨论决策问题本身的方法，可使与会者不受限制地发挥和独立思考。这种方法也称为"提喻法"、"综摄法"等。

（3）德尔菲法。这是按照规定的程序，"背靠背"地征询专家的意见，然后集中专家的意见做出决策的方法。它是由美国兰德公司在上世纪 40 年代首创并推广运用的。这种方法的基本程序是：

1）确定决策课题。这通常是定性的、技术性的决策问题，如确定产品发展方向、研究技术推广应用的可能性等。

2）选择有关部门专家。物色专家是决策成败的关键。专家人数不宜过多，一般在 10～20 人左右。主要是根据决策课题的需要，选择那些精通业务、有真才实学的专家。

3）设计咨询和信息反馈。这是最重要的环节。一般要经过四轮征询和信息反馈：第一轮，组织者根据决策课题设计出反映决策主题，易于专家填写和整理归类的咨询表，连同有关的背景资料分别寄发给各专家，征得专家的初次书面意见，并汇总归纳成决策时间表。第二轮，要求专家针对决策时间表的每一项写出自己的意见，由组织者整理汇总，列出几种不同的判断。第三轮，要求专家根据第二轮的统计材料，重新评价，修改自己的意见和判断，并陈述理由。第四轮，在第三轮的修正结果基础上，由专家作再一次的判断，意见就可以达到较为集中和比较固定的程度。

4）采用统计方法对所得数据进行处理，即可确定决策方案。

德尔菲法由于采用了背靠背分开征求专家意见的方式，能充分发挥各位专家的作用，同时有利于专家根据别人的意见修正自己的判断，不致碍于情面而固执己见。加上经过统计处理，可以对专家的意见进一步进行定量化，从而取得较为准确的决策结果。当然，这种方法也存在着一些缺点，如背靠背分开的讨论不够彻底，对结论缺乏严格论证等。

3．民主决策法

这是指企业遵循民主化原则，发挥员工的聪明才智，进行群体决策的决策方法。

民主决策的基本形式有职代会决策法、企业群体自上而下决策法、企业群体自下而上决策法等。

民主决策法的优点是：员工直接参与企业的决策活动，有利于增强广大员工的主人翁责任感，使决策实施有了群众基础和组织保证；经过层层评价、完善和优选，能够发挥群体智慧，减少决策失误。其缺点是：速度慢，耗时长，决策的时效性差。因此，这种决策法一般适用于对企业关系重大的或时效性不强的决策问题。

【思考题】

定性决策方法可采用哪些形式，试举例说明。

□ 定量决策方法

定量决策方法是建立在数学模型基础上的决策方法。它是根据决策目标，把决策问题的变量因素以及变量因素与决策目标之间的关系，用数学模型表达出来，并通过数学模型的求解来确定决策方案。前面我们已经知道，按照决策所处的条件，可以将决策分为确定型决策、风险型决策和不确定型决策三种。我们在下面分别介绍每种决策常用的基本定量分析方法。

1．确定型决策方法

确定型决策的基本特征，是事件的各种自然状态是完全肯定而明确的，经过分析计算可以得到各方案的明确结果。企业中多数决策问题是例行的、重复出现的，是程序性的经济技术问题，其条件与结果很容易判断，这些问题可以用"单纯择优方式"解决。例如，企业在筹资决策时有三种方案（见表 5 - 1），在其他条件相同时选择筹资成本最低者即可。

表 5 - 1　　　　　　　　　　　　综合筹资成本表

方　案	银行贷款	发行债券	发行股票
综合筹资成本	6%	6.5%	8%

然而在实际工作中,决策者所面临的备选方案,虽然条件明确,结果肯定,但往往不经过计算不能确认。对于确定型决策问题,主要采用量本利分析法。

量本利分析法，也称盈亏平衡分析法。它是指根据产品销售量、成本、利润的关系，通过建立数学模型，来分析和选择决策方案的方法。量本利分析法是一种简便有效、使用范围较广的定量决策方法，它广泛应用于生产方案的选择、目标成本预测、利润预测、价格制定等决策问题上。

（1）产量与成本的关系。在学习量本利分析法之前，我们首先要明确产量变动与成本变动的关系。企业在生产经营活动中投入的各种费用，与产量之间有着不同的关系。一般地，我们通常把这些费用（成本）分为两种形式：固定成本与可变成本。

所谓固定成本，是指在一定的生产能力范围内，其总额相对固定，不随产量或销售量的变化而变化的成本。如办公费、固定资产折旧等。固定成本的总额不变，而单位产品分摊的固定成本的高低与产量的变化成反比。所谓可变成本，是指在一定条件下，其总额随着产量的变动而变动的成本。如原材料成本、产品包装费、生产工人的工资等。其总额随着产量的变化而变化，但单位产品的可变成本则保持不变。

（2）量本利分析法的基本原理。量本利分析法的基本原理是边际分析理论。其具体方法，是把企业的总成本分为固定成本和可变成本后，观察产品销售单价与单位可变成本的差额。若单价大于单位可变成本，便存在"边际贡献"；当总的边际贡献与固定成本相等时，恰好盈亏平衡，这时每增加一个单位产品，就会增加一个边际贡献的利润。进行量本利分析的关键是找出盈亏平衡点，如图 5 - 1 所示。

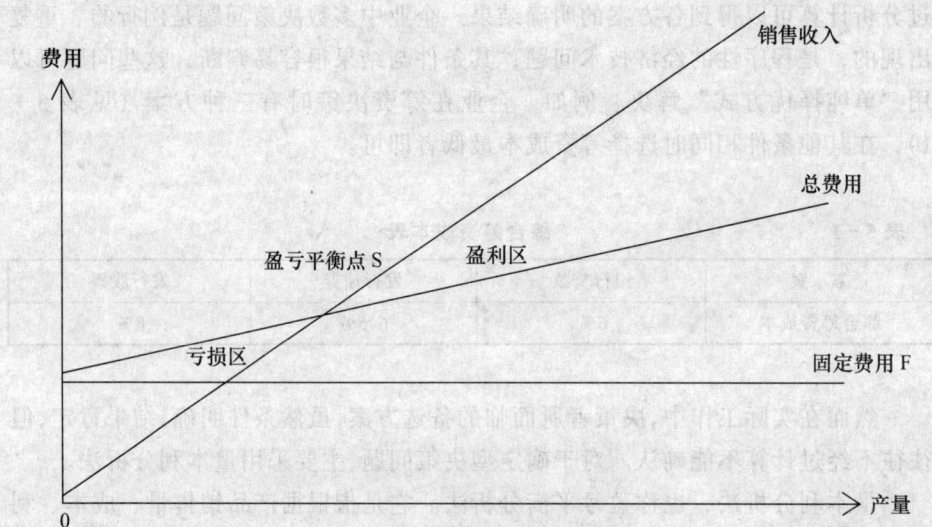

图 5 - 1　量本利分析图

从图中可知：当销售收入与总成本相等时，这一点所对应的产量（销量）就称为盈亏平衡点。在盈亏平衡点上，企业即不盈利也不亏损，因此，盈亏平衡点又称为保本点或盈亏临界点。企业的产量若低于平衡点的产量，则会发生亏损，而高于平衡点的产量，则会获得盈利。这一基本原理在企业的经营决策活动中运用相当广泛。企业的经营决策，几乎都与产量、成本、利润有关。许多问题都可以通过量本利分析加以解决。例如，企业是否应购置新设备，是否应进行技术改造，某种产品生产多少才能盈利，企业产品的定价水平是否合适，等等。

由上述可知，当产品的销售价格、固定成本、可变成本都已知的情况下，就可以找出盈亏平衡点。一般来说，寻找盈亏平衡点有以下方法：

1）产量（销售量）法。这种方法是根据某一产量（销售量）对应的固定成本和可变成本来确定盈亏平衡点。假设：

X——产量（或销售量）

X_0——盈亏平衡点时的产量

S——总销售额

P——产品销售单价

C——总成本

C_1——固定成本

C_2——可变成本

C_V——单位产品可变成本

L——利润总额

于是有：$S = P \times X$　　　　　$C = C_1 + C_2 = C_1 + C_V \times X$

当企业盈亏平衡时，$S = C$，此时的 X 变为 X_0，即：

$$P \times X_0 = C_1 + C_V \times X_0$$

整理后，即有：

$$X_0 = C_1 \div (P - C_V)$$

【案例】

某企业生产某种产品，销售单价为 10 元，生产该产品的固定成本为 5000 元，单位产品可变成本 5 元，求企业经营的盈亏平衡产量。

解：根据题意，盈亏平衡点产量为：

$$X_0 = C_1 \div (P - C_V) = 5000 \div (10 - 5) = 1000 \text{（件）}$$

2）销售额法。即根据某一销售额对应的固定成本和可变成本来确定盈亏平衡点。在企业实行多品种产品生产和销售的情况下，往往不用产量，而是利用销售额或销售量来计算盈亏平衡点。销售额法的公式可由产量法的公式导出：

$$X_0 = C_1 \div (P - C_V)$$

两边同时乘以 P，则得到：

$$X_0 \times P = (C_1 \times P) \div (P - C_V)$$

整理后，则得到：

$$S_0 = C_1 \div (1 - C_V / P)$$

【案例】

某企业生产某种产品，销售单价为 10 元，生产该产品的固定成本为 5000 元，单位产品可变成本 5 元，求企业经营的盈亏平衡销售额。

解：根据题意，该种产品平衡销售额为：

$$S_0 = C_1 \div (1 - C_V / P) = 5000 \div (1 - 5 / 10) = 10000 \text{（元）}$$

（3）量本利分析法的应用。量本利分析法的应用，主要是用盈亏平衡点的分析原理，对企业经营状况、获利水平、是否生产和订货等问题进行研究。

1）求出实现一定目标利润时的销售量（额）。目标利润是指企业生产经营某种商品时希望达到的利润额。利用量本利分析法可以求出为实现一定的目标利润必须完成的销售量或销售额。其基本公式如下：

$$Q_z = \frac{C_1 + P_z}{P - C_v}$$

$$S_z = \frac{C_1 + P_z}{1 - \dfrac{C_v}{P}}$$

式中：Q_z——目标利润销售量

　　　　C_1——固定成本

　　　　C_v——单位产品变动成本

　　　　P ——商品销售单价

　　　　P_z——目标利润

　　　　S_z——目标利润销售额

【案例】

某企业生产某种产品，销售单价为 10 元，生产该产品的固定成本为 5000元，单位产品可变成本为 5 元，目标利润为 5000 元，求企业经营该种商品的目标利润销售量和销售额。

目标利润销售量 $=$ （$C_1 + P_z$）／（$P - C_v$）

　　　　　　　　$=$ （$5000 + 5000$）／（$10 - 5$）

　　　　　　　　$= 10000 / 5 = 2000$ （件）

目标利润销售额 $=$ （$C_1 + P_z$）／（$1 - C_v / P$）

　　　　　　　　$=$ （$5000 + 5000$）／（$1 - 5 / 10$）

　　　　　　　　$= 20000$ （元）

2）判断企业的经营状况。企业经营状况的好坏可以通过经营安全率来加以判定。经营安全率（L）是指实际或预计产量（或销售额）超过盈亏平衡点产量（或销售额）的差异数与实际或预计销售量（或销售额）的比值。它的计算公式为：

$$L = (Q_1 - Q_0) \div Q_1$$

式中的 $Q_1 - Q_0$ 为安全余额，即实际销量减去盈亏平衡点的销量。安全余额越大，说明企业的盈利水平越高。

经营安全率是反映企业经营状况的一个重要指标，它可以根据以下数值来判断企业的经营安全状态：

表 5-2　　　　　　　　　　　经营安全率标准表

经营安全率（%）	>30	25~30	15~25	10~15	<10
经营状态	安全	较安全	不太好	要警惕	危险

【案例】

某公司生产经营某种自行车，单位售价为 250 元，生产经营此种产品的固定成本为 4 万元，单位变动成本为 240 元，企业的目标利润为 20 万元，试问该企业生产经营这种产品的安全程度。

解：根据题意可得：

目标利润销售量 $= (C_1 + P_z) / (P - C_v)$
　　　　　　　$= (40000 + 200000) / (250 - 240)$
　　　　　　　$= 2.4$（万辆）

盈亏平衡销售量 $= C_1 / (P - C_v)$
　　　　　　　$= 40000 / (250 - 240)$
　　　　　　　$= 0.4$（万辆）

经营安全率 $= (Q_1 - Q_0) / Q_1 \times 100\%$
　　　　　$= (2.4 - 0.4) / 2.4 \times 100\%$
　　　　　$= 83.33\%$

由上述计算结果表明经营这种自行车是很安全的。

企业可以针对一定时期内经营安全率所反映的经营状况，采取相应的措施，如调整品种结构，增加适销产品的产量和销量，降低单位可变成本，压缩固定成本等手段来提高经营安全率，改善经营状况。

3）确定一定销售量下的利润水平。

【案例】

某公司销售某种电扇，单位变动成本 85 元，固定成本 10 万元，销售单价 100 元。据市场预测，年度销售量为 8000 台，问企业可以获利多少？

解：根据公式：

$$Q_z = (C_1 + P_z) / (P - C_V)$$

可得：

$$Q_z (P - C_V) = (C_1 + P_z)$$
$$P_z = Q_z (P - C_V) - C_1$$
$$P_z = 8000 \times (1000 - 85) - 100000$$
$$= 120000 - 100000$$
$$= 20000 （元）$$

答：可获年利润 20000 元。

4) 确定企业的目标成本

【案例】

某公司的汽车每辆售价 10 万元，单位变动成本 6 万元，年固定成本 400 万元。当目标利润确定为 400 万元时，目标成本应控制在什么水平？

解：根据公式：

$$目标利润销售额 = (C_1 + P_z) / (1 - C_V / P)$$
$$= (400 + 400) / (1 - 6 / 10)$$
$$= 2000 （万元）$$
$$目标成本 = 目标利润销售额 - 目标利润$$
$$= 2000 - 400 = 1600 （万元）$$

答：要保证实现年目标利润 400 万元，目标成本应控制在 1600 万元的水平。

2. 风险型决策方法

风险型决策是指由于存在着不可控的因素，一个决策方案可能出现几种不同的结果，但对各种可能结果都可以用客观概率为依据来进行的决策。由于客观概率只是代表可能性大小，与未来实际还存在着差距，这就使得任何方案的执行都要承担一定的风险，所以称为风险型决策。

风险型决策的主要方法有决策收益表法和决策树法。

(1) 决策收益表法。决策收益表又称决策损益矩阵,该表包括可行方案、自然状态及其概率、各方案的损益值等数据。决策收益表法就是以决策收益表为基础进行决策的方法。这种方法常用在决策变量因素少、决策目标单一的决策情形。它的主要步骤是:第一,确定决策目标;第二,根据经营环境对企业的影响预测自然状态,并估计其发生的概率;第三,根据自然状态的情况,充分考虑本企业的实力,拟定可行方案;第四,根据不同自然状态下的资源条件、生产经营状况,运用系统分析方法计算损益值;第五,列出决策收益表;第六,计算各可行方案的期望值;最后,比较各方案的期望值,选择最优方案。下面举例说明。

【案例】

某商业公司准备在春节期间经营一种新的熟食品,供应时间预计 30 天,该食品每箱成本为 80 元,销售单价为 100 元,如果当天卖不出去,就会变质而失去使用价值。目前对这种新产品的市场需求情况不很了解,但有去年同期类似产品的日销售量资料可供参考,见表 5-3。现要确定一个使公司获利最大的日进货量的决策方案。

表 5-3　　　　　　　　　　去年春节期间某商品的销售资料表

日销售量(箱)	完成天数	概率
50	3	0.1
51	6	0.2
52	15	0.5
53	6	0.2
总　计	30	1.0

解:

第一步,决策目标是找到一个商业公司经营该商品获利最大的进货方案。

第二步,根据去年同期类似商品销售资料的分析,可确定今年该商品的市场自然状态情况,并计算出各种自然状态下的概率,绘制决策收益表(见表 5-4)。

第三步,根据去年的销售情况,经过分析可以拟定出新商品销售的可行方案。如表 5-4 中的日进货量为 50 箱、51 箱、52 箱和 53 箱四个可行方案。

第四步，计算出各个方案在各种自然状态下的损益值，见表 5 - 4 所示。

表 5 - 4　　　　　　　　　　　　　决策收益表　　　　　　　　　　单位：元

自然状态 概率 方案	市场日销售量				期望值
	50 箱	51 箱	52 箱	53 箱	
	0.1	0.2	0.5	0.2	
50 箱	1000	1000	1000	1000	1000
51 箱	920	1020	1020	1020	1010
52 箱	840	940	1040	1040	1000
53 箱	760	860	960	1060	940

第五步，计算期望值（EMV）

$$EMV50 = 1000 \times 0.1 + 1000 \times 0.2 + 1000 \times 0.5 + 1000 \times 0.2$$
$$= 1000 （元）$$
$$EMV51 = 920 \times 0.1 + 1020 \times 0.2 + 1020 \times 0.5 + 1020 \times 0.2$$
$$= 1010 （元）$$
$$EMV52 = 840 \times 0.1 + 940 \times 0.2 + 1040 \times 0.5 + 1040 \times 0.2$$
$$= 1000 （元）$$
$$EMV53 = 760 \times 0.1 + 860 \times 0.2 + 960 \times 0.5 + 1060 \times 0.2$$
$$= 940 （元）$$

第六步，进行最优决策。选择期望值最大的（1010 元）所对应的方案（即每天进货 51 箱）为决策方案。

（2）决策树法。与决策表法相比，决策树法既可以解决单阶段的决策问题，还可以解决多阶段序列决策问题。它具有思路清晰、一目了然、便于决策者集体讨论等优点。这种方法在经营管理上已被广泛应用于较复杂问题的决策。

简单地说，决策树法就是利用树型图进行决策的方法。它是通过图解的方式将决策方案的相关因素分解开，确定并逐项计算其发生的概率和期望值，进而比较和选优的方法。

1）决策树的构成要素。

决策点：即所要决策的问题，用方框"□"表示。

方案枝：由决策点引出的直线，每条直线代表一个方案，并由它与状态结点相连。

状态结点：反映各种自然状态所能获得的机会，在各个方案枝的末端，用圆圈"○"表示。

概率枝：从状态结点引出的若干条直线，反映各种自然状态可能出现的概率，每条直线代表一种自然状态。

损益值点：反映在各种自然状态下可能的收益值或损失值，用三角形"△"表示。图 5-2 即为决策树形图。

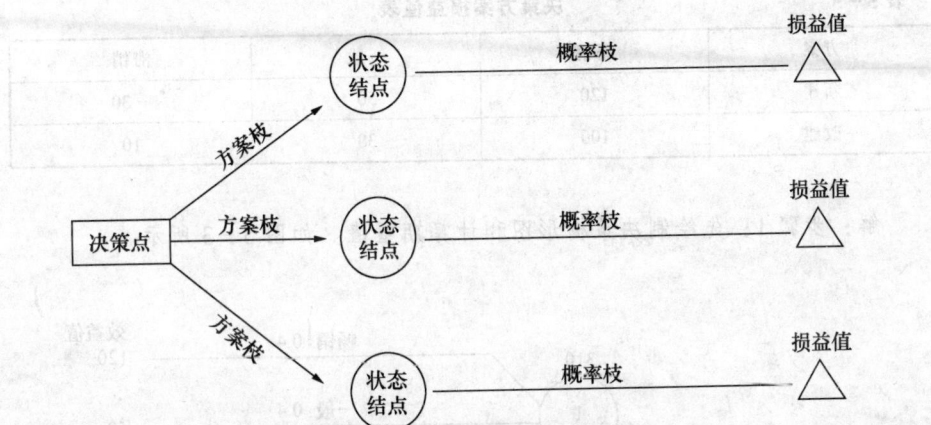

图 5-2 决策树图

2）决策树法的步骤。应用决策树法进行决策，主要有三个步骤：

第一步，绘制决策树形图。从左至右，首先绘出决策点，引出方案枝，再在方案枝的末端绘出状态结点，引出概率枝，然后将有关部门参数（包括概率、不同自然状态、损益值等）注明于图上。

第二步，计算各方案的期望值。期望值的计算要从右向左依次进行。首先将各种自然状态的收益值分别乘以各自概率枝上的概率，再乘以计算期限，然后将各概率枝的值相加，标于状态结点上。

第三步，剪枝决策。比较各方案的期望值（如方案实施有费用发生，应将状态结点值减去方案的费用后在进行比较）。剪掉期望值小的方案（在落选的方案枝上画上"‖"表示舍弃不用），最终只剩下一条贯穿始终的方案枝，它的期望值最大，是最佳方案，将此最大值标于决策点上。

3）决策树法应用实例。

【案例】

某企业准备投产一种新产品，现在有新建和改建两个方案，分别需要投资140万元和80万元。未来五年的销售情况预测是：畅销的概率为0.4，销售一般的概率为0.4，滞销的概率为0.2。各种自然状态下的年度销售利润，如表5－5所示。问企业应选择哪个方案？试用决策树法进行决策。

表5－5　　　　　　　　　　决策方案损益值表

方案	畅销	一般	滞销
新建	120	50	－30
改建	100	30	10

解：步骤1：先绘制决策树形图和计算期望值。如图5－3所示。

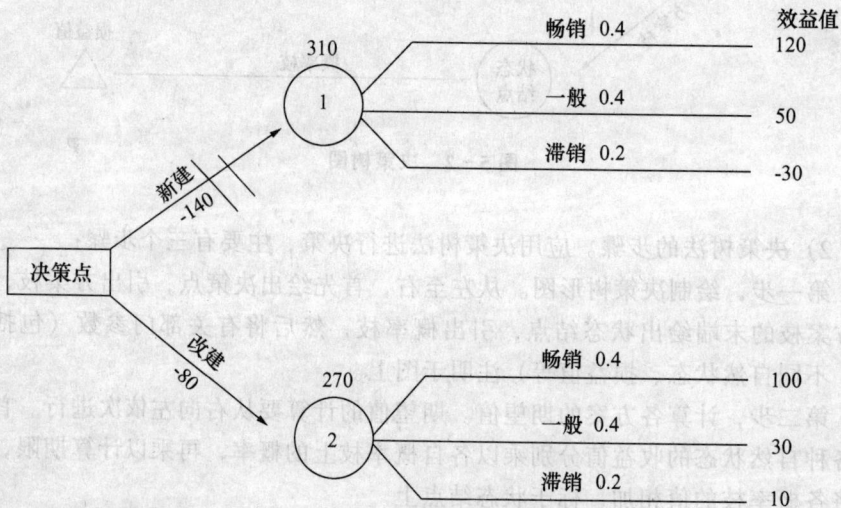

图5－3　决策树计算图

结点①EMV ＝ [120×0.4＋50×0.4＋（－30）×0.2] ×5
　　　　　＝310（万元）
结点②EMV ＝ （100×0.4＋30×0.4＋10 ×0.2）×5
　　　　　＝270（万元）

步骤2：比较两个方案的净收益。

新建方案的净收益＝310－140＝170（万元）

改建方案的净收益＝270－80＝190（万元）

经比较，应选择改建方案，故应将新建方案剪去。

3．不确定型决策方法

不确定型决策是指由于存在不可控的因素，一个方案可能出现几种不同的结果，而对各种可能结果没有客观概率作为依据的决策。对于不确定型决策来说，有一些公认的决策准则，下面结合实例依次说明。

某厂准备开发一种新产品，为此设计了三种生产方案：甲方案，新建车间、大批量生产；乙方案，扩建车间、中批量生产；丙方案，利用原设备、小批量生产。由于缺乏相关资料，对未来市场上的需求状况只能做大致的估计，可能是高需求、中需求、低需求三种状态分析，每种方案在各种自然状态下的损益值如表5－6所示。

表5－6　　　　　　　　决策方案损益值表　　　　　　单位：万元

自然状态 \ 方案	甲	乙	丙
高需求	960	720	580
中需求	520	540	320
低需求	－240	10	60

由于决策者的意志、经验等的不同，可能根据不同的标准和原则，选择自己认为满意的方案。根据实践经验的总结，可以有下述选择标准：

（1）乐观决策标准。又称为好中求好标准。这是指决策者对未来非常乐观，他从最好的自然状态出发，假设未来是高需求，各方案的收益值都是最大的，从各方案最大的收益值中选出其中最好的方案作为决策方案。

本例中，各方案的最大收益值分别为960万元、720万元、580万元，最大收益值中的最大者为960万元，因此选择甲方案。

显然，这是一个比较冒险的决策。因为"未来是高需求"只是决策者一种乐观的假设，如果确实应验，可获最大收益。而一旦未来销路不好就要承受更大的损失。因此，应用这一标准进行决策，要十分慎重，一般只有风险较小、把握较大的问题才可采用。

（2）悲观决策标准。又称为坏中求好标准。这种决策者认为，所选的方案应在最坏的状态下也不至于造成很大损失。因此，决策者从最坏的自然状态出发，假设未来是低需求，各方案的收益值都是最小，从各方案最小的收益中选择一个最大的作为决策方案。

本例中，各方案的最小收益值分别为：－240万元、10万元、60万元。其中最大者为60万元，因此应选择丙方案。

显然，这是一种保守的决策，属于怕担风险的稳妥型决策。应当说，当决策者遇到把握很小、风险较大的决策问题时，采用这一标准是可取的。

（3）现实主义标准。又称为乐观系数标准。这是一种介于乐观标准和悲观标准之间的折衷决策，决策者认为，按照某种极端的原则行事是不现实的，应该折衷一下，既应对未来有乐观的态度，又要注意不利因素的影响。具体做法是：由决策者对最好的结果和最坏的结果出现的可能性做出估计，确定一个乐观系数。乐观系数介于0和1之间，乐观系数为0时，即为悲观决策，乐观系数为1时，即为乐观决策。用以下的公式计算出各方案的现实估计值（折衷收益值），选择其中最大者对应的方案为决策方案。

某方案现实估计值＝（该方案最大收益值×乐观系数）＋［该方案最小收益值×（1－乐观系数）］

本例中，假设乐观系数为0.7，则计算各方案的现实估计值：

$$960×0.7＋（－240）×（1－0.7）＝600（万元）$$
$$720×0.7＋10×（1－0.7）＝534（万元）$$
$$580×0.7＋60×（1－0.7）＝424（万元）$$

比较结果，选择甲方案。

（4）机会均等标准。又称为等概率标准。决策者的出发点是：客观自然状态已经存在，既然没有充足理由说明各种自然状态的可能性大小，只有假设机会均等。决策者给每种可能的结果以等概率，计算各方案的各种自然状态下收益的加权平均数，选择其中最高值对应的方案为决策方案。

本例中，有三种自然状态，所以每一种自然状态的概率均为1/3。则：

$$（960×1/3）＋（520×1/3）＋［（－240）×1/3］＝413（万元）$$
$$（720×1/3）＋（540×1/3）＋（10×1/3）＝423（万元）$$
$$（580×1/3）＋（320×1/3）＋（60×1/3）＝320（万元）$$

比较结果，选择乙方案。

（5）后悔遗憾标准。又称为最小后悔值原则。这种决策方法是以方案的机会损失大小来判别方案的优劣。机会损失是指由于决策采取了错误的决策方案所造成的损失，例如，高需求时采取了保守决策，低需求时采取了投资较大的冒险的决策等。决策者在选定方案后，如果实践证明对自然状态的估计出现失误，无形中企业就遭受了机会损失，决策者就会为此感到后悔，后悔遗憾标准就是要使这种后悔降到最低程度。后悔的大小可用后悔值来表示。后悔值是指每种自然状态下的最大收益值与各方案的收益值之差。

后悔遗憾标准的决策过程是：先确定各方案的最大后悔值，然后选择最大后悔值为最小所对应的方案为最优方案，即"大中取小"。

本例中：

第一步，找出对应于各种自然状态的最大收益值。在表5－7中用"＊"标出。

表5－7　　　　　　　各种自然状态下的收益值和最大收益值　　　　　单位：万元

损益值　　方案　自然状态	甲	乙	丙
高需求	960＊	720	580
中需求	520	540＊	320
低需求	－240	10	60＊

第二步，将对应于每种自然状态的各项收益值从相应的最大值中减去，求出后悔值（见表5－8）。

第三步，找出各个方案的最大后悔值：｛300，240，380｝。

第四步，从最大后悔值中选择最小值。其所对应的方案为最优方案为：Min ｛300，240，380｝＝240（万元）。所以，乙方案是最优的决策方案。

不确定型决策，选择最优方案虽然有不同的评价标准，实际上都是决策者根据自己的经验、态度以及对客观条件的分析，主观确定的概率。上述各种各样的决策标准，都有其存在的理由，也都有其片面性与适应性。决策者可以根据决策目标、企业环境以及对风险的态度，决定取舍。实际工作中，很多企业面临某些重要的不确定型决策问题时，往往采用不同的标准分别进行测算，并比较测算的结果，以权衡确定最优方案。

表 5 - 8　　　　　　　　　各种自然状态下的后悔值　　　　　　　　单位：万元

损益值　方案 自然状态	甲	乙	丙
高需求	0	240	380
中需求	20	0	220
低需求	300	50	0
最大后悔值	300	240 *	380

与定性决策方法相比，定量决策方法由于决策过程的数学化、模型化、电算化，使得人们可以科学的定量分析为依据，来处理比较复杂的决策问题，使决策的科学化水平大大提高。当然，定量决策方法也有一定的局限性，对于一些关系到企业长远发展的战略性的非程序化问题的决策，特别是涉及政治、社会、环境、文化等的因素较多的决策课题，由于很难用数学模型来解决，还必须依靠定性决策的各种方法。因此，为保证决策的科学化，决策者在面对各种不同的决策问题时，应根据问题的性质确定决策方法，并注意将定量决策方法与定性决策方法有机地结合起来。

■ 本章小结

本章主要介绍了经营决策的概念、类型、原则，以及决策制定和实施的程序和决策分析方法等内容。

• 企业经营决策是指企业决策者在确定未来行动的目标之后，借助一定的计算手段、方法和技巧，从两个以上的可行方案中选取一个最优方案的过程。

企业经营决策，主要包括经营战略决策、研究发展决策、生产技术决策、市场营销决策、财务决策和人事决策等。

企业经营决策，贯穿于企业经营管理的各个方面和全过程，它是企业正确开展生产经营活动的前提和基础，是现代企业管理的核心和首要职能。企业经营决策可以按一定的标准进行分类。

• 企业经营决策必须遵循系统原则、信息原则、可行性原则、择优原则、反馈原则和民主原则等基本原则。

企业经营决策的基本程序是：明确经营问题，确定决策目标；拟定可行方案；评价和选择方案；决策方案的实施与反馈。

　　·企业经营决策的方法可以分为定性决策方法和定量决策方法。

　　定性决策方法，主要有经验判断决策法、专家论证决策法、员工民主决策法三种。其中，专家论证决策法又有头脑风暴法、歌顿法、德尔菲法等具体方法。

　　定量决策方法主要是根据决策按确定型决策、风险型决策、不确定型决策的分类来分析的。

　　企业在经营决策时要把定性方法和定量方法结合起来。

第6章

商品采购

- ■ 商品采购概述
- ■ 商品采购方式
- ■ 商品采购策略
- ■ 商品采购的运作
- ■ 本章小结

商品采购是工商企业经营的起点和核心环节，也是企业获得利润的资源。它在企业的产品开发、质量保证和整体供应链中起着极其重要的作用。为此，本章将着重介绍商品采购目标和要求，商品采购的方式和策略以及商品采购的运作。

■ 商品采购概述

商品采购是工商企业生产经营的基础。没有商品的购进，就没有商品的生产和销售。现代经营者认为，"购进好的商品等于卖出一半"。

□ 商品采购的涵义与任务

商品采购是指企业在一定的时间、地点和条件下通过交易手段，实现从多个备选对象中，选择购买能够满足自身需求物品的经济活动过程。它一般包括两层基本涵义：一是"采"，即选择，从许多对象中选择若干个供应对象或商品；二是"购"，即购买，通过商品交易的手段从所选的供应对象手中购买自己所需的商品。

随着现代企业内外部竞争状况的日趋激烈，采购在企业当中所起的作用也日渐加大，任务也越来越复杂。一般来讲，商品采购的主要任务是：

1. 保证企业所需物品与服务的正常供应，使本企业生产经营活动顺利进行

采购活动是企业组织生产经营活动的初始阶段。采购物品的品种、规格、数量、质量、价格、交付情况等，直接关系着企业的生产、运输、储存、销售等环节的质量和效率。没有采购的物品或采购的物品不能满足需求，企业的生产经营就得不到必要的物质保证。

2. 不断改进采购过程及供应商管理过程，以提高原材料质量

如果所采购的原材料有质量问题，将会直接影响到产品的质量。在采购中要彻底保证采购的质量，以求防患于未然。为此，企业应与供应商达成明确的质量保证协议，以明确规定供应商应负的质量保证责任。同时，要定期对供应商的质量体系进行评价。

3. 控制、减少所有与采购相关的成本

商品采购的成本，主要包括直接采购成本与间接采购成本。直接采购成本即原材料、零部件采购价格的控制与降低，可通过提高采购工作效率、定期谈

判、优化供应商、实施本地化采购与供应商共同开展改进项目等多种途径来实现；间接采购成本的控制与降低，采取缩短供应周期、增加送货频率、减少原材料库存、实施来料免检、循环使用原材料包装、合理利用相关的政府有利政策和避免汇率风险等措施来实现。

4. 建立可靠、最优的供应商配套体系

在商品采购中，工商企业应根据市场的变化与企业的实际，一方面要尽量减少供应商的数量，使采购活动尽量集中；另一方面又要避免依赖独家供应商，防止垄断供应的风险。以建立可靠、最优的供应商配套体系。

5. 利用供应商的专业优势，积极参与产品或过程开发

这是将供应商纳入企业自身整体经营的最为有效措施。企业要想在激烈的市场竞争中生存下去，必须不断地推出新产品，而任何产品的开发，没有采购以及供应商的参与和贡献几乎是不可能的。如果供应商的专业优势得以充分利用，将给企业自身的产品开发、生产甚至经营带来巨大的好处。

6. 建立和维护本企业的良好形象

商品采购是企业的对外工作，它与商品销售一样，是企业的窗口，在很大程度上代表着企业形象。因此，公正合理的态度有助于发展同供应商的合作关系，树立起本企业的优秀形象。

【思考题】

如何理解企业商品采购的任务？

商品采购的基本原则

企业良好的采购行为，有助于企业实现经营目标，并在市场竞争中赢得优势。因此，企业在采购过程中应符合以下基本原则：

1. 适量原则

商品采购要适量，既不能太多，又不能过少。一般来讲，采购量越大，价格越便宜，但并不是采购量越大越好。资金的周转率、仓库储存成本等都会直接影响采购成本，采购量过大会造成过高的存货储备成本与资金占压，采购量过小则会使采购成本提高。因此，应根据资金周转率、储存成本和物品需求计划等综合计算出最经济的采购量。

2. 适用原则

商品的品质应以适用为原则，以免造成品质过高而引起的浪费。从采购的立场看，通常是要求"最适"的品质，而不是"最好"的品质。最适即合适性是指采购的物品或劳务以符合需求为原则，并非盲目追求最佳的品质。因为最佳的品质未必是最适合的品质，品质过好甚至会造成使用上的困难或重大浪费。因此，商品采购应针对市场和生产的需求情况、厂商的技术能力等进行合理选择。

3．适价原则

从降低产销成本的目标来看，适当价格是应考虑的主要因素。若盲目追求价廉，势必支付品质低的代价或伤害与其供应商的关系，甚至造成交货期延迟、交货数量不足。所以，就长期、稳定的供需关系而言，追求公平、合适的价格才是正确的做法。

4．适地原则

适地原则是指就地就近采购的原则，即供应商离本企业越近，运输费用越低，机动性越强，企业物品的合理库存量、订购点就越低，有助于企业"零库存"的实现，供需双方的沟通也越方便，出现问题后易得到及时的解决。因此，在采购的其他要求能得到满足的前提下，应坚持就地就近原则，能够在本地购买，就不去外地采购；能够在国内满足要求的，就不向国外采购，以降低采购、储存总成本。

5．适时原则

采购要遵循适时原则。现代企业竞争非常激烈，时间就是金钱。采购计划的制定要非常准确，该进的商品不及时进，会造成停工待料、增加管理费用、影响销售和信誉；但若过早采购，又会造成商品的囤积和资金的占压、场地的浪费、商品的变质。所以依据生产经营计划精确地确定采购计划，按采购计划适时地进货，既能使生产、销售顺畅，又可以节约成本，提高市场竞争力。

【思考题】

如何理解企业商品采购的基本原则？

■ 商品采购方式

在商品采购过程中，所采用的方式会影响企业采购的经济性和合理性。企业应根据本身的经营状况和商品特点，采取合适的采购方式，以提高企业的经济效益。随着信息技术的发展和企业经营理念的改变，新的采购模式不断出现。总的来说，目前主要的采购方式有：分散采购与集中采购、招标采购、谈判采购、协同采购与战略采购和网上采购。

□ 分散采购与集中采购

分散采购就是企业将采购权分散到各个分支机构，包括分店、分厂、分公司等，由各分支机构在核定的商品资金范围内，直接向供应商采购商品。这种采购方式适用于大型生产或流通企业，如实行事业部制的企业，每一事业部设有独立的采购供应部门。分散采购方式比较灵活，有利于适应市场变化，但专业化程度较低，权力分散，占用的人、财、物力较多。

集中采购（中央采购）是指企业设专门的采购机构和专职采购人员统一负责企业的商品采购工作，企业所属各分支机构只负责销售。集中统一的商品采购是实现规范化经营的前提和关键，一般适用于企业物资需求规模小或企业供应与需要共处一地。例如，连锁企业的采购配送中心实行的就是集中采购方式。集中采购有利于企业实现专业化"流水线"管理，提高采购效率，但灵活性较差。

为了进一步提高采购效率，目前大中型企业往往采用集中采购和分散采购相结合的采购方式，即既有企业的统一采购，又允许各部门自行采购的采购方式。一般来说，大宗的、通用的和外地的采购由企业统一组织，零星的、特殊的和本地采购由各部门组织实施。这种采购方式吸收了集中采购和分散采购两种采购方式的优点，避免了两者的不足，使采购组织更加合理化。

【思考题】

联系实际谈谈集中采购与分散采购的选用。

□ 招标采购

所谓招标采购，是指采购人事先提出货物采购的条件和要求，邀请众多投标人参加投标并按照规定程序从中选择交易对象的一种市场交易行为。从采购交易过程来看，它必然包括招标和投标两个最基本的环节，前者是招标人以一定的方式邀请不特定或一定数量的自然人、法人或其他组织投标，后者是投标人响应招标人的要求参加投标竞争。没有招标，就不会有供应商的投标；没有投标，采购人的招标就得不到响应，也就没有开标、评标、定标和合同订立及履行等。

一般来说，招标投标需经过招标、投标、开标、评标与定标等程序。

1．招标

公开招标应当发布招标通告。招标公告应当通过报刊或者其他媒介发布。招标通告应当载明下列事项：招标人的名称和地址；招标项目的性质、数量、招标项目的地点和时间要求；获取招标文件的办法、地点和时间；对招标文件收取的费用；需要公告的其他事项。招标人或招标投标中介机构可以对有兴趣投标的法人或者其他组织进行资格预审，但应当通过报刊或者其他媒介发布资格预审通告。

2．投标

投标人应当按照招标文件的规定编制投标文件。投标文件应当载明下列事项：投标函；投标人资格、资信证明文件；投标项目方案及说明；投标价格；投标保证金或者其他形式的担保；招标文件要求具备的其他内容。投标文件应在规定的截止日期前密封送达投标地点。招标人或者招标投标中介机构对在提交投标文件截止日期后收到的投标文件，应不予开启并退还。

3．开标

开标应当按照招标文件规定的时间、地点和程序以公开方式进行。开标由招标人或者招标投标中介机构主持，邀请评标委员会成员、投标人代表和有关单位代表参加。投标人检查投标文件的密封情况，确认无误后，由有关工作人员当众拆封、验证投标资格，并宣读投标人名称、投标价格以及其他主要内容。

4．评标与定标

评标应当按照招标文件的规定进行。招标人或者招标投标中介机构负责组建评标委员会。评标委员会负责评标。评标委员会对所有投标文件进行审查，并向招标人推荐1~3个中标候选人。招标人应当从评标委员会推荐的中标候选人中确定中标人。

最后，招标人应当将中标结果书面通知所有投标人。招标人与中标人应当按照招标文件的规定和中标结果订立书面合同。

【思考题】

请联系实际制作一份投标书。

□ 谈判采购

谈判采购是指通过讨价还价就诸如发货、技术规格、价款和交易术语等合同要件达成共识的采购。因此，谈判采购要求采购方和卖方就合同的细节进行面对面的商谈，而不能仅靠交换文件。与招标采购的产品特点相比，谈判采购的产品往往具有特别的设计或者特殊的竞争状况。此类产品很少形成竞争的市场，也没有确定的价格。因此在采购和销售双方对产品制造、移交和服务的成本存在不同的评价时，就不可避免地要采用谈判方法。

在下列情况下，谈判采购较之其他采购方式更能满足采购目的：

1. 采购设备独特而又复杂，以前不曾采购过，且很少有成本信息。比如一个新建的自动食品加工厂的传输线，在实际采购之前，需要对该运输线的安装施工、性能和成本细节进行技术谈判。

2. 当某类商品的价格因惯例、公开贸易法或供应商共谋而固定时，如果在某一领域有许多供应商，良好的谈判策略通常能成功地促使希望获得合同的生产厂商进行让步。

3. 当在某一领域供应商的数量很少或只有一个供应商，但拟购的产品可以由采购方自己的工厂生产，或者可从国外采购，或者有该产品的替代品时。

4. 当有几个供应商竞争提供该产品，但没有一个报价十分满意时。没有供应商能满足采购方的价格、交货或规格要求。但采购方一定要确保按照他事先提供给供应商的条件，在这种情况下，采购者可提前通知供应商就其投标进行谈判。

5. 当对现存合同进行变更时。

【思考题】

谈判采购应在什么情况下使用？

□ JIT 的订单驱动采购

JIT（just in time），一般译为准时制生产或准时生产制。它不仅是一种组织生产的新方式，而且是一种旨在消除一切无效劳动与浪费，实现企业资源优化配置的管理哲学。应用到采购中，它改变了传统的采购模式，实现了以最低的成本和费用获得原材料和外购件的目的。在供应链管理的环境下，采购活动是以订单驱动方式进行的，只有在需要的时候（既不提前也不推迟），按照需要的品质和数量，订购企业所需的商品。即采购是在定单的驱动下产生。企业实施 JIT 采购应按以下六个步骤进行。

1. 建立 JIT 采购小组。企业应根据生产经营的需要成立 JIT 采购小组，其成员应包括产品技术人员、生产人员、质量人员、物品处理人员和成本会计人员等。由购货者和计划制定者或采购专家担任小组领导。

2. 制定采购实施计划。

3. 选择少数几家供应商建立一种紧密合作、主动交流和相互信赖的伙伴关系，发展共同的目标，分享共同的利益。

4. 选择某条生产线的供应商进行试点。

5. 进行供应商的培训，明确共同努力的目标。

6. 给供应商的产品颁发产品免检证书。

【思考题】

如何进行 JIT 采购？

□ 电子采购

电子采购，又称网上采购或在线采购。简单地说，电子采购是指企业利用网络技术进行采购中的信息采集、订单和支付等工作的一种采购活动。

目前，电子采购主要表现为 B2B 的形式，其实现途径主要分三种：通过采购方的网络、通过供应方的网络和通过第三方的公共网上采购平台。

以采购方的网络实现电子采购为例，电子采购的一般过程如下：

1. 企业员工或申请部门通过一个界面（例如，IE 浏览器）来填写订单，说明订购要求。

2. 订单以电子方式传递给相应的管理程序，被自动审核。

3. 必要时订单被提交企业的主管人员审批。

4. 订单被批准后，以电子方式通告给供应商，并且将被执行完成。

5. 将订购的商品或服务登记到可支付账户的财务核算系统，并且被传递到申请人手中。

【思考题】

企业应如何选择商品采购方式？

■ 商品采购策略

商品采购策略，是指企业为适应市场的发展变化，根据供求规律和产销特点及其对采购的要求，来确定购进商品的技巧、计谋和谋略。企业正确地选择商品购进策略，既可以广泛争取货源，降低成本，又可以杜绝伪劣滞销商品的流入。从而加速企业资金周转，改善企业经营状况，提高企业经济效益。

1. 商品寿命周期购进策略

商品寿命周期购进策略是指采购人员科学地掌握商品寿命周期，准确判断某种商品所处的市场寿命的阶段，并根据商品市场寿命不同阶段的特点来采取不同的采购方法。

(1) 商品寿命周期的涵义

产品从投入市场到被新产品所替代直至淘汰，有一个产生、发展和衰亡的过程。产品的这个过程在时间上的表现，叫做产品的市场寿命周期。它是产品市场运动的客观存在。不同的商品有不同的市场寿命，但随着科学技术的进步，产品市场寿命周期有缩短的趋势，在发达国家表现得尤其明显。

产品市场寿命周期，一般包括导入期、成长期、成熟期和衰退期四个阶段。这四个阶段反映了新产品从无到有、迅速增长，从市场饱和至最后被淘汰的过程。商品在每个阶段所表现出来的特点是不同的。在导入期，产品刚进入市场，尚未被人们所接受，销售量上升缓慢，通常利润较少甚至亏损；在成长期，生产转入批量生产，质量稳定，销售呈线性增长，利润开始增加，并有竞争者介入；在成熟期，产品进入大批量生产，成本降至最低点，销售量和利润达到最高点并开始下降，同类产品竞争激烈；在衰退期，产品在经济上已经老化，不能适应市场需要，并且已有更新的产品出现于市场，产品的销售利润呈锐减状态。这一阶段的后期，产品将出现亏损，直至被市场淘汰而停产。

(2) 产品市场寿命周期各阶段的采购策略

1) 导入期。在导入期，商品刚投入市场，消费者对新产品不了解，产品设计还有待证实、改善，成本还有待降低。产量和销量都极为有限，增长也比较缓慢。此期间经营该商品一般风险较大，但同时也存在着机会，因而需进行周密的需求研究，确定采购后，要注意严格控制进货量，宜少不宜多。但不可消极等待，拒绝进货。以防止失去有极大生命力的商品销售和销售机会。

2) 成长期。在成长期，商品经过广告宣传、试销、改进定型。已被广大消费者所认识接受，生产与销售得到快速增长。此时，生产企业应积极组织原材料，扩大生产，满足市场需用，提高市场占用率。商品流通企业应抓住时机，积极扩大进货，并加大促销力度，迅速占领销售市场。

3）成熟期。在成熟期，商品销路已被打开，市场上商品销售量已达到饱和点，销量增长出现相对稳定并有下降趋势。这时期，企业在经营上必须掌握好火候，适当控制进货量和生产量，不宜更多储备，采取商品销多少进多少和生产用多少原材料就进多少的策略，以免造成积压浪费。

4）衰退期。在衰退期，已有越来越多的新商品代替了老产品，市场销量开始大幅度下降，商品面临着被淘汰的形势。此时，企业应严格控制进货，或停止进货，要采取果断措施进行甩卖、拍卖，争取早日处理完存货，转销或转产其他商品。

2．**商品采购的时机策略**

企业为了不失时机地采购商品，使商品库存量经常保持在保证生产销售需用的水平，就必须选择适当的采购时间。企业所采购的商品十分广泛，不同的商品有不同的产销特点和供求规律，因此，采购时机的选择也应视商品的不同而有所不同。企业经常采用的策略一般有以下几类。

（1）常年性商品进货时机的选择

常年性商品是常年生产，常年需要的商品，它在经营上没有十分明显的淡旺季变化。它在采购过程中可按采购时点选择进货时机。所谓按采购时点选择进货时机，是指通过计算核定商品的合理库存量，当商品实际库存量下降到核定的合理库存量时，就开始进货这个开始进货的库存时点，称为采购时点。如图 6-1 所示。

从图 6-1 可以看出，从采购点开始采购到可以销售或进入生产过程，一般需有一定的间隔时间（即提前进货期），不可能随进随用，而存货通过日常销售或生产而下降。如果存量下降到采购点不开始采购，就存在脱销和停产的风险。如果存量尚未下降到采购点，提前采购，就要冒积压的风险。因此，当存量下降到采购点时，就开始采购。这样能使库存量下降到安全库存量时，正好货也到达补足，既不会断档或积压，又可使库存量最少，节约保管费用。因此，采购点是开始采购的最适当时间。

1）采购点的确定。采购点是据以采购的库存量，它的确定是该策略的关键。一般根据以下三个因素确定：

· 提前进货期时间。这是指从开始采购到做好销售和生产（包括收货、入库、出库等）的间隔时间。

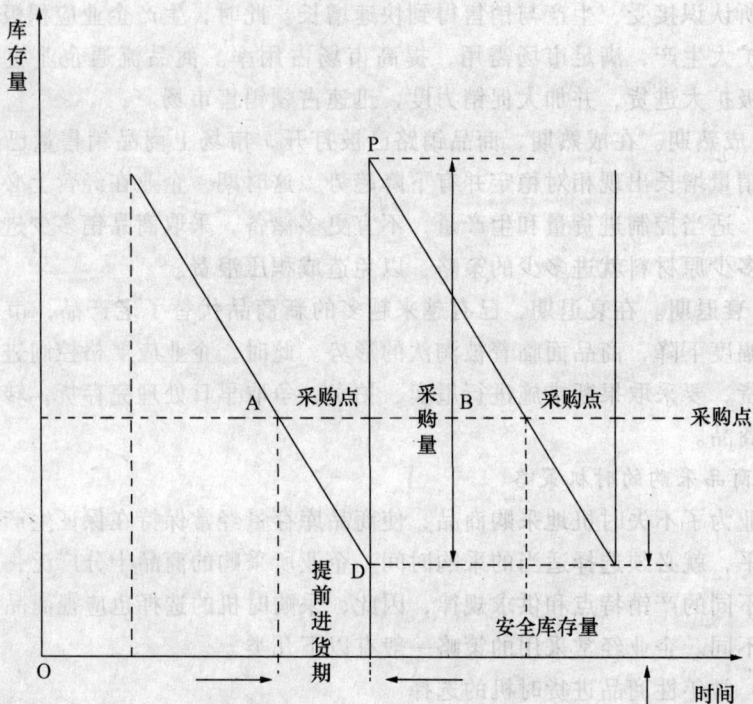

图 6－1　采购点示意图

• 平均日销售量或日生产耗用量。

• 安全存量。这是防止由生产或消费需要发生变化和延期交货引起缺货的额外存量。

2）采购点的计算

在销售和进货时间固定不变的情况下，采购点的计算公式如下：

采购点＝平均日销售量×提前进货期时间＋安全存量

【案例】

某商业企业每天出售袜子 10 双，从采购、收货到展示商品需 4 天时间，安全存量为 10 双，求袜子的采购点。

解：采购点＝10×4＋10＝50（双）

当袜子的库存只有 50 双时，就需要进行采购。这样，在提前进货期的 4

天内，当库存由于每天销售下降到 10 双时，正好得到补充，使库存保持在合理的水平上。

（2）季节性商品采购时机选择

大多数商品的生产和销售是有季节性的。究其原因，首先是消费上的季节性。如空调、电扇和成衣等；其次是受消费习惯的影响。如中秋节的月饼、春节及元旦等节日的礼物，等等；再者社会购买力也受到季节性的影响，如农村在产品收获时，购买力相对提高。商品销售淡旺季的变化，虽然因地区不同、商品不同及企业不同而有所区别，但它是有一定规律性。企业必须根据这一规律，变换生产品种和进货品种，合理安排生产和销售。具体应考虑以下三方面因素。

1）商品货源情况和需求情况。商品货源即商品或原材料的供应状况，商品需求状况包括企业生产需求和消费者需求状况。企业进货应充分考虑商品的供求状况，以此确定商品进货时间。如果原料紧张或需求过旺，则应提前进货，反之，则应可以延迟进货。

2）商品运输时间。商品运输时间的长短取决于企业和供货单位距离的远近与运输条件的好坏。一般地讲，距离较远，运输条件较差，宜早进货。反之，宜晚进货。

3）商品库存量。企业原有库存量越大，采购时间宜迟；原有库存量较少，采购时间宜早。

（3）流行性商品的采购时机

流行性商品是指在一定时期为众多消费者接受和使用的时尚产品。当商品正处于流行期时，销售形成热潮；过了流行期，商品就很少有人问津，成为滞销商品。这种现象虽然是一种特殊的社会消费形态，但也有其自身的运动规律。其变化过程一般可分为四个阶段：第一阶段是少数时髦人物采用；第二阶段是时髦人物的追随者采用；第三阶段是多数人采用；第四阶段是落伍者采用。在不同阶段商品的供求状况是不同的。因此对该类商品的购进要正确研究它的发展过程，测定商品流行的前兆期和流行时间的长短，以此来决定流行商品的采购时机。一般应以快取胜，快进快销，过早过晚都会使企业销售发生障碍。

3．商品经济采购批量策略

在其他条件不变的情况下，进货批量越大，相对进货费用越省，资金占用和保管费用越大；反之，进货批量越小，相对进货费用越大，资金占用和保管费用越省。为解决这一矛盾，就需要择两者费用之和为最小值时的批量作为进货批量，计算方法如下：

$$Q = \sqrt{\frac{2DS}{HT}}$$

式中：Q——采购批量

　　　　D——采购总量

　　　　S——每次采购费用

　　　　H——单位商品储存费用

　　　　T——储存时间

【案例】

某商品经预测一年的销售量为 1200 件，估计每次进货费用为 6 元，每件年储存费用 4 元，每次采购数量相同，求经济采购批量、进货间隔期和总费用？

解：经济采购批量为：

$$Q = \sqrt{\frac{2DS}{HT}} = \sqrt{\frac{2 \times 1200 \times 6}{4}} = 60$$

进货次数 $= 1200 \div 60 = 20$（次）

平均进货周期 $= 360$ 天 $\div 20$ 次 $= 18$（天／次）

总费用 $= 1200 \div 60 \times 6 + 60 \div 2 \times 4 = 240$（元）

【思考题】

企业应如何把握季节性商品和流行性商品的采购时机和采购数量？

■ 商品采购的运作

商品采购是企业最主要的业务工作之一。为了保证企业采购的商品适销对路，必须熟悉和了解商品采购过程的每一步骤，并加强对商品采购过程的监督，确保采购任务的完成。

□ 采购业务流程

企业的采购业务流程会因采购的来源、采购的方式以及采购的对象不同，在作业过程中有所差异，但基本流程大同小异。下面以招标采购为例介绍采购业务的一般流程：

1．请购

请购主要包括以下内容：

（1）一般物品均由使用单位开出请购单，但是属于存量控制的物品则由仓储部门请购；物品管理电脑化时，则依据物品需求计划及存量控制水平，直接由电脑列印请购单，但须经物品管理单位审核。

（2）开请购单时，建筑工程需要附施工说明书，包括工程规范和材料明细表、图样等。大宗物品需要附分期使用数量表。

（3）为配合电脑化作业及验收、付款方便，以一张请购单填写一项物品为原则。料号、规格、需要日期和用途等栏目必须写清楚。

（4）所有请购单必须按照审核流程运作，按照请购的内容或金额大小呈送不同层次主管批准。

（5）由企业自行开发的请购单必须先经过仓储部门登记编号，以便将来查询。另外，仓储部门应审查请购单是否按程序申请及逐栏填写资料。

2．采购审核

（1）采购单位审核请购单是否按程序通过主管核准，若无问题，经分类登记后交给采购人员办理。

（2）请购单在办理之前，应先查询是否为预算内或资本支出的项目。若非预算内的采购，则必须退回请购单位申请增加预算；若为资本支出的采购，还须先送企划单位追踪，同时送财务部门核准拨用预算。此外，电脑中心还可提供历史资料，协助采购人员选定供货商。

3．询价、招标

（1）采购人员应就物品的品名、规格、数量、交货日期等通知有关厂商报价，若物品规格较为复杂时，还需附规格说明书、图示及样品等。询价的方式可采用电话、传真、信函等。

（2）凡大宗物品的采购及本地制造工程的发包，可按实际需要采取公开招标方式办理。

4．报价、投标

（1）应视实际情况，分别规定报价截止日期，通知厂商按时报价；同时要求供应商报价的有效期限不可太短。

（2）厂商报价方式可分为口头、书面两种方式，投标方应将标单密封，于规定期限内送交经办人员。

5．审查

（1）报价厂商的资格是否符合规定是首先必须予以审查的。若企业已经建立合格厂商目录，此种审查工作非常简单。但有时采购情况有特殊要求，则必须另加条件，重新审查。

（2）对报价的审查，实质上就是分析报价内容是否符合请购要求，并比较各报价厂商的优缺点，作为订购时的参考。

（3）有时由于报价内容复杂，采购人员难以分辨，或外购零部件及工程发包等为避免因错误而发生严重损失，应将报价单送请申请单位确认。

6．开标

金额较大的采购及以招标方式办理的采购，通常是将报价单或投标单以密封方式送交稽核部门，待报价或招标截止日期，会同采购部门拆封或公开开标。

7．采购价格确定

（1）议价。按照事先拟订的底价或预算，并以各应邀报价厂商竞争的情况，议定合理的订购价格。

（2）比价。按应邀厂商的报价加以比较，然后选定最低者予以订购。

（3）决标。开标后，以不超过底价的最低标为得标，如标价超过底价，应选择最低标的单位另行议价或重新招标。

8．核定

议价、比价、决标的结果，金额不超过授权金额的，由采购经理核定；金额超过权限时，由采购经理审查后，送请总经理核定。

9．订购

议价、比价、决标的结果经核定后，由采购部门正式向厂商订购，给予订购单；若金额较大、交货期较长、且有实际需要者，应由采购部门与供应商订立订货合约或制造工程合约。

10．合约

应经双方确认及盖章，正本各执一份，副本可分送使用单位、财务单位、验收单位等查存。

11．交货

大宗物品应由生产商送达需要单位，零星采购可通过中间商转运到本企业。订货后的稽催工作不可忽视，借以确保卖方能如期交货；尤其是针对交货期长、金额高的采购，必须经常查询进货，甚至派人前往观察。有时不惜以取消订单，对供应商施加压力，使其能按时交货。

12. 验收与付款

一般物品由商检部门负责验收，包括品质与数量；特殊物品则由使用单位、经管单位负责品质验收，商检部门仅负责清点数量。品质若有不符，即予退回。验收收货后，由采购部门按合同规定，连同验收单与发票，开具支出传票向财务部门申请付款。

【案例】

惠普公司的采购流程变革

惠普公司在采购方面一贯是放权给下面的，50 多个制造单位在采购上完全自主，因为他们最清楚自己需要什么，这种安排具有较强的灵活性，对于变化着的市场需求有较快的反应速度。但是对总公司来说，这样可能损失采购时的数量折扣优惠。现在运用信息技术，惠普公司重建其采购流程，总公司与各制造单位使用一个共同的采购软件系统，各部门依然是订自己的货，但必须使用标准采购系统。总部据此掌握全公司的需求状况，并派出采购部与供应商谈判，订立总合同。在执行合同时，各单位根据数据库，向供应商发出各自订单。这一流程重建的结果是惊人的，公司的发货及时率提高 150%，交货期缩短 50%，潜在顾客丢失率降低 75%，并且由于折扣，使所购商品的成本大为降低。

【思考题】

将以上采购业务流程画出框图，并说出它们之间的联系。

☐ 选择供应商

对于采购工作来讲，合理的选择供应商是首要的关键的一步，它关系到采购目标能否实现。因此，合理地选择供应商在整个采购工作中具有十分重要的意义。

1. 供应商选择应考虑的因素

企业的商品货源主要来自两方面：一是经常联系的供应商，二是新的供应商。对这些单位的商品质量、价格和企业信誉等情况进行全面、动态的分析，以确定合适的供货者，从而减少进货风险。一般来讲，应从以下几方面分析供货者的情况。

(1) 货源的可靠程度。主要分析供货单位商品供应能力和商品供应信誉情况，弄清供货单位是否有能力提供满足采购商品的花色品种、规格及数量的要求，以及以往交易中的信誉和履约率高低等情况。

(2) 商品质量和价格条件。主要分析供货商的商品质量是否稳定可靠，是否与消费者的需求特点和企业生产需要相符，商品包装是否美观大方及牢固等。在价格上是否达到预计毛利率水平，该价格是否为消费者和企业所接受，质价是否相符，有无优惠条件等。

(3) 供货者的结算条件。包括结算方式是否灵活方便及有利于我方（如延期付款等）。

(4) 供货者的服务条件。包括周到的购货服务，如代装运、代发运、代办理各种手续、按客户要求改包装等，还有完善的售后服务。特别是采购一些技术含量高的产品，应选择能提供配套服务的供应商。

(5) 供货者的其他条件。包括路途远近、交通是否便利、运输方式合理、进货费用高低、交货的准确率等。

(6) 广告。供货单位是否利用当地的宣传媒介做商品广告。

采购者从上述方面对供货单位作出深入分析与了解后，经过比较选择，才能确定最佳供货单位。

2. 选择供应商的程序

供应商的选择是一项复杂的、涉及面较广的工作，应按一定的程序进行。

(1) 建立供应商选择和评估小组。供应商的选择涉及到技术、财务、运输、仓储、生产和计划等方面，所以选择供应商的决策，除采购部门之外，还应由上述部门共同组成评估小组，以全面的评价供应商。

(2) 全面收集供应商及其资料。企业对供应商的资料的收集，不仅包括已有的供应者，还应从各种展销会、媒体、政府有关统计调查报告、网络、招标等渠道收集的新的供应商资料，以便从较大范围内确定较好的供应商。

(3) 列出评估因素及确定权数。列出质量、价格、服务、交货期等各评估因素，根据不同产品的特征及要求并赋予各因素不同的权数。例如，采购机电产品或技术附加值高的产品，供应商提供的产品质量及服务的权数就高。

(4) 通过对供应商的调查和实地考察，逐项评估供应商的履行能力，并进行评估打分。

(5) 综合评价并确定供应商。通过加权计算，得出供应商的综合评分，并选择得分较高的供应商作为企业的合作伙伴。

【案例】

某商场决定购进一批电视机，目前有三个供应商可供选择，这三个供货单位的基本资料如下，经理该如何选择？

A公司

这家公司是全国第一家电视机制造商，拥有一套进口生产线，产品有几个系列。他们可以供应不同型号、不同规格的电视机，可以在提货后10天内付款，商店必须到工厂提货，路程约600公里，因为部分原料供应不充分，可能造成交货不及时。

B公司

这是一家全国比较大的电视机厂家，距商场所在地800公里，这家公司的电视机曾在全国评比中获奖，在顾客心目中形象较好。这家厂商现有大批电视机，因为该公司原预料货源会出现短缺，实际情况并非如此。为了减少积压，该公司每台降低价格5%，但需商场提货时交银行汇票，尽管有些电视机已存放了一年时间，但质量仍然很好，功能同A公司类似。

C公司

该公司是一个集团性企业，其销售机构遍布全国各地，产品也颇有竞争力。在商店附近，就有一家该企业的销售处，可以在几小时内把货送到商店，其价格略高于前两个公司，可以延期付款30天。

在案例给定的条件下，你看经理应该选择哪一家供货单位，为什么？

【思考题】

企业应如何选择供应商？

□ 订立采购合同

交易磋商的目的是达成协议和订立合同。商品采购合同是企业在商品采购活动中，同其他企业为实现一定经济目的，相互明确权利义务关系，自愿平等订立的具有法律效力的书面契约（合同文本见附录一）。订立合同是一项十分严肃的法律行为，买卖双方对合同中每一条款都要认真填写，内容要完整、严密。一旦合同订立，双方必须严格执行。合同一式二份，一份由供方留存，另一份由需方留存。合同需双方经理加盖合同专用章后生效。

1. 采购合同的内容

合同具有法律效力，它规定了签约者应履行和应获得的权利和义务，并受到国家法律的承认、维护和监督。因此，订立合同既是一种经济活动，同时也是一项法律行为。

签约双方之间达成一致意见的各项条款构成经济合同的内容。商品采购合同一般包括以下几方面内容：

（1）商品的品种、规格和数量。

（2）商品的质量和包装。

（3）商品的价格和结算方式。

（4）交货期限、地点和发送方式。

（5）商品验收办法。

（6）违约责任。

（7）合同的变更和解除条件。

（8）合同的附则及其他条款。包括仲裁、合同的生效日期、合同变更及解除的理由和方法。

此外，采购合同应视实际情况，可以增加若干具体的补充规定，使订立的合同更加符合实际并行之有效。总之，企业在确定合同的条款时，应力求具体、明确，便于执行，避免不必要的纠纷。

2. 采购合同的订立原则

企业订立商品采购合同，必须遵循以下原则：

（1）合同的当事人应具有合同主体资格。合同主体资格也称缔约人能力，包括行为能力和权利能力。行为能力是指能够以自己的名义独立地行使其权利和承担义务的能力，权利能力是指能够依法行使其权利和承担义务的资格，是法律上认定权利主体的前提。只有具备合同主体资格，才能订立有效合同并承担相应的权利义务。缔约人能力，通常可分为法人缔约能力和自然人缔约能力。

（2）合同内容和订立手续必须合法。这是指企业必须遵照国家的法律、法令、政策来订立合同。其内容和手续应符合有关合同管理的具体条例和实施细则的规定。

（3）订立合同必须坚持平等互利、充分协商的原则。

（4）订立合同必须坚持等价、有偿原则。

（5）当事人应当以自己的名义订立采购合同，如委托别人代签，必须要有委托证明。

（6）采购合同应当采取书面形式，不宜采用口头契约形式。

3．采购合同订立的程序

订立合同的程序是指合同当事人对合同的内容进行协商，取得一致意见，并签署书面协议的过程。一般有以下五个步骤：

（1）订约提议。订约提议是指当事人一方向对方提出的订立合同的要求和建议，也叫要约。要约应提出的订立合同所具备的主要条款和希望对方答复的期限，以供对方考虑是否订立合同。

（2）接受提议。接受提议是指提议被对方接受，双方对合同的主要内容表示同意，经过双方签署书面契约，合同即可成立。这也叫承诺。承诺不附带任何条件。

（3）填写合同文本。

（4）履行签约手续。

（5）报请签证机关签证，或报请公证机关公证。有的经济合同法规还规定应获得有关部门的批准或工商行政管理部门的签证。对没有法律规定必须签证的合同双方可以协商决定，是否签证或公证。

【思考题】

如何订立采购合同？

□ 采购合同的履行

从采购方来看，履行采购合同的具体业务包括支付货款、收取发票和提货单以及提货。

1．支付货款

采购中货款的支付，主要采用支票结算和汇票结算。结算过程中，应严格遵循中国人民银行的结算规定。

2．收取发票及提货单

采购员支付货款后，应及时向供应商索取发票和提单，前者即增值税专用发票，后者即销售发货单。并对发票及提单进行严格审核，若发现发票和提单与合同不一致时，应立即向供方提出异议，以便及时更正。

3．提货

根据供方提供的发票和提货单到供方储运部门办理提货手续。

4．办理进货或入库手续

【思考题】

采购合同的履行应做好哪些工作？

□ 合同的管理

企业为了保证采购合同的履行，必须加强对合同的管理。一般地说，采购合同的管理应当做好以下几方面的工作：

1．加强合同订立的管理

加强合同订立的管理，一是做好订立合同的准备工作。在订立合同之前，应充分了解商品的市场需求状况和货源状况，弄清对方单位的经营状况和信誉情况，为订立合同确定合同条款提供信息依据。二是要加强合同订立过程的管理，要按照有关的合同法规规定的要求，严格审查，使订立的合同合理合法。

2．建立合同管理机构和管理制度，保证合同的履行

企业应当设置专门机构或专门人员，建立合同登记、汇报检查制度，以便统一保管合同和统一监督及检查合同的执行情况，及时发现问题采取措施，保证合同的履行。

3．处理合同纠纷

当企业的经济合同发生纠纷，双方当事人可协商解决。协商不成时，企业可以向国家工商行政管理部门申请调解或仲裁，也可以直接向人民法院起诉。

4．信守合同，树立企业形象

合同履行情况的好坏，不仅关系到企业经营活动的顺利开展，而且也关系到企业的声誉和形象。因此，加强合同的管理，还有利于企业形象的建立。

□ 合同参考文本

工矿产品订货合同

供方：＿＿＿＿＿＿＿＿＿＿＿＿＿＿＿＿

地址：＿＿＿＿＿＿＿邮码：＿＿＿＿＿＿电话：＿＿＿＿＿＿

法定代表人：＿＿＿＿＿＿职务：＿＿＿＿＿＿

需方：＿＿＿＿＿＿＿＿＿＿＿＿＿＿＿＿

地址：_____　邮码：_____　电话：_____

法定代表人：_____　职务：_____

一、产品名称、商标、型号、质量、数量、金额、供货时间及数量

产品 名称	牌号 商标	规格 型号	计量 单位	数量	单价	金额	合计	交货时间及数量						

合计人民币金额（大写）：

二、质量要求、技术标准、供方对质量负责的条件和期限

三、交（提）货方式

四、运输方式及到达站（港）的费用负担

五、验收方式及提出异议的期限

六、包装标准、包装物的供应与回收和费用负担

七、超欠幅度、损耗及计算方法

八、随机配件、备品、工具供应方法

九、结算方式及期限

十、违约责任

十一、担保

十二、解决合同纠纷的方式

十三、本合同于_____年____月____日在_____签订；有效期限：
_____

十四、其他约定事项
_____

供方

单位名称：_____（公章）

代 表 人：_____

委托代理人：_____

开户银行：_____

账号：_____

电话：_____年____月_____日

需方

单位名称：_____（公章）

代 表 人：_____

委托代理人：_____

开户银行：_____

账号：_____电话：_____年____月_____日

【案例】

产品购销合同

供方：省纺织公司　　　　　需方：某服装厂

地址：____　　　　　　　　地址：____

邮政编码：____　　　　　　邮政编码：____

电话：____　　　　　　　　电话：____

开户银行：____　　　　　　开户银行：____

账号：____　　　　　　　　账号：____

法定代表人：____　　　　　法定代表人：____

一、产品名称、商标、型号、厂家、数量、金额。

产品名称	牌号商标	规格型号	生产厂家	计量单位	数量	单价（元）	总金额（元）
棉布	雪纺	10	郑州棉纺厂	尺	6300	1	6300
尼龙	沪纤	08	上海化纤厂	尺	3600	2	7200

合计人民币金额（大写）壹万叁仟伍百元整

二、交货期限地点：2002 年 2～4 月，供方所在地。

三、交货方式：需方自提。

四、产品质量与验收方法：以原封存样品为准，提货时抽样检查。

五、结算方式：付现金提货，款货当面结清。

需方单位（公章）　　　　　　　供方单位（公章）

1．该合同有何错误和欠缺？

2．根据上述交易情况，填写支票和收货单。

■ 本章小结

• 商品采购是指企业在一定的时间、地点和条件下通过交易手段，实现从多个备选对象中，选择购买能够满足自身需求物品的经济活动过程。商品采购是企业生产经营活动的起点和基础。企业要搞好商品的采购，需遵循适量、适用、适价、适地和适时等原则。

• 在商品采购过程中，选择适合的采购方式是采购成功的基本条件。商品采购的主要方式有分散和集中采购、招标采购、谈判采购、JIT 订单驱动采购和电子采购等方式，企业应根据市场变化、商品特点和自身情况来选择合适的采购方式。

• 商品采购策略是指企业为适应市场的发展变化，根据供求规律和产销特点及其对采购的要求，来确定采购商品的技巧、计谋和谋略。商品采购策略主要有商品寿命周期购进策略、采购时机选择策略和采购批量选择策略。

• 商品的采购需按一定的程序进行，任何一个步骤的失误，都会影响商品采购的顺利进行。而其中有关供应商的选择和采购合同的订立是整个采购流程的关键，应给予足够的重视。

第 7 章

现代物流

■ 现代物流概述
■ 商品运输
■ 商品储存
■ 商品配送
■ 本章小结

　　现代物流是当今经济发展中的热点，也是企业利润的新增长点。企业在经营活动中涉及面广，物流任务非常繁重，因此，如何开展物流活动，提高经济效益和社会效益就成为企业经营的重点。本章主要介绍物流和物流管理的概念，现代物流的主要内容以及物流运输、保管和配送等物流环节。

■ 现代物流概述

□ 现代物流的涵义

　　物流是若干领域经济活动系统的、集成的、一体的现代概念；它是指以最小的总费用，按用户要求，将物质资料从供给地向需要地转移的过程。这个过程涉及到运输、储存、搬运、装卸、检选、包装、流通加工和信息处理等许多相关活动。物流涵盖了全部社会产品在社会上与企业中的运动过程，涵盖了第一、第二、第三产业和全部社会再生产过程，因而是一个非常庞大且复杂的领域。从社会生产的角度来看，国民经济中全部产品的生产过程，除了在加工和在生长的时间外，全部都是物流过程的时间；从社会流通的角度来看，全部转化为商品的劳动产品，都需要通过物流来实现资源的配置。

　　物流中的"物"是指一切可以进行物理性位置移动的物质资料。它必须具备两个基本条件：一是必须是物质资料，既包括水泥、钢材、电视机和汽车等有形的物质资料，又包括天然气、煤气和医用氧气等无形的物质资料；二是必须要能"流"，物质资料的基本运动有化学、机械、生物、社会和物理等五种，物流主要研究物理性运动，这就是以地球为参照系，相对于地球而发生物理性运动，即物质资料的空间位置转移。因此，物流中所称的物不是物质资料世界中全部的物质资料，而是物质资料世界中具备物质实体特征并可以进行物理性位移的那部分物质资料。

　　所谓现代物流是指原材料、产成品从起点至终点及相关信息有效流动的全过程。它是将运输、仓储、装卸、加工、整理、配送和信息等方面有机结合，形成完整的供应链，为用户提供多功能、一体化综合服务的过程。

　　我国现代物流发展正处在起步阶段，与先进国家相比尚有很大差距，但市场潜力和发展前景十分广阔。加快我国现代物流发展，对于优化资源配置，调整经济结构，改善投资环境，增强综合国力和企业竞争能力，提高经济运行质量与效益，实现可持续发展战略，推进我国经济体制与经济增长方式的根本转变，具有非常重要而深远的意义。

【思考题】

如何理解现代物流的概念？

□ 现代物流的特征

现代物流是与现代化社会大生产紧密联系在一起的，它体现了现代企业经营和社会经济发展的需要，广泛采用了代表着当今生产力发展水平的管理技术、工程技术以及信息技术等。随着时代的进步，物流管理和物流活动的现代化程度也在不断提高，从而呈现出其现代化的特征。现代物流的特征可以概括为以下几个方面：

1. 系统化和网络化

现代物流不是运输、保管和装卸等活动的简单叠加，而是通过彼此的内在联系在共同目标下形成的一个系统，构成系统的功能要素之间存在着相互联系、相互作用的关系。在考虑物流最优化的时候，应从系统的角度出发，树立系统化观念，通过物流功能的最佳组合来实现物流整体的最优化目标。

现代市场经济的发展，使生产和流通的空间范围日益扩大。为了保证商品高效率的分销和材料供应，现代物流需要有完善、健全的物流网络体系，网络上点与点之间的物流活动应保持系统性、一致性。这样，可以保证整个物流网络有最优的库存总水平及库存分布，将干线运输与支线末端配送结合起来，形成快速灵活的供应通道。

2. 物流总成本最小化

现代物流管理追求的是物流系统的最优化；它要求实现物流总成本最小化，这是物流合理化的重要标志。但传统的物流管理往往将注意力集中于尽可能使每一项个别物流活动成本最小化，而忽视了物流总成本，忽视了物流要素之间存在着二律背反的关系。所谓二律背反（或效益背反）是指一个部门的高成本会因其他部门成本的降低或效益的增加而相抵消的相互作用关系。

从系统的观点看，构成物流的各功能之间存在着明显效益背反关系。例如，采用高速运输会增加运输费用，但是，由于运输的迅速化会使得库存量降低，从而节省了库存费用和保养费用，最终导致物流总费用的降低。现代物流就是要利用物流要素之间存在的二律背反关系，通过物流各个功能活动的相互配合和总体协调，从而达到物流总成本最小化的目标。

3．物流信息化和电子化

现代物流是物资的物理性流通与信息流通的有机结合。信息是现代物流得以稳定运行的基础，没有准确及时的信息，现代物流系统的各个组成部分之间就无法实现有机的联系，现代物流的整体功能就不能发挥出来。因此，在现代物流活动中，必须应用先进的科学技术对物流信息进行实时的、准确的分析处理，以控制现代物流系统按照既定的方向和目标运行。

物流信息的电子化，就是把现代信息技术、通讯技术以及网络技术等广泛应用于物流信息的处理和传输过程中，使物流各个环节之间、物流部门与其他相关部门之间、不同企业之间的物流信息交换传递和处理突破空间和时间的限制，保持实物流与信息流的高度统一和对信息的实时处理，以提高物流效率和服务水平。

4．物流服务社会化

传统的物流是以企业自设物流部门，实行自我服务为主的物流体系。这种物流体系不仅会造成物流资源的浪费，而且物流效率低，缺乏竞争力。在现代经济时代，由于经济的发展和先进科学技术的应用，社会分工进一步细化，许多生产企业和流通企业为了发挥竞争优势，提高经济效益，把物流服务从企业内部转移出来，寻求社会化服务，促进了物流业发展。目前，企业物流需求通过社会化物流服务满足的比例在不断提高，第三方物流形态已成为现代物流的主流，现代物流产业在国民经济中发挥着重要作用。

5．物流反应的快速化和柔性化

物流反应的快速化是指在现代物流信息系统、作业系统和物流网络的支持下，物流活动应能适应市场状况和消费者需求的快速变化，为客户和消费者提供快速服务，以提升物流服务质量，这就要求现代物流系统加强管理，应用先进的作业技术来提高及时配送、快速补充订货以及迅速调整库存结构等能力。

物流反应的柔性化是指物流作业要以顾客的物流需求为中心快速满足生产和消费多样化、个性化的需要。随着经济的发展和人民生活水平的不断提高，生产与消费需求的多样化、个性化日益突出，物流需求呈现出小批量、多品种、高频次的特点。订货周期变短、时间性增强，物流需求的不确定性提高，这就要求现代物流系统能根据顾客的需求变化，及时地调整物流作业，最大限度地满足顾客的需要。

【思考题】

现代物流与传统物流有何区别？

现代物流的作用

现代物流是社会经济系统中的一个重要子系统，与社会经济系统密切相关，社会经济的发展变化使物流成为一个相对独立的子系统，按照自己的运行规律和运行方式运动，并促进社会经济系统的发展。现代物流对社会经济系统的作用主要体现在以下几个方面：

1. 现代物流是联结社会经济各子系统的纽带

在市场经济条件下，社会经济大系统是由各行业、各部门和各企业等子系统所构成的有机整体。这些子系统分布在不同地域，既为对方提供各种商品，以满足对方生产或生活的需要，又要购买对方的商品，为对方经济的运行和发展提供条件，形成了错综复杂的社会经济关系。这就需要现代物流作为纽带来维系这种关系，正是由于现代物流的稳定运行，各个行业、各个部门和各个企业以及数以万计的商品才能联结起来，才能形成社会经济的大系统。

2. 现代物流的发展变化对国民经济的发展具有制约作用

根据系统原理，任何一个系统中子系统的变化都将会对该系统产生影响。现代物流系统是国民经济中的一个子系统，其发展变化必然会影响国民经济的发展。例如，流通规模就取决于物流的发展，只有物流组织、物流方式和物流技术发展到一定程度，大量的商品才能通过物流进入广阔的市场和消费领域，消费者才能得到高质量的服务。若物流发展滞后，生产过程所需的物质资料就会得不到满足，生产出来的商品就不能及时地通过流通领域进入消费领域，商品的价值和使用价值就难以完全实现，国民经济的发展就会受到制约。

3. 现代物流是企业生产经营连续进行的前提条件

现代企业的生产经营过程是连续不断地进行的，这就要求在生产过程中，首先要根据生产的需要按质、按量、按时、均衡不断地供应材料、燃料、工具和设备等生产资料；还要把各种生产资料在各个生产场所和工序之间进行相互传递，把生产出来的产品销售出去；这些任务，均要通过现代物流来完成。因此，在现代企业中，物流贯穿于企业的生产经营全过程，企业生产经营的全部职能都要通过物流来实现，一旦物流出现阻塞，整个企业的生产经营系统就会受到影响，企业的生产经营就无法连续进行下去。

4.现代物流是保证商流顺利进行，实现商品价值和使用价值的基础

在商品流通中，商流和物流是相互联系、相互依存和相互作用的。商流是起点，是目的，商流是为了实现商品的价值。但是，商流离不开物流，没有物流系统把商品从生产地转移到消费地，从生产者递送到消费者手中，商品的使用价值就不可能实现，商流就不能最后完成，商品的价值就无法实现。因此，为了保证商流的顺利进行，有效地实现商品的价值和使用价值，必须建立起与商流相适应的物流系统。

5.现代物流是企业利润的新源泉

如前所述，商品价值和使用价值的形成和实现离不开物流，物流成本已经成为商品成本的重要组成部分。据有关资料表明，我国煤炭的物流费用占价格的 50%左右，水泥占 30%左右，钢材占 10%～20%左右。现阶段，由于科学技术的发达和生产管理水平的提高，通过降低物质资料的消耗和提高劳动生产率来降低产品成本、提高利润的潜力越来越小了，而在物流领域却存在很大的潜力。由于物流管理和技术等原因，我国的物流成本一直居高不下，物流损耗严重。如在物流中水泥的损失占产量的 5%，玻璃陶瓷的损失为 20%左右，粮食由于仓储条件差或保管不善年损失约 300 亿斤，鲜活商品在物流过程中损失就更为巨大。因此，运用现代化的科学技术来组织管理物流，减少损耗，就能大幅度地降低物流成本，提高利润，所以，物流组织管理的改进和物流技术的提高是企业利润的新源泉。

【思考题】

联系实际谈谈现代物流的作用。

现代物流业务的主要内容

现代物流业务是以构成企业物流营运系统功能要素的充分发挥为前提。现代物流的主要功能要素有：包装、装卸搬运、运输、储存、流通加工、信息传输和配送等。它们的有效整合便形成了现代物流的总功能，从而高效率、低成本地实现物流系统的总目标。因此，现代物流业务的主要内容就是由包装、装卸搬运、运输、储存、流通加工、信息传输和配送等环节所组成的各种作业活动。本章将着重介绍与现代企业经营密切相关的运输、储存和配送等业务活动。

【思考题】

联系实际谈谈现代物流的主要功能。

■ 商品运输

在现代企业的物流机能中，一个最基本的机能就是运输，运输从行为上看表现为货物在空间上的单纯移动，但在实际经济运行过程中，作为物流基本机能的运输有着多种多样的形态，其影响面不仅在企业内部，而且会波及整个供应链。

□ 运输的功能

在现代物流中，运输是指通过运输手段使货物在物流结点之间流动。它是在不同地域范围间（两个城市、两个工厂之间，或两个物流结点之间），以改变物的空间位置为目的的活动。例如，企业在从事生产活动，需要从外地获取原材料和零部件，制成成品以后，会发生商品从工厂仓库到全国主要物流中心的大规模传递，这些都需要通过各种运输手段和方式加以实现。在这个过程中，运输提供了两大功能。

1. 货物转移功能

无论货物处于什么形式，或处于整个生产过程的什么阶段，运输都是必不可少的。其功能就是产品在价值链中的来回运动。通过运动货物从原材料、零配件逐步加工成产品，然后再转移到消费者手中，实现了商品的价值和使用价值。

2. 货物存放功能

当转移中的货物需要储存但在短时间内又将重新转移，在仓库设备有限的情况下，利用车辆存放也许是一种可行的选择。因此，在一定的条件下，运输车辆也可以作为一种临时储存设施用来储存货物。

【思考题】

商品运输的主要功能是什么？

☐ 商品运输的特征

运输可以有多种方法和形态。针对不同的目标、需求等情况，运输的方法和措施千变万化。与此同时，多样、复杂的运输也具有一定的共性，这主要表现为：

1. 运输服务是可以通过多种运输方式来实现

不同的运输方式与其技术特性相适应，决定了各自不同的运输服务质量。货物的运输方式，主要有汽车、铁路、航空、船舶以及在我国所占比例尚不大的管道。各种运输方式对应于各自的技术特性，有不同的运输单位、运输时间和运输成本，因而形成了各运输方式的不同服务质量。

2. 运输服务分成自用型和营业型两种形态

自用型运输是指企业自己拥有运输工具，并且自己承担运行责任，从事货物的输送活动。与自用型运输相对的是营业型运输，即以输送服务作为经营对象，为他人提供运输服务。营业型运输在汽车、铁路、水路、航空等运输业者中广泛开展。对于一般企业来讲，可以在自用型和营业型运输中进行选择，最近的趋向是企业逐渐从自用型向营业型运输方向转化。

3. 运输业者不仅在各自的行业内开展相互的竞争，而且还与运输方式相异的其他运输行业企业开展竞争

虽然各运输方式都存在着一些与其特性相适应的不同的运输对象，但是，也存在着很多各种运输方式都适合承运的货物，围绕这类货物的运输就形成了不同运输手段、不同运输业者相互的竞争关系。例如，日用品、电器制品不仅可以利用货车运输，而且也可以成为铁路集装箱、水路集装箱运输的对象。这种不同运输方式、运输业者间的竞争关系的形成，为企业对运输服务和运输业者的自由选择奠定了基础。

4. 为企业提供运输服务的不仅有实际运输，还有利用运输的代理型物流业者

代理型物流业者从事广范围的物流活动，通过协调、结合多种不同的运输机构来提供运输服务，例如，货车—铁路—货车；货车—航空—货车；货车—水路—货车等运输形式，充分发挥各种运输手段的优点，并实现整体最优。

【思考题】

商品运输的主要特征是什么？

□ 影响运输方式选择的要素

运输是货物在物流结点之间的移动，移动的方式主要有：公路运输、铁路运输、水运、航空运输和管道运输。选择何种运输手段，对提高物流效率具有十分重要的意义。一般来讲，运输方式的选择条件有输送物品的种类、输送量、输送距离、输送时间、输送成本等五个方面。当然这些条件不是相互独立的，而是紧密相连、互为决定的。如果要对运输方式选择的影响具体分析的话，可以分为两种类型。

输送货物的种类、输送量和输送距离等三个条件是货物自身的性质和存放地点决定的，因而属于不可变量。事实上，对这几个条件进行大幅度变更，从而改变运输方式的可能性很小。与此相反，运输时间和运输成本是不同运输方式相互竞争的重要条件，运输时间与成本的变化必然带来所选择的运输方式的改变，换句话说，这两个因素作为运输机构竞争要素的重要性日益增强。

运输时间和运输成本之所以如此重要，背景在于现代企业物流需求发生了改变。物流运输服务的需求者一般是企业，目前企业对缩短运输时间、降低运输成本的要求越来越强烈，这主要是在当今经营环境较复杂、困难的情况下，只有不断降低各方面的成本，加快商品周转，才能提高企业经营效率，实现竞争优势。所以，在企业的物流体系中，JIT运输在迅速普及，这种运输方式要求为了实现顾客在库的最小化，对其所需的商品，在必要的时间、以必要的量进行运输。JIT运输方式要求必须削减从订货到进货的时间。正因为如此，从进货方来讲，为了实现迅速的进货，必然会在各种运输方式中选择最为有效的手段来从事物流活动。

此外，削减成本是企业在任何时期都十分强调的战略，尤其是在企业经营面临挑战与困难的当代，运输成本的下降是现代企业生存、发展的重要手段之一，物流成本一直被称作企业经营中的"黑暗大陆"，只有真正高度重视运输成本的削减，选择合适的运输方式，才能使物流成为企业利润的第三大来源。从运输方式的发展来看，不同的运输方式具有不同的成本构成，因此，选择适宜的运输方式以降低运输成本是企业物流运输中的重要工作。

缩短运输时间与降低运输成本是一种此长彼消的关系，如果要利用快速的运输服务方式，就有可能增加运输成本；同样，运输成本下降有可能导致运输速度减缓，所以，如何有效地协调这两者间的关系，使其保持一种均衡状态是企业选择运输方式时必须考虑的重要因素。

【思考题】

如何选择商品运输方式？

□ 商品运输的运作

商品运输的运作，主要包括商品发运、商品接运及商品验收三个环节。

1. 商品发运

商品发运是指企业作为发货单位与运输商协商，根据双方认可的计划和合同，通过一定的运输方式，将商品从发货地运达目的地的具体业务工作。商品发运的主要工作内容如下：

（1）发运商品组配。商品组配就是根据货源、运力等情况，将待运的各种商品按照性质、重量、体积、包装、形状、运价等因素合理地配装在一定容器的运输工具里。组配直接关系到运输工具的利用程度、运费的高低和商品的安全，是发运的第一道环节，直接关系到运输的质量。

（2）制单。主要是填制商品运单和运输交接单。商品运单是托运企业与运输商之间办理托运和承运手续的依据，也是企业安排运力，办理商品交接和计费的原始凭证。运输交接单是企业与接运方或中转方之间商品交接的凭证，也是收货方掌握在途商品情况及承付货款的依据。填制货物运单，还可以明确商品在运输过程中，托运和承运单位双方的权利、义务和责任。填制商品运单和商品交接单，是一项严肃认真的工作，一定要逐项填写，做到正确、清晰。

（3）检查运输工具的安全卫生情况。为确保商品的运输安全，商品发运装车以前，应检查运输工具的安全措施，保养状况。

（4）办理托运手续。交由运输商运输的商品，要根据已制的单据办理托运手续，指定的时间和货位送货，办理交接手续。

（5）送单。领货凭证、付费收据、运输交接单、商品调拨供应单、补运单和商品供应凭证等随货同行的单据，应在办完托运手续后及时发给接收方，以便其收货时清点验收。

（6）通知。商品发运后应立即向收货方通报发站、到站、发运车号、运单号、件数、重量、发运日期等情况，以便收货方及时做好接收商品准备工作，或是中转方充分做好接转商品的工作。

（7）结算。即在商品发运后，根据不同的发运方式，发货方向收货方或承运方核算和收付代垫运杂费和其他费用。

2. 商品接运

商品接运是指商品从发运地到收货地后，收货单位根据商品到达的站、港通知，同运输商办理的商品点验接收工作的一系列业务活动。主要包括：

（1）根据发货预报或到货通知，联系有关业务部门。

（2）明确船号、车次、到货时间和商品的品名、数量，以便根据商品的类别、数量的大小，组织相应的人力、物力，及时地进行商品的接收工作。

（3）安排好短途搬运力量和仓容、货位。要组织好短途搬运的人力和工具，并安排好仓容和货位，保证商品能够及时验收。

（4）向到达站、港递交有关接运手续，交付费用。

（5）根据提货凭证，到站、港的站台或仓库接收、点验商品。

（6）安排入库。根据业务部门开具的商品入库单和随货同行单据，送往仓库，点交、验收。

3. 商品验收

商品验收是商品运输的终点。加强商品验收可以分清经济责任，减少损失，保证企业经济利益。由于企业经营与管理形式不同，商品验收程序也有所不同。一般包括四个步骤。

（1）单货核对。商品运达验收入库时，首先应将供货单位的发货单随货联与所收商品核对。检查发货单所列品名、规格与验收商品是否相符。并与原订合同核对，检查发来的商品品种、规格、数量、价格是否与原订合同规定相符。

（2）清点数量。商品品种规格核对无误后，应按照发货单所列数量清点商品。计件商品在包装完整无损情况下，可按件点收，必要时也可进行抽查。如外包装破损或包装数量经常出差错的商品，应拆除包装逐一清点。计重商品可通过衡器称量理论换算成验收数量。

（3）检验质量。商品质量的验收，应按业务部门规定的质量标准进行。检查的方法有感官鉴定法和仪器检验法两种。

（4）办理验收手续。商品通过单货核对其数量和质量后，如与原合同规定相符，则可表示同意验收入库。如果出问题，可以先拒绝验收，通过与对方协商，再根据不同情况做出妥善处理。商品验收后，验收人员要正确填制"商品验收单"，连同发货单等有关凭证，及时上报财务部门。

【思考题】

组织商品运输应做好哪些工作？

□ 复合一贯制运输

1. 复合一贯制运输的概念与特点

复合一贯制运输是指吸取铁路、汽车、船舶、飞机等所有运输方式的长处，把它们有机地复合起来，实行多环节、多区段、多工具相互衔接进行商品运输的一种方式。这种运输方式的主要方向是杂货运输的现代化。复合一贯制运输的优势：一方面表现在它克服了单一运输方式或手段所固有的缺陷，从而在整体上保证了运输全过程的最优化和效率化；另一方面，从流通渠道来看，复合一贯制运输有效解决了由于地理、气候、基础设施建设等各种市场环境的差异而造成的商品在产销空间、时间上的分离，从而促进了生产与销售的紧密结合以及企业经营机制的不断循环、有效运转。

复合一贯制运输的主要特点是：

（1）手续简便。在复合运输中发货单位在发货时，只要在起始地一次办理好运输手续，收货方在指定到达站即可提取运达的商品，它具有一次起票、手续简便、全程负责的好处。

（2）能实现门对门运输。复合运输实行全程负责、多种运输方式综合使用，所以，能很便利地实现门对门运输，这对保证供应链管理和产、销、物结合管理目标的实现具有积极意义。

（3）运费低廉。交通运输部门的制度规定，凡交通部门直属运输企业，对复合运输的运费一律核减 15%；地方经营船舶运输时，运费一律核减 10%。此外，我国原内贸部规定，凡是交通运输部门能办联运的一律不办中转业务。

2. 复合一贯制运输的形式

目前，我国实现的复合一贯制运输，可分为两大类：一是运输部门之间的联运；二是产供销之间的运输复合。前一类是由两种以上的运输方式或是同一运输方式不同区段的联运，其形式有水陆联运、水水联运、陆陆联运、陆空联运等；后一类联运目前已发展成为所谓的"一条龙运输"。

（1）水陆联运。水陆联运是指船舶运输与铁路运输相衔接的一种形式，按距离可以划分为陆水、水路两段联运；水路水、陆水水三段联运；以及水路水路四段联运等几种形式。如上海—大连—东北三省的运输形式就是水陆联运，此外，还有水路、铁路、公路联运，如南通—上海—漳州—赣西南地区就属于这种形式。

（2）水上联运。是指同一水系不同路线，或同一水运路线不同类型船舶之间的接力运输形式。具体形式有：江海联运，如南通—上海—大连；秦皇岛—上海—汉口；江河联运，如上海—汉口—常德（内河驳船）；河海联运（江轮与海轮联运）；海江河（海轮—江轮—内河驳船）之间的联运，如天津—上海—九江—南昌。

（3）陆陆联运。即铁路与公路相互衔接的运输形式。

（4）陆空联运。即公路与飞机相互衔接的运输形式，一般形式为汽车—飞机—汽车（航空集装箱）。

（5）"一条龙运输"。它是产供销大协作的运输形式，参加部门有路、港、船、货等各方面。"一条龙运输"打破了一切路界、港界、厂界，把产供销多种运输方式及运输企业各环节之间全面贯穿起来，可以说它是供应链管理的表现形式之一。它体现了产供销之间的新型合作关系，具有很多优点：一是可以节约国家运力，减轻交通压力；二是由于采取了四定（定船、定运量、定周转期、定泊位），有利于增大运输能力；三是由于充分利用水运，可以节约运输费用，有利于及时供应市场。

【案例】

有一批商品计23吨，从甲地运往乙地，有公路和水路两种运输方式可供选择。从公路走，甲乙两地相距180公里。需用载重4吨的汽车6辆，汽车运价不分整件、零件，吨公里均为1.5元，其他杂费（包装、装卸费）每吨2元（按汽车标重计算）。从水路走，甲乙两地相距320公里，吨公里运价为0.50元，但乙地船舶码头至仓库还有10公里，仍需用汽车运输，其他杂费与上述公路运输相同。由于该商品中途要转运，需在码头停留一天，每天每吨堆存费1元，港务费0.30元，商品损耗，公路运输震动度较大，但只一次装卸，当天就能到达目的地。水路运输应中转一次，需比公路运输的损耗多1‰，约每吨多损耗10元。究竟采用水路运输好还是公路运输好？如何选择？

■ 商品储存

商品储存是以改变货物的时间状态为目的的经营活动。在任何社会形态，对于不论什么原因形成停滞的物资，也不论是什么种类的物资，在没有进入生产加工、消费、运输等活动之前或在这些活动结束之后，总是要存放起来，这就是储存。在仓库中的储存，就称为仓储。本书中的储存即为仓储。

□ 储存的功能

一般来讲，在现代物流中的储存具有整合、时间调整、价格调整和加工延期等功能。

1. 整合功能

在现代物流过程中，人们通常会把仓库作为货运储备地点或用作产品分类和组装设施，进行装运整合，以实现最低的运输费率。

2. 时间调整功能

在由供应商、企业或顾客组成的物流供应链中，下一道环节对货物的需求与上一道环节对货物的供应在时间上往往是不同的，这种需求和供给之间的时间差需要储存来调节。

3. 价格调整功能

生产和销售在时间上的差异，如没有储存，必然会使价格发生剧烈变动。为了防止这种情况的发生，需要把产品进行储存，以达到均衡供应市场的效果。

4. 加工延期功能

仓库还可以通过承担加工或参与少量的制造活动，用来延期或延迟生产，从而降低风险和存货水平。

【思考题】

商品储存的主要功能是什么？

□ 储存的原则

企业在进行货物储存作业时一般应遵循以下九个原则：

1. 面向通道原则

为了方便物品在仓库内移动、存放和取出，需将物品面向通道库存保管。

2. 分层堆放原则

为了提高仓库的利用效率，同时也为了保证作业的安全性、防止物品受损，需要利用货架等保管设备进行分层堆放保管。

3. 先进先出原则

先进先出原则是指先入库的物品应先行发货送出。它是为了防止库存货物因保管时期过长而发生变质、损耗、老化等现象，特别是对于感光材料、食品等产品保质期较短的商品来说这一原则非常重要。

4. 周转频率对应原则

即是依据货物进货发货的频率来确定货物的存放位置。比如进货发货次数频繁的货物应放置在靠近仓库进出口的位置。

5. 同一性原则

即是指相同类型的货物需存放在相同的位置，以便于提高物流的效率。

6. 相似性原则

即指相类似的货物需存放在相邻的位置，这样也便于提高物流的效率。

7. 重量对应原则

即指根据货物的重量确定货物存放位置和保管的原则。具体地说，从方便搬运和安全作业的角度出发，比较重的货物应放置在地上或货架的底层，比较轻的货物应放置在货架的上层。

8. 形状对应原则

即是根据货物的形状确定货物存放位置和保管的原则。按包装标准化的货物应放置在货架上保管，非标准化的货物对应于形状进行保管。并可通过特殊的保管机械或设备尽量使非标准化物品（特殊形状的物品）成为标准化货物（包装上的标准化），以便提高保管效率。

9. 明确表示原则

即是对货物的品种、数量及保管位置（如货架编号、层次等）清楚明晰地表示。以使作业人员容易找到物品存放的位置，从而提高物品存放、拣出等作业的效率。

【思考题】

如何理解商品储存的主要原则？

□ 储存作业的内容和程序

储存是现代企业物流活动最重要的组成部分。它是根据商品的属性、市场需求和企业经营状况等，对入库商品进行保存、维护和提供相关物流服务的工作环节。现代企业商品储存工作的主要内容有以下四个方面：

1. 商品入库

这是根据商品入库计划和供货合同的规定而进行的作业。在接收商品入库时，需要进行一系列的作业活动，如商品的接运、验收、办理入库手续等。

2. 储存保管

这是商品在整个储存期间，为保持商品原有的价值和使用价值以及进行库存控制而采取一系列保管、保养措施，如货物的堆码，盖垫商品的维护、保养，货物的检查和盘点等。

3. 在库服务

因为现代企业的装卸搬运、集货分货、检验理货和加工配送等大多数物流活动需要在仓库内进行，因此，商品储存活动要为其他物流活动提供各种便利的服务。

4. 商品发放

根据货主开的出库凭证，把商品准确、及时、安全地发放出去所进行的一系列作业活动，如备料、复核、装车等。

现代企业的储存业务活动和作业内容如表 7-1 所示。

【思考题】

商品储存的主要内容是什么？

□ 库存的控制

库存（Inventory）是指处于储存状态的货物或商品。为力求尽可能降低库存水平、提高物流系统的效率，以强化企业的竞争力，应在满足顾客服务要求的前提下通过对企业的库存水平进行控制。

表 7 – 1 商品储存作业的内容和程序表

名称	主要作业	作业内容和程序
一、商品入库	1. 接运	(1) 接货准备 (2) 车站、码头、机场提货 (3) 现场交接
	2. 验收	(4) 验收准备 (5) 实物验收 (6) 验收记录 (7) 登账建卡
二、储存保管	3. 储存保管	(8) 分类整理 (9) 安排仓容货位 (10) 数量管理 (11) 安全管理 (12) 经济管理（如成本、费用等管理）
	4. 维护保护	(13) 温湿度控制 (14) 科学养护 (15) 检查修复
三、在库服务	5. 提供资料	(16) 在库商品数量资料 (17) 在库商品质量资料 (18) 在库商品经济资料
	6. 提供场所	(19) 划定作业场地 (20) 提供作业条件
四、商品出库	7. 出库	(21) 核对凭证 (22) 审核、记账 (23) 备料、包装 (24) 改卡、记账
	8. 发运代运	(25) 领料或送料 (26) 代办托运

库存控制主要是对企业的库存进行分类及重点管理,同时确定订货的时间以及订货数量,使该企业的库存总成本最少。下面是几种库存控制的常用方法。

1. 库存的分类管理——ABC 分类管理方法

企业的库存物资种类繁多, 每个品种的价格不同, 且库存数量也不等。有的物资的品种不多但价值很大, 而有的物资品种很多但价值不高。由于企业的资源有限, 因此, 对所有库存品种均给予相同程度的重视和管理是不可能的,也是不切实际的。为了使有限的时间、资金、人力、物力等企业资源能得到更有效的利用，应对库存物资进行分类，将管理的重点放在重要的库存物资上，进行分类管理和控制，即依据库存物资重要程度的不同，分别进行不同的管理，这就是 ABC 分类方法的基本思想。

ABC 分类管理方法就是将库存货物按重要程度分为特别重要的库存（A 类库存），一般重要的库存（B 类库存）和不重要的库存（C 类库存）三个等级，然后针对不同的级别分别进行管理和控制的一种库存控制方法。ABC 分类管理方法包括两个步骤：一是如何进行分类，二是如何进行管理。

（1）ABC 管理法的分类

对库存物资通常按库存物资所占总库存资金的比例和所占库存总品种数目的比例这两个指标来分类，ABC 类库存物资的划分如图 7 - 1 所示。具体地说，A 类库存品种数目少但资金占用大，即 A 类库存品种约占库存品种总数的 5%～20%，而其占用资金金额占库存占用资金总额的 60%～70%。C 类库存品种数目大但资金占用小，即 C 类库存品种约占库存品种总数的 60%～70%，而其占用资金金额占库存占用资金总额的 15% 以下。B 类库存介于两者之间，其品种约占库存品种总数的 20%～30%，其占用资金金额大约占库存占用资金总额的 20% 左右。

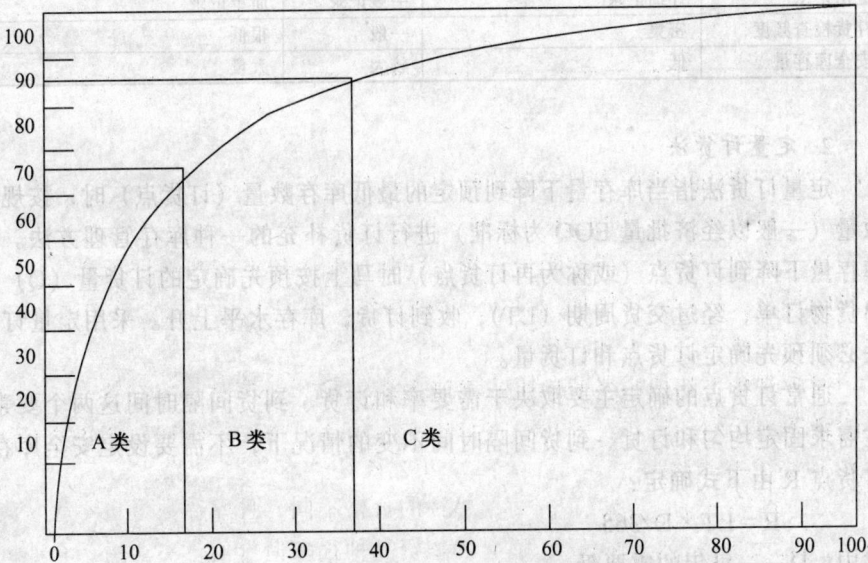

图 7 - 1　ABC 分类曲线图

（2）ABC管理法的控制

在对库存进行 ABC 分类之后，接着便是根据企业的经营策略对不同级别的库存进行不同的管理和控制。

A 类库存。这类库存物资数量虽少但对企业却最为重要，是最需要严格管理和控制的库存。企业必须对这类库存定时进行盘点，详细记录及经常检查分析物资使用、存量增减、品质维持等信息，加强进货、发货、运送管理，在满足企业内部需要和顾客需要的前提下维持尽可能低的经常库存量和安全库存量，加强与供应链上下游企业合作，以降低库存水平，加快库存周转率。

B 类库存。这类库存属于一般重要的库存，其管理强度介于 A 类库存和 C 类库存之间。对 B 类库存一般进行正常的例行管理和控制。

C 类库存。这类库存物资数量最大但对企业的重要性最低，因而被视为不重要的库存。对于这类库存一般进行简单的管理和控制。比如，大量采购、大量库存，减少这类库存的管理人员和设施，库存检查时间间隔长等。

对这三类库存货物的管理和控制要求如表 7 - 2 所示。

表 7 - 2   ABC 分类管理

项目/级别	A 类库存	B 类库存	C 类库存
控制程度	严格控制	一般控制	简单控制
库存量计算	依库存模型详细计算	一般计算	简单计算或不计算
进出记录	详细记录	一般记录	简单记录
存货检查频度	密集	一般	很低
安全库存量	低	较大	大量

2. 定量订货法

定量订货法指当库存量下降到预定的最低库存数量（订货点）时，按规定数量（一般以经济批量 EOQ 为标准）进行订货补充的一种库存管理方法。当库存量下降到订货点（或称为再订货点）时马上按预先确定的订货量（Q）发出货物订单，经过交货周期（LT），收到订货，库存水平上升。采用定量订货法必须预先确定订货点和订货量。

通常订货点的确定主要取决于需要率和订货、到货间隔时间这两个要素。在需求固定均匀和订货、到货间隔时间不变的情况下，不需要设定安全库存，订货点 R 由下式确定：

$$R = LT \times D / 365$$

式中：D——每年的需要量

当需求发生波动或订货、到货间隔时间是变化的情况下，订货点的确定方法较为复杂，且往往需要安全库存。

订货量通常依据经济批量方法来确定，即以总库存成本最低时的经济批量（EOQ）为每次订货时的订货数量。定量订货法的作业程序如图 7-2 所示。

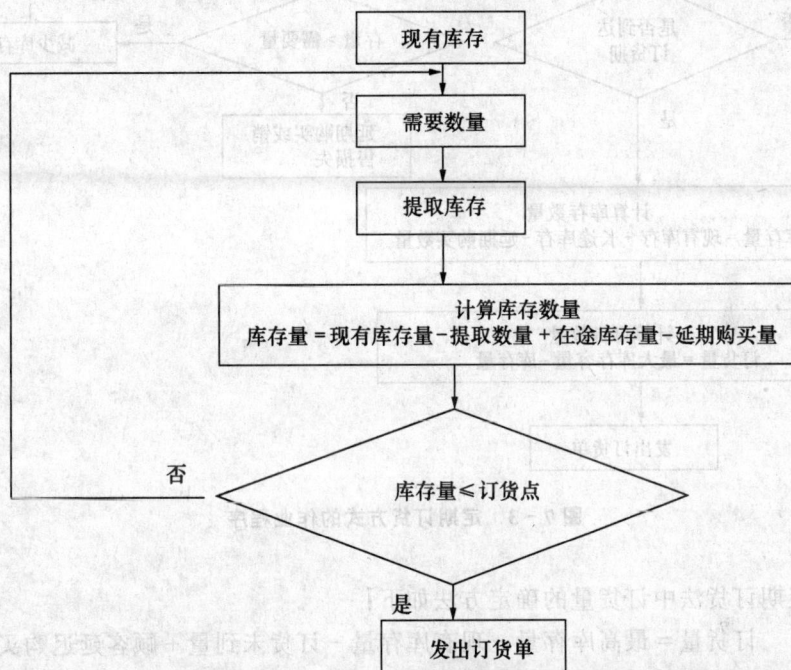

图 7-2　定量订货法的作业程序

定量订货法的优点是：由于每次订货之前都要详细检查和盘点库存（看是否降低到订货点），能及时了解和掌握库存的动态。因每次订货数量固定，且是预先确定好了的经济批量，方法简便。这种订货方法的缺点是：经常对库存进行详细检查和盘点工作量大且需花费大量时间，从而增加了库存保管维持成本。该方式要求对每个品种单独进行订货作业，这样会增加订货成本和运输成本。定量订货方式适用于品种数目少但占用资金大的 A 类库存。

3. 定期订货法

定期订货法是指按预先确定的订货间隔期间进行订货补充库存的一种库存管理方法。企业根据过去的经验或经营目标预先确定一个订货间隔期间。每经过一个订货间隔期间就进行订货。每次订货数量都不同。如图 7-3 所示。

```
                          ┌─────────────────────┐
         ┌───────────────▶│      现有库存        │◀──────────────┐
         │                └─────────────────────┘               │
         │                           │                          │
         │                           ▼                          │
         │                ┌─────────────────────┐               │
         │                │      需要数量        │               │
         │                └─────────────────────┘               │
         │                           │                          │
         │         ╱╲                ▼         ╱╲               │
    否   │       ╱    ╲         ╱          ╲      是   ┌──────────────┐
  ◀──────┤     ╱ 是否到达 ╲     ╱  存量＞需要量  ╲─────▶│   减少库存   │
         │     ╲  订货期  ╱     ╲              ╱         └──────────────┘
         │       ╲    ╱           ╲    ╱
         │         ╲╱                ╲╱
         │          │ 是              │ 否
         │          │                 ▼
         │          │       ┌──────────────────┐
         │          │       │  延期购买或销售    │
         │          │       │     损失          │
         │          │       └──────────────────┘
         │          ▼
         │  ┌──────────────────────────────────────┐
         │  │          计算库存数量                  │
         │  │ 库存量 = 现有库存 + 长途库存 - 延期购买数量 │
         │  └──────────────────────────────────────┘
         │                    │
         │                    ▼
         │  ┌──────────────────────────────────────┐
         │  │          计算订货数量                  │
         │  │    订货量 = 最大库存容量 - 库存量        │
         │  └──────────────────────────────────────┘
         │                    │
         │                    ▼
         │        ┌────────────────────┐
         └────────│     发出订货单      │
                  └────────────────────┘
```

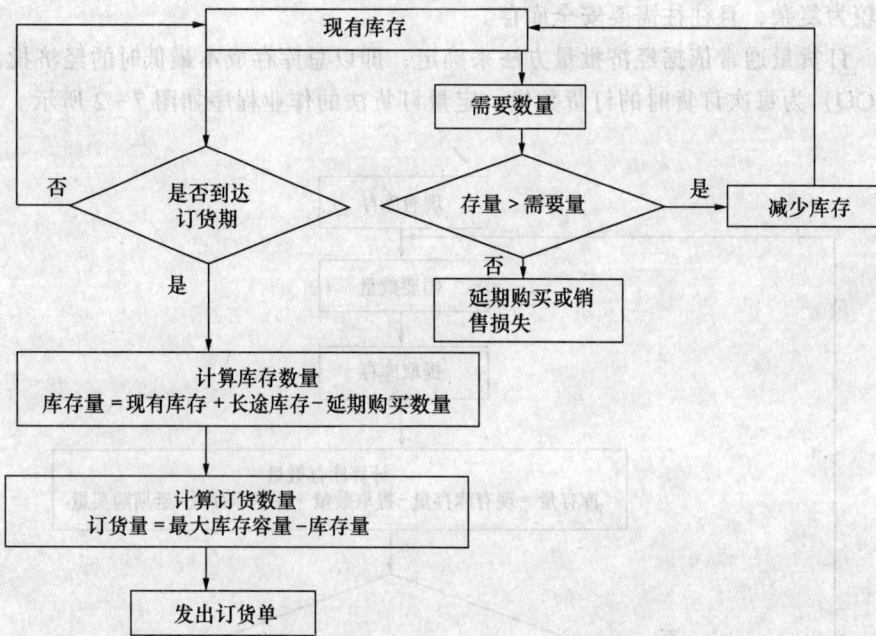

图 7 - 3　定期订货方式的作业程序

定期订货法中订货量的确定方法如下:

订货量 = 最高库存量 - 现有库存量 - 订货未到量 + 顾客延迟购买量

图 7 - 3 是定期订货法的作业程序。定期订货法的优点是:由于订货间隔期间确定,因而多种货物可同时进行采购,这样不仅可以降低订单处理成本,还可降低运输成本。另外,这种方法不需要经常检查和盘点库存,可省这方面的费用。

定期订货法的主要缺点是:由于不经常检查和盘点库存,对货物的库存动态不能及时掌握,遇到突发性的大量需要,容易造成缺货现象带来的损失,因而企业为了对应订货间隔期间内需要的突然变动,往往库存水平较高。定期订货方式适用于品种数量大,占用资金较少的 C 类库存和 B 类库存。

【思考题】

企业应如何进行库存控制?

■ 商品配送

商品配送和配送中心，具有提高物流经济效益，优化、完善物流系统，改善服务、降低成本等功能，在物流系统中占重要的地位。

□ 商品配送的特点

配送是按用户的订货要求，在配送中心或其他物流结点进行货物配备，并以最合理的方式送交用户的经济活动。它是送货、分货和配货等活动的有机结合体，同时还和企业经营的其他系统密切联系，是一种现代化、专业化的流通方式。在现代企业经营过程中，商品配送具有以下特点：

1. 在满足顾客订货要求的同时，强调送货方式的合理性

配送和传统物流领域的一般送货是有区别的。一般的送货是销售性送货，即生产什么送什么。配送的"特殊"在于用户需要什么送什么。商品配送必须树立"用户第一"、"质量第一"的观念，根据企业的实际和用户要求进行配送，强调送货方式的合理性。即在时间、速度、服务水平、成本、数量等多方面寻求最优，实现双方共同受益的原则。

2. 配送是支线运输

商品配送活动离不开运输，但它属于终端运输和支线运输，大部分的运输都在特定地域内，具有路线短、规模小、频率高等特点。

3. 配送是积极的送货

商品配送的实质是送货。但如果不进行分拣、配货，需要一点送一点，就会大大增加工作量。商品配送把"配"和"送"有机结合起来，利用有效的分拣、配货等作业，使送货达到一定的规模，利用规模优势取得较低的送货成本。

【思考题】

商品配送的主要特点是什么？

□ 商品配送的类型

企业在配送过程中，根据组织方式、对象特征及内容的不同，可形成不同类型的商品配送。

1. 按供应主体分

(1) 配送中心配送

这类配送的组织者是专职从事配送的业务配送中心。配送中心的专业性强，与顾客有固定的关系，一般实行计划配送。由于配送中心设施及工作流程是按配送需要专门设计的，配送能力强，配送距离较远，配送品种多，配送数量大。可以承担企业主要物资的配送及实行补充性配送等，是配送的主要形式。

(2) 生产企业配送

这类配送的组织者是生产企业，尤其是进行多品种生产的企业。在运作时，直接由本企业进行配送，无需将产品发送到配送中心再进行配送。由于避免了一次物流中转，所以具有一定的优势。这类配送在地方性较强的生产企业中应用较多。某些不适于中转的化工产品与地方建材大多采用这种方式。

(3) 仓库配送

仓库配送以仓库作为配送的组织者。它可以是仓库完全改造成配送中心，也可以是在仓库保持原功能前提下增加配送职能。一般来讲，仓库配送规模小，配送的专业化较差。但可以充分利用原仓库的储存设施、收发货场地、交通运输路线等。它是中等规模配送的主要形式。

(4) 商店配送

这是指商业网点组织的配送。这些商业网点除经营日常零售业务外，还根据客户的需要将商店经营的商品和不经营的商品进行配送。这种配送组织者实力有限，往往只是小量、零星商品的配送。主要承担生产企业非主要生产物资及客户个人的配送。

2. 按配送时间及数量分

(1) 定时配送

按规定时间间隔进行配送，每次配送的品种和数量在配送前商定。这种方式时间固定，易于人员、车辆的计划安排，便于企业的库存安排。例如，连锁企业主要采用的定时配送形式是日配，尤其是在城市内的配送，日配占了绝大多数比例。

（2）定量配送

按规定的批量在一个指定的时间范围中进行配送。如按集装箱、车辆的装载能力规定配送的定量，做到整车配送，效率较高。

（3）定时定路线配送

在规定的运行线路上制定到达时间表，按运行时间表配送。这种方式有利于车辆及人员的安排，适合路线较远的用户配送。这种配送像铁路列车运行那样，为位于线路上的客户按顺序配送，又称"运行图表配送"。

（4）即时、应急配送

完全按用户突然提出的配送时间和数量进行配送的方式，是有很高灵活性的一种应急配送方式。由于即时配送成本高，一般不宜经常使用。

3．按配送的品种和数量划分

（1）单品种大批量配送

这类形式的配送，品种少，批量大，不需与其他商品搭配，就可使车辆满载，对设施条件和组织工作的要求简单，配送成本较低。

（2）多品种少批量配送

这是指按用户要求，将所需各种物资配备齐全，凑整装车，由陪送员运送到户的配送。该配送水平要求高，配送中心设备较复杂，配送计划难度大，需用高水平的组织能力来保证。

（3）成套配送

这是指按企业需要，将生产每台产品所需的全部零部件配齐按照生产时间送到生产线。这种配送形式，配送企业承担了生产企业的大部分供应工作，对配送的设施和组织工作要求较高。

4．按配送企业相互关系划分

（1）共同配送

共同配送，也称协同配送。这是指在对某一地区的用户进行配送时，为提高物流效率，由许多个配送企业联合在一起进行的配送。它是在配送中心统一计划、统一调度下展开。要求各配送中心共同制定配送计划，共同使用配送车辆，共同分享配送收益，共同分担配送风险。

（2）加工配送

加工配送是指配送中心按用户的要求加工后进行的配送。加工配送使流通加工与配送合为一体，使加工更有针对性，配送服务更完善。

【思考题】

商品配送的主要类型有哪些？

商品配送的流程

1. 商品配送的基本环节

从总体上看，商品配送由备货、理货、流通加工、送货这四个基本环节组成，其中每个环节又有若干具体的活动。

（1）备货

备货是配送的准备工作和基础工作，主要包括两项具体活动。

1）筹集货物。包括订货、进货、集货、验货、结算等一系列活动，一般是由总部进行订货或购货，配送组织只负责进货和集货。

2）储存货物。储存货物是购物、进货活动的延续。在企业的配送活动中，货物储存有两种表现形态。一种是暂存形态。如根据生产经营的实际需要量而设置的，或是发送前的暂存，用于调节配货和送货的节奏。另一种是储备形态。是按一定时期配送经营的要求和货源的到货情况，有计划地确定周转储备和保险储备的结构和数量。

备货不及时或不合理，就会大大降低配送的整体效益。

（2）理货

理货是配送的一项重要内容，是配送成败的一项重要支持性工作。主要包括分拣和配货等活动。

1）分拣。分拣是根据用户的订货单所规定的商品品名、数量和储存仓位地址，将货物从货垛或货架上取出，搬运到理货场所。一般可采用两种方法：一种是摘取式。拣货搬运巡回于储存场所，按某要货单位的订单挑选出每一种商品，巡回完毕将配齐的商品放置到发货场所指定的货位。另一种是播种式。将每批订货单上的同种商品各自累加起来，从储存仓位上取出，集中搬运到理货场，然后将每一用户所需的数量取出，分放到该用户商品暂储待运货位处，直至配货完毕。

2）配货。配货是将配送中心存入的多种类产品，按多个用户的多种订货要求取出，分放在指定货位，完成各用户配送之前的货物准备工作。配货工作建立在分拣的基础上，是一件很复杂、工作量很大的活动。尤其是用户多，所需品种规格多，需求量小，需求频度又很高时，必须在很短时间完成分拣配货工作。因此，分拣配货方式的选择，对配送中心的服务质量和经济效益起着决定作用。

3）包装。有些配好的货物需要重新包装，应在包装物上贴好标签，记载货物的品种、数量、门店的名称，运抵时间等。

（3）流通加工

在配送过程中对某些商品进行流通加工，不仅可以大大提高客户的满意程度并增加被配送货物的附加值；而且还有利于提高物流效率。因此，流通加工是配送过程的一个重要环节。

（4）送货。主要是：

1）配装。单个用户配送的数量不能达到车辆的有效运载负荷时，就需要集中不同用户的配送货物，进行搭配装载以充分利用运能运力，这就是配装。通过配装，可大大提高送货水平及降低送货成本。

2）运输。企业的商品配送运输属于运输中的末端运输，一般距离短、规模小、频率高。由于用户多而分散，城市交通复杂，如何组成最佳路线，是配送运输的关键。

3）送达。配好的货物送到用户还不算配送的完结，因为和用户交接往往还会出现不协调现象。因此，还应讲究卸货的地点和卸货的方式等，圆满地完成货物的移交，并办理好相关的手续。

2．商品配送的主要流程

商品进货后，一般可采用以下四种流程进行配送：

（1）无加工功能的配送流程。如图7-4所示。

| 进货 | → | 储存 | → | 理货 | → | 配货 | → | 配装 | → | 送货 |

图7-4　无加工功能的配送流程

该配送流程是一种标准化的配送模式。它适用于各种包装和非包装、能混存、混装种类较多、规格复杂的中小货物。同时也适用于多品种、少批次、少批量、多用户的配送。是一种适用面较广的配送流程。

（2）有加工功能的配送流程。如图7-5所示。

为满足用户需要，在配送过程中增加了加工作业。由于加工的组织形式和加工内容不同，形成了多种配送流程组合。有储存前加工（进货后直接加工），储存后加工（进货后先储存，按需要再加工），加工后直接装车送货和加工后

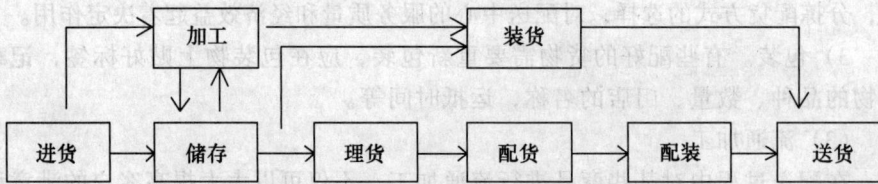

图 7 - 5　有加工功能的配送流程

经储藏后装车。此流程比较复杂，既适用于大规模加工为主的配送组织形式，也适用于小规模部分加工的配送组织形式。

（3）无理货、配货、配装的配送流程。如图 7 - 6 所示。

图 7 - 6　无理货、配货、配装的配送流程

该流程没有理货、配货、配装等作业环节，可进库后在货位组织装车送货。该流程运作简单，作业环节少，不需要过多设备，组织作业较容易。适用于不宜与其他货物混运、混放，或单品配送批量很大的商品。如燃料油、煤炭及大批量钢材、木材等。

（4）"四就"配送流程。如图 7 - 7 所示。

图 7 - 7　"四就"配送流程

"四就"配送，即采用就厂、就港（站）、就车（船）、就库直接进行配送。此类配送多是生产资料，对本地区生产的大批量物资配送、危险品配送，一般采用在仓库装车配送；对于外地及国外到港、到站、到库专用性物资，凡明确用户，一般采用就港、就站以及带到仓库直接装车送货。

【思考题】

商品配送的基本环节有哪些？

□ 商品配送的类型

1. 配送中心的概念

配送中心是以组织配送性销售或以实物配送为主要职能的流通型物流组织。具体来讲，配送中心是从供应者手中接受多种大量的货物，进行倒装、分类、保管、流通加工和信息处理等作业，然后按照需要者的订货要求备齐货物并进行送货的设施和机构。

2. 配送中心的功能

一般来说，配送中心的功能主要有集货、储存、配货、配送、流通加工和信息处理等，是现代物流主要功能的综合。但在实际运行中，配送中心可根据市场变化和企业实际等情况，在功能上有所侧重。

（1）集货功能。为满足消费者在任何时间都能买到所需商品的要求，配送中心必须从众多的供应商那里进行大批量的进货，以备齐所需商品，此项工作称为集货。

（2）储存功能。储存功能是指配送中心根据用户反馈的信息，及时组织货源，并始终保持最经济的库存量。以保证市场需求的满足和配货、流通加工的正常运转。

（3）配货功能。是指在库存商品中，根据用户的订货单或用户要求，将所需要的品种、规格的商品，按要货量挑选出来，并集中在一起，进行分类、组配和包装等作业的组织过程。

（4）配送功能。是指在商品集结地，按照用户对商品种类、规格、品种搭配、数量、时间、送货地点等各项要求，进行分拣、配货、集装、合整装车、车辆调度、路线安排优化、直至送货等一系列工作。

（5）加工功能。是指商品在从生产领域向消费领域流动的过程中，为了促进销售、维护商品质量和提高物流效率，而对商品进行的加工。

（6）信息处理功能。在物流活动中，配送中心往往是物流信息中心，大多数物流信息是在配送中心进行收集和处理的。如果没有配送中心的物流信息处理功能，企业的经营管理系统便会瘫痪。所以，配送中心的信息处理功能是其主要功能之一。

总之，配送中心是物流活动中的一种特殊的、综合的并具有商流特征的物流作业基地，它不仅集包装、运输、保管、搬运和流通加工为一体，是物流的缩影或在特定范围内物流全部活动的体现。而且还涉及到商品采购、商品销售和商流信息等商流、信息流的活动。因此，配送中心的功能是一种综合性的功能。

3. 配送作业的运作

配送中心配送运作，一般包括以下步骤：

（1）制定配送计划。根据订货合同、配送商品的性态和运输要求，确定用户的送达地、接货人、接货方式及用户订货的品种、规格数量、送货时间和运输工具等，并制定相应的配送计划。

（2）配送计划的下达。配送计划制定后，可以通过电子计算机或表格的形式及时下达到用户或配送点，使用户按计划做好接货的准备，使配送点按计划规定的时间、品种、规格、数量发货。

（3）按配送计划组织进货。各配送点接到配送计划后，审核库存商品是否能保证配送计划的完成，当数量不足或现存商品不符合配送计划要求时，要根据配送计划，积极组织进货。

（4）配送点下达配送指令。配送点向其运输部门、仓储部门、分货包装部门、财务部门下达配送指令，各部门根据指令做好配送准备。

（5）配送发运。理货部门按配送计划将用户所需的商品进行分货、加工和配货，进行适当的包装，并详细标明用户名称、地址、配送时间等，按计划将各用户的商品组合、装车，并按配送计划进行发运。

（6）送达。将用户所需的商品按照配送中心所选择的运输工具和运输路线，安全、经济、高效地送达用户，并由用户在回执上签字，然后由财务部门进行结算收款。

【案例】

沃尔玛大手笔投资配送中心

山姆本人名列全美首富，但以节俭和把"一分钱瓣成两半花"著称。例如，为提高访问各分店的效率，公司先后买过十几架飞机，但所有飞机都是二手货，即使公司总资产达数百亿美元，又如，沃尔玛在本顿威尔的总部，整个朴实无华的建筑风格和简单的内部装修都是公司崇尚简朴的反映。不过，在建立配送系统和计算机通信系统上，山姆却很舍得花钱，使沃尔玛在利用现代技术上走在了其他所有零售业公司的前面，从而确保了公司在效率和规模成本方面的最大竞争优势，也保证了公司能顺利地扩张到全国。

从建立沃尔玛折扣百货公司之初，山姆就意识到有效的商品配送是保证公司达到最大销售量和最低成本的存货周转及费用的核心。他知道凯玛特、伍尔柯等大连锁公司位居城市，有专业分销商为它们的上千家的分店供货；而作为一家新公司，沃尔玛既缺少一个自己的配送系统，又没有哪个大分销商愿意为它那些地处偏僻小镇的分店送货，甚至货车公司也不愿接这种活儿。他们习惯于向位于孟菲斯、堪萨斯城、圣路易斯这些城市地区的客户提供完善的服务，却不习惯向位居小镇的沃尔玛店提供经常性的服务。沃尔玛的各分店经理不得不自己向制造商订货，然后再联系货车送货，效率之低可想而知。

在这种情况下，山姆知道惟一使公司获可靠供货保证及成本效率的途径就是建立自己的配送组织，包括送货车队和仓库。

利用配送中心降低成本这一点其实是山姆当年从本·富兰克林连锁店学来的。不过，随着沃尔玛的成长，山姆意识到配送中心的好处不仅是使公司可大量进货，而且通过要求供应商将商品集中大量送到配送中心，再由公司统一接收、检验、配货、送货，比让供应商将商品分散送至各分店更经济。1969 年，随着公司总部在本顿威尔落成，第一个配送中心也建成了，当时即可集中处理公司所销商品的 40％，大大提高了公司大量采购商品的能力。

第二个配送中心于 1975 年 1 月建成，约 1.4 万平方米，仍在本顿威尔，距第一个配送中心仅 3 公里远。此时第一个配送中心的面积已逐步由初建时的6000 平方米扩至 2 万平方米。这第二个配送中心根本不承担仓储功能，它只是一个转运站，统一接收供货方送来的大宗货物，经检测、编配后转换到公司的送货卡车上。

1978 年，公司建成了在本顿威尔以外的第一个，也是公司的第三个配送中心。该中心位于阿肯色小石城东北约 80 公里处，距本顿威尔约 300 公里，面积 3.5 万平方米，负责为本顿威尔以东、以南的分店供货，这些商店当时大约占了公司分店数的 40％。

第二年，公司又在本顿威尔建了第四个配送中心，亦有 3.5 万平方米。第五个配送中心则建在得克萨斯州，为在得克萨斯州南部的各分店供货。也就是说，在第一个 10 年内，沃尔玛共建了 5 个配送中心。

到 1975 年，沃尔玛已有 80％的商品由自己的配送中心统一处理，余下的20％仍由供应商直送分店。一般说，大宗商品通常经由铁路送达配送中心，再由公司卡车送达商店。每店 1 周收到 1～3 卡车货物。60％的卡车在返回配送中心途中，又捎回沿途从供应商处购买的商品。最初，公司租赁送货卡车，1978 年，公司开始组建自己的车队，有 70 多个牵引车头，近 300 个拖车，

100 多位司机。该年车队运送货物共达 1500 万吨公里。

集中配送为公司节约了大量金钱。据统计，70 年代初公司的配送成本比一般零售大公司低了近一半。自己配送还为各分店提供了更快捷、更可靠的送货服务，并使公司能更好地控制存货。

到 20 世纪 80 年代末，沃尔玛的配送中心已增至 16 个；90 年代初，达到 20 个，总面积约 160 万平方米。整个公司销售 8 万种商品，年销售额 300 多亿美元，85% 由这些配送中心供应，而竞争对手只有大约 50%～65% 的商品集中配送。

配送中心的运行完全实现了自动化。每个配送中心约 10 万平方米面积，相当于 23 个足球场，占地约 60 平方公里。中心的货物，从牙膏、卫生纸、玩具到电视、自行车，应有尽有。每种商品都有条码，由十几公里长的传送带传送商品，由激光扫描器和电脑追踪每件商品的储存位置及运送情况。全速运行时，只见纸箱、木箱在传送带上飞驰，红色激光四处闪烁，将货物送至正确的卡车上，繁忙时，传送带每天能处理 20 万箱的货物。配送中心的一端是装货月台，可供 30 辆卡车同时装货；另一端是卸货月台，有 135 个车位。每个配送中心有 600～800 名员工，24 小时连续作业，每天有 160 辆货车开进来卸货，150 辆车装好货物开出。许多商品在配送中心停留的时间总计不超过 48 小时。配送中心每年处理数亿次商品，99% 的订单正确无误。

沃尔玛的送货车队可能也是全美最大的，90 年代初大约有 2000 多辆牵引车头，1 万多个拖车车厢。许多大连锁公司，包括凯玛特和塔吉特，都是将运输工作包给专业货运公司，以为这样更简单、便宜，但沃尔玛一直坚持有自己的车队和自己的司机，以保持灵活性和为一线商店提供最好的服务。例如，沃尔玛通常为每家分店的送货频率是每天一次，而凯玛特平均 5 天一次，塔吉特平均每 3 天～4 天一次；沃尔玛的商店通过电脑向总部订货，平均只要两天就可以补到货，如果急需，则第二天即可到货，这一速度同业中无人可及。这使沃尔玛享有相对竞争对手的极大优势，在凯玛特为不能及时补货烦恼时，沃尔玛的货架总能保持充盈，并随时掌握到货时间，其运输成本也总是低于竞争对手。

山姆本人更对货车司机有特殊偏爱。他称他们为公司在公路上的大使，为公司分布在全美的数千家商店提供尽职尽责的服务，而且会将每日在店里看到的情况向公司报告，如员工士气、态度、商店对商品的处置情况等。山姆经常在下午跑到司机休息室，带些甜点，同司机聊上几个小时，问他们在店里看到了些什么？店员怎样？工作是否有改进？山姆很喜欢这样与司机攀谈，因为公司内没有谁比送货卡车司机看到更多的商店，而且他们不像一些经理人员，他们会原原本本告诉你他所见所闻的情况。

大卫·格拉斯认为，配送设施是公司成功的关键之一，如果说我们有什么比别人干得好的话，那就是配送中心。

1991年，沃尔玛的送货卡车旅行总里程超过了3亿公里，总计31.5万车货。可以说，配送中心的成功保证了沃尔玛能从地区性连锁公司发展为全国性连锁公司，同时继续保持早年的低成本效率。

70年代中期，沃尔玛虽已在本顿威尔建了两个配送中心，但当时的问题是，仅靠这两个配送中心，无法将配送范围扩及550公里，即一天车程以外的商店。如这一问题不解决，沃尔玛的发展就无法突破地域限制，只能维持中等规模的地区性连锁公司的地位。山姆起初对在本顿威尔以外投资建大型配送中心是有怀疑的，但在当时负责配销工作的大卫·格拉斯的劝说下坚持了继续投资。第一家在小石城附近的大型配送中心成功后，沃尔玛开始根据自己的发展战略有计划地增建配送中心。通常的做法是每个配送中心负责周围550公里，即一天车程内商店的送货，一个配送中心大约可承担近百家商店的服务；然后再向外围发展，建新的配送中心，再在其周围发展分店。

问题：
1. 分析配送中心在沃尔玛发展过程中的重要作用。
2. 讨论沃尔玛配送中心的发展策略。

■ 本章小结

· 现代物流是指原材料、产成品从起点至终点及相关信息有效流动的全过程。它是将运输、仓储、装卸、加工、整理、配送和信息等方面有机结合，形成完整的供应链，为用户提供多功能、一体化综合服务的过程。现代物流具有系统化和网络化、物流总成本最小化、物流信息化和电子化、物流服务社会化以及物流反应快速化和柔性化等特征。

在现代企业经营中，现代物流是联结社会经济各子系统的纽带，它对国民经济的发展具有巨大的制约作用，是企业生产经营连续进行的前提条件。它是保证商流顺利进行，实现商品价值和使用价值的基础以及企业利润的新源泉。

· 现代物流业务的主要内容就是由包装、装卸搬运、运输、储存、流通加工、信息传输和配送等环节所组成的各种作业活动。其中最重要的是运输、储存和配送。

在现代物流中，运输是指通过运输手段使货物在物流结点之间流动。运输具有货物转移和货物存放两大功能。商品运输方式的选择应考虑输送物品的种类、输送量、输送距离、输送时间和输送成本等五个方面，其中，最重要的是运输时间和运输成本。商品运输的运作主要包括商品发运、商品接运及商品验收三个环节，各个环节的运作应按一定的程序进行。

复合一贯制运输是指吸取铁路、汽车、船舶、飞机等所有运输方式的长处，把它们有机地复合起来，实行多环节、多区段、多工具相互衔接进行商品运输的一种方式。这种运输方式的主要方向是杂货运输的现代化。复合一贯制运输的主要形式有运输部门之间的联运和产供销之间的运输复合。

• 商品储存是以改变货物的时间状态为目的的经营活动。在现代物流中的储存具有整合、时间调整、价格调整和加工延期等功能。现代企业商品储存工作的主要内容有商品入库、储存保管、在库服务和商品发放四个方面。

库存控制是商品储存保管中的一项重要工作，现代企业可以采用 ABC 分类管理法、定量订货法和定期订货法等来进行库存控制。

• 配送是按用户的订货要求，在配送中心或其他物流结点进行货物配备，并以最合理的方式送交用户的经济活动。商品配送按供应主体、配送时间及数量、配送的品种及数量、配送企业相互关系的不同可划分为若干类别。商品配送由备货、理货、流通加工、送货这四个基本环节组成，其中每个环节又有若干具体的活动。商品进货后一般可采用四种流程进行配送。

配送中心是以组织配送性销售或以实物配送为主要职能的流通型物流组织。配送中心的功能主要有集货、储存、配货、配送、流通加工和信息处理等，是现代物流主要功能的综合。配送中心配送运作，一般包括制定配送计划、配送计划的下达、按配送计划组织进货、配送点下达配送指令、配送发运和送达等步骤。

第 8 章

商 品 销 售

■ 商品销售概述
■ 商品销售价格
■ 客户分析
■ 商品销售组织
■ 促进销售
■ 本章小结

商品销售是商品经营活动的终点，是企业一切经营活动的中心。其他一切经营活动，都是为商品销售服务，都需要经过商品销售来检验。企业的社会服务功能和为自身获取利润的目的，也都取决于商品销售是否成功。因此，企业要经营成功，关键是搞好商品销售。

■ 商品销售概述

商品销售，是商品所有者通过商品货币关系向货币所有者让渡商品的经济活动。从销售主体来看，商品销售主要包括两大类：第一类是生产者销售。这是指生产者将商品直接出售给消费者；第二类是中间商销售。这是指生产者通过中间商将商品转售给消费者。商品销售是企业经营的中心，任何企业都必须以此为出发点和归宿点来进行生产经营。

□ 商品销售模式

在传统的销售中，企业往往注重商品的推销，同客户建立一种纯买卖关系。随着市场竞争的发展和消费需求的变化，企业在销售过程中越来越关注客户的真实需要；它们不仅要销售自己的产品，而且更要关注顾客，帮助顾客解决问题，致力于建立与顾客的长久互惠关系。根据这种观念的不同，企业在销售产品中，会选择相应的销售模式。在企业经营过程中，主要有以下销售模式：

1. 交易型销售模式

交易型销售是指在销售过程中，着重满足客户对产品价格和采购便利性的要求。从客户角度来看，在交易型销售中，卖方无法提供附加利益。其核心问题是有关削减成本方面的问题，如怎样在销售过程中剥离不必要的费用，以及让客户避免交易中的风险和麻烦。一般来讲，企业在销售业务的开端往往采取交易型销售模式。

2. 顾问型销售模式

顾问型销售指销售方在创造新价值并提供产品以外的附加利益的基础上满足客户的需求。它取决于与客户的密切关系以及能紧紧抓住客户业务问题。一般来讲，在顾问型销售模式中，通过三种主要的方法去创造价值：

（1）用全新的或不同的方法帮助客户了解自身的问题、难题以及机遇。

（2）帮助客户取得解决自身问题的新的或更优的方案。这个方案要优于客户自己得出的方案。

（3）在供应商组织内部扮演客户保护者的角色，确保及时分配资源，并交付满足客户特殊需要的客户化的解决方案。

3. 企业型销售

企业型销售是指利用企业内的全部资源帮助客户成功地实施战略。客户要求在供应商品时，能够创造出销售产品之外的价值。这种关系不是单独一个销售人员或一支销售团队所能建立起来并维持下去的。总是先从组织中的高层开始并且很大程度上依赖客户的战略方向。通常由来自双方各部门的人员实施。

表 8－1 表明了这三种销售模式是如何与供需双方资源互惠的观念：

表 8－1　　　　　　　　　　　　企业销售模式的比较

交易型销售	顾问型销售	企业型销售
因为客户并不重视销售工作，也不想为销售工作付费。	通过销售队伍的建议、客户定制方案以及超出产品范围的专业知识创造新的价值。作为回报，客户会在销售过程中引导供应商。	展开全力合作而重新设计他们的关系，从而创造出更高的新价值。
通过减少分配给销售的资源，削减成本并使采购变得更方便来创造价值。	在销售工作中增加资源，以便满足客户想在销售过程中投入的时间和精力的需要。	在销售过程中增加更多的资源。
任何一方都不需要在购买或销售过程中投入太多。	双方在采购和销售工作中均投入较多的资源。	供应商和客户双方都要有很大的投入。

【思考题】

联系实际谈谈如何选择销售模式？

▢ 商品销售渠道

商品销售渠道，是指商品从生产者手里转移到消费者手里所经过的途径、环节等。由于生产者和消费者分布地理位置的间隔，商品生产时间和消费时间的间隔等，使得商品的销售渠道对于沟通并满足生产者和消费者各自的需要，已经成为不可缺少的纽带。

　　1. 商品销售渠道的结构

　　商品销售渠道的结构主要是指企业在商品流通过程中的组织形式，即商品从生产领域进入消费领域的运动过程中走什么样的路线，由哪些环节来参与买卖。由于商品经济的不断发展，生产和消费在时间、空间和集散上的矛盾更为突出，必然需要中间商来充当生产者和消费者之间的中介人。因此，销售渠道实际上就是商品流通过程中所经历的商业环节。目前所建立的销售渠道是多种多样的，但其基本结构表现为四种，如图8-1所示。

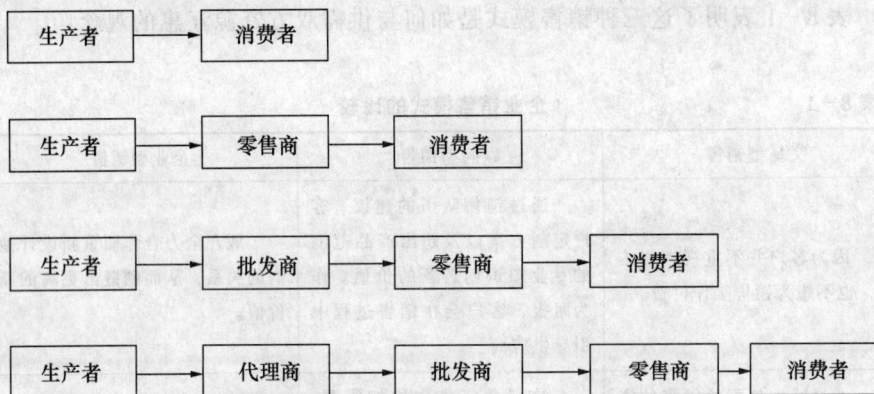

图8-1　销售渠道基本结构图

　　(1) 生产者→最终用户，也称直接渠道或零层渠道。这是一种最短，最简单的销售渠道，没有中间商，消费品的生产企业派推销员直接与顾客接触，拜访客户，通过各种方式，例如，邮购、电话销售、上门推销、电视直销、生产企业自己开办销售处等方法，把本企业生产的产品直接销售给最终消费者。

　　(2) 生产者→零售商→消费者，也称一层渠道。生产者把产品供应给零售商，然后再由零售商将产品分销给消费者。目前，国外一些大型百货商店、超级市场、连锁商店都有自己的采购中心或进口部，进口后自己再销售。

　　(3) 生产者→批发商→零售商→消费者，也称二层渠道。是生产者把商品销售给批发商（可以有几道批发环节），再由批发商转卖给零售商，由零售商最后卖给消费者，中间需经过两道以上的商业环节。这是目前市场销售渠道最主要、最基本的形式，为一般日用消费品的销售所广泛采用。

　　(4) 生产者→代理商→批发商→零售商→消费者，也称三层渠道。是指生产者把商品委托给代理商，再由代理商把商品销售给批发商和零售商，最后卖给消费者。

2．商品销售渠道的选择策略

对企业来说，要拓展商品的销路，实现企业的经济利益，就要制定适当的销售渠道策略，即确定销售渠道的长短和宽窄，以保证销售渠道的畅通。

（1）销售渠道长短的选择。销售渠道的长短，是指商品在流通过程中经历的中间环节的多少。中间环节多，渠道就谓之长；中间环节少，渠道就谓之短。那么，企业在哪些情况下适合选择短渠道？在哪些情况下适合选择长渠道？

1）适合选择短渠道的几种情况：从产品因素来看，商品单价昂贵的，体积大的，重量重的，款式变化快的，易坏易腐的，构造复杂而要求附加较多技术服务的，以及新投入市场的新产品，可采用短渠道；从市场因素来看，商品市场销路窄的，顾客比较集中或距离生产厂家较近的，市场季节性明显而顾客采购量又很大的，以及顾客不经常购买的耐用品，可采用短渠道；从企业本身因素来看，企业资金雄厚的，声誉大的，销售能力强的，有能力或有必要建立自己的销售系统，而且愿为顾客提供更多的销售前后服务的，可采用短渠道。

2）适合选择长渠道的几种情况：从产品因素来看：商品单价较低的，体积小的，重量较轻的，款式变化较慢的，容易运输储备的，构造不过于复杂而要求附加技术服务少的，可采用长渠道；从市场因素来看，商品市场销路广的，顾客比较分散或距离生产厂家较远的，顾客需要经常购买或日常必用的，市场季节性不明显或需求不集中的，可采用长渠道；从企业本身因素来看，企业资金力量薄弱，销售力量不足或没有必要建立自己的销售系统，没有能力或没有必要为最终顾客提供较多服务，而必须依靠中间商扩大市场的，以及从经济效益上分析认为使用中间商更为有利的，也可采用长渠道。

（2）对销售渠道宽窄的选择。所谓销售渠道的宽窄，是指商品流通所使用的分销渠道的多少。宽的销售渠道，要利用较多的批发商和大量的中间商，使商品在广泛的市场面上销售；窄的销售渠道，要利用较少的批发商和少数的中间商，使商品在有限的市场面上销售。一般来说，选择销售渠道宽窄的策略有以下几种：

1）广泛分销的策略。即通过许多中间商的帮助，使产品较快地在广泛的市场面上销售。一般销售量大的生活日用商品，都适合于采用这种销售渠道。

2）选择性分销策略。即通过少数中间商的帮助，使商品在较少的商店和有选择的市场面上销售。一些价格较高或产量有限的商品，特别是一些名牌产品和贵重商品，都适合于采用这种销售渠道。

3) 专营性分销策略。即生产厂家只选择一家中间商,或只是有限的联号商店,在有限的市场面上销售其产品。一般有特色的商品常采用这种销售策略。

【案例】

日本松下电器公司生产的电视机、录像机、电冰箱、空调设备等家用电器产品,数量庞大,产品经销世界各地,被称为"世界的松下"。该公司认为,与大批量生产相适应,必须确定大规模的销售体制。鉴于许多电器产品需要向用户提供产品维修、技术指导等服务工作,而公司又有足够的资源销售其产品,因此为了控制产品营销渠道,提高市场竞争能力,该公司在制定渠道长度决策时,就采取了以零层次为主的短渠道策略。该公司设有营业本部,在全国设立近百个营业所,销售网遍布日本各地,日本的家用电器商店有 5 万家,松下电器商店就有 1.8 万家,加上经销松下产品的商店,共有 3 万多家。该公司在海外设有 27 个生产公司,为了营销其产品,在世界许多地区设立了 20 多个销售公司和成千上百家销售店。由于松下电器公司采取了产销结合的短渠道策略,加上产品质量高,销售力量强,服务工作好,因此,该公司的产品一直畅销不衰。你认为松下公司的做法有何启示?

【思考题】

联系实际谈谈企业应如何选择销售渠道?

☐ 销售方式

企业的商品销售是通过一定销售方式来实现的。不同类型的企业,不同的商品,不同的销售对象,需要采取不同的销售方式。目前,市场上所采用的销售方式较多,企业应根据实际情况,合理选择销售方式。企业的销售方式归纳起来可划分为以下几类:

1. 按商品所有权的转移来划分

(1) 经销方式。是生产厂家将产品成批量地销售给流通企业。流通企业取得商品的所有权,再将商品进行转卖的商品销售形式。生产企业选择经销的销售方式一般基于以下的考虑:能加速企业资金周转,使企业能集中精力进行新产品的开发;利用经销商在销售方面的优势,增加产品的销售量,提高市场占有率；避免产品滞销给企业带来的风险。选择一个合适的经销商是该种销售方式的关键，一般地说，企业往往从经销商的从业年限、经验和专长、利润记录、偿付能力、协作性和声誉等方面对其进行评价。

（2）自销方式。是生产厂家自己组建销售队伍，自己构建销售网络体系，直接销售本企业产品的销售方式。

选择自销方式销售产品需要一定的条件，对产品也有一些具体要求。对产品的要求主要有以下几个方面：自销的产品一般为价高体大的重型产品，专用产品，对售前售后服务要求高的产品，新上市的产品；市场范围小或市场范围相对集中的产品；购买次数少而购买量大的商品。从企业自身来讲，应具备以下几方面的条件：已形成自成体系的销售网络，配备相应的设备及业务人员；企业的规模较大实力较强；能运用现代化的信息传媒销售产品等。

（3）代销方式。代销是指中间商接受厂商的委托，以中间商的名义销售产品，盈亏由厂商自行负责，中间商只根据售出产品的数量获取佣金的销售方式。在代销活动中，代理商与委托人只是委托—代理关系，没有发生商品所有权的转移。代理商只有在代理期间有商品的处理权，并且要以委托方的名义进行。代销双方通常要签订协议。代销方不承担交易风险，其主要职责是促成交易。

一般地说，当生产企业的产品的市场需求情况尚不明朗，流通企业作为中间商通常不愿意承担进货风险，此时生产企业往往采取流通企业代销的方式，从而消除流通企业销售风险，促进商品销售。

（4）代理制。代理制是指厂商委托授予独立的代理商以销售代理权的销售方式。代理商在销售代理权限内代理委托人搜集订单、销售商品及办理其他与销售有关的事务，如广告、售后服务、仓储等，代理商在销售完成后领取一定的佣金。

销售代理按不同的标准划分，按代理商是否拥有独家代理，分为独家销售代理和多家销售代理；按代理商的层次可分为总代理和分代理。

销售代理制与代销不同。它作为一种新的销售方式，有其自身的特点。销售代理商是独立的法人组织，并与委托方有长期的关系；代理商只拥有销售代理权，而不拥有产品所有权；销售代理商按委托方的意志，在代理权限内行事；销售代理商行为的法律后果应由委托方承担；销售代理商的收入是佣金而不是购销差价。

（5）租赁销售。所谓租赁，是指出租人依照租赁契约的规定，在一定时间内把租赁物租给承租人使用，承租人分期付给一定租赁费的融资和融物相结合的经济行为。现代租赁主要有融资性租赁和经营性租赁。融资性租赁是指承租人选定机器设备后，由出租人购置后再出租给承租人使用，承租人按期交付租金的一种融物与融资的经济活动。它是现代租赁中影响最大、应用最广、成交额最多的一种形式。经营性租赁是指出租方既为承租方提供融资便利又提供设备维修、保养等服务，同时还承担设备过时风险的中短期融物与融资相结合的经济行为。

2．按商品销售方法的不同来划分

(1) 门市销售。门市销售是商品流通企业通过固定的营业场所销售商品的方式。这种方式易于组织和管理，顾客集中，便于挑选商品，销售效率较高。大多数的商品均可采用，是一种最基本的销售方式。主要包括封闭式销售、敞开式销售和自选式销售等。

(2) 会议销售。会议销售是工商企业销售商品的一种主要形式。它由一家或几家公司主办，一般是在商品销售旺季之前召开。具体可采用供货会、订货会、洽谈会等形式。在供货会上，各供货单位陈列商品，提出货源情况和供货条件，购货企业看样定货，双方签订合同，并按合同成交。

(3) 展览销售。展览销售是通过举办展销会，将商品实物或图片、资料进行陈列展出，或将某类或某种商品的花色、规格、型号集中起来，在一定期限内展览销售的销售方式。展销会能使购买方直接看到商品实物、图片资料等，便于购买方充分了解商品的性能、质量等方面的情况，根据实样进行比较、选购。销售手续比较简单。

(4) 上门销售。上门销售是指企业派出推销人员到工矿企业、农村乡镇、批购客户乃至消费者家庭，通过直接介绍商品和劝说，并促成购买的一种销售方式。它与门市销售有着明显不同，门市销售有固定的场所，通过拉式策略吸引消费者；而上门推销是一种推式策略，由推销人员主动登门拜访客户，顾客的态度是被动的，这是一种店外销售。它有利于寻找与发掘潜在的顾客，与顾客建立起较为密切的关系。

3．其他几种销售方式

(1) 仓储式销售。采用这种销售方式的超市，在国外一般选址设在市郊结合部和大城市周围的卫星城市。除设总部外，在各大城市设分部和配货中心。大多数商品由工厂直接送超市，无中间环节。实行会员制，服务对象主要是中小企业，凭会员卡购货。经营食品和日用工业品类。商场内用超高的货架陈列和储存商品。除贵重物品设专柜需配备售货员服务外，其余商品都是由顾客自己选购的，整个商场真正成了顾客自由行动的货仓。由于商品进货批量大，出售的价格一般比其他商店低，受到顾客欢迎。

（2）一条龙销售。是指销售人员从明确客户的需求开始，为顾客提供一揽子的设备项目，提交完整的计划，建立员工培训项目以及设计操作程序和保养安排，为客户提供"一揽子"服务。它是与购买者在原料管理上不断上升的复杂性相适应的。

（3）电话销售。电话销售是指通过电话联系客户或进行销售洽谈，从而达成交易。由于电话销售可以降低交易成本和增加对客户的访问次数，目前已成为一些公司节约成本和增加收入的重要手段。

（4）网上销售，也称电子商务。是指通过以计算机网络为基础，建立一个多功能的商品流通服务体系；它主要是通过先进的计算机系统和适当的组织形式，将生产企业的产品销售和消费者的购货系统融为一体，最大限度地减少购销中间环节，并提供相应的商品交易、货款结算、商品配送以及提供供求信息等多项配套服务。

除此之外，还有很多销售方式，工商企业应根据自身经营状况、产品特点、市场状况和经济管理体制及政策规定，选择有利于企业发展的销售方式。也可以以一种方式为主、多种方式并用的办法，以促进企业的商品销售，提高企业经济效益。

【案例】

在欧美市场，借助网络的优势，直销已成为销售模式中最经济、成本最低、简单易行的一种销售方式。其优势显而易见：客户直接向供应商下订单，资金周转快，库存积压少，占用成本小。电脑行业的许多公司如 IBM、康柏、苹果等供应商在国外纷纷打起了直销的主意，以减少渠道环节，为自己赢得最大利润，但是在中国内地，这样的销售模式在电脑行业还未曾有厂家尝试，它还是一块"禁区"。考虑到中国市场的实际情况，1993 年 10 月 6 日，"戴尔"进入中国的时候，选择了"四达"、"建坤"等四家公司作为合作伙伴。之后，其总代理虽几经易手，但销售业绩一直不甚理想。也许正是这样的"痛定思痛"，使"戴尔"依然成为中国计算机市场上第一个"吃螃蟹的人"——以直销的方式寻求市场的突破，于 1998 年 8 月 20 日，全球领先的计算机系统直线定购公司戴尔计算机公司在北京正式宣布：将在包括北京、上海、广州和厦门的中国九大城市开始直线定购和技术服务支持业务。

【思考题】

联系实际谈谈企业销售方式的选择。

■ 商品销售价格

商品价格是在市场竞争过程中，由供需双方根据商品供求状况所确定的交易条件。商品价格的制订是企业日常经营中最频繁的决策问题，也是商品销售工作的主要内容。价格制订得恰到好处，是企业经营成功的主要条件之一。它可以促进企业的商品销售，实现企业的经营目标。

□ 确定商品销售价格的主要依据

企业在确定商品价格时，要充分考虑一系列内部和外部因素对企业价格决策的影响和制约。内部因素主要指企业的经营目标、成本状况、产品质量情况和产品销售状况。外部因素主要指市场供求状况和社会因素等等。

1．产品成本

企业的商品销售价格，应能弥补生产经营该商品的成本。这是企业获利的前提。因此，成本是企业制订价格的最低界限和基本要素。企业成本较低时，价格变动空间较大，否则，产品在市场上就会处于不利的地位。企业的成本有两种形式：固定成本和变动成本。前者是指不随生产和销售收入的变化而变化的成本。后者是指随产品的产量和销量的变化而变化的成本。固定成本和变动成本之和为总成本。企业制订价格应能够弥补其总成本。

2．市场供求状况

在市场上，当其他条件一定的情况下，商品价格的高低取决于该商品的市场供求状况。当商品的需求量大于商品供给量时，价格则上升；反之，价格则下跌。反过来，价格的高低又会影响商品的供求。总之，商品的价格和商品供求互相影响，互相制约。企业在确定商品销售价格时，应充分考虑该商品的市场供需。

3．需求的价格弹性

消费者是否购买某种商品以及购买数量的多少，在一定程度上取决于商品价格的高低及其变化。价格水平与商品的需求量之间，存在着一种内在关系，即需求的价格弹性。它是指由价格变动而引起的需求量的变动率，反映需求量对价格变动的敏感度。不同类型的商品的需求量对价格变动的反应不同，也就是价格弹性大小不同。

企业在制订价格时，必须考虑需求的价格弹性，对于价格弹性大的商品（弹性系数大于 1）应该采取降低价格，薄利多销的价格策略，因为此类商品的降价能够扩大销售收入；对于价格弹性小的商品（弹性系数小于 1），可适当提高价格，这类商品的提价不会减少销售量，提价可使单位商品的利润增加，从而增加企业总利润。

4. 企业的预期订价目标

从企业市场营销角度来看，价格的制订，还需考虑企业的订价目标。企业订价目标不同，价格确定的水平和确定的方法也不同。例如，在以追求短期利润最大化的目标下，可以确定较高的价格。如要提高市场占有率，则可以制订较低的价格。

5. 竞争对手的产品和价格

企业的产品价格的上下限为市场的需求和企业的成本，在该幅度内，企业产品价格的具体水平则取决于竞争对手的同种产品的价格水平。如果企业的产品与竞争对手的产品十分相似，则订价应与竞争对手相近，否则销售量会受到损失。如果企业产品不如竞争对手，订价不能高于竞争对手的价格。如果企业产品质量较高，则定价可以高于竞争对手的价格。

6. 产品质量对价格的影响

产品质量是影响产品订价的重要内在因素。质量与价格的关系大体上有三种类型：按质论价，物美价廉和质次价高。在产品供大于求，人们生活普遍提高的情况下，消费者更注重产品质量而非价格。因此，企业在制定价格时，一定要以质量为前提。同时，也应根据商品类别的不同，处理价格与质量的关系，有些商品高质高价；有些商品则应价低，质量也可差一点，如一次性使用的商品；有些商品则应价廉物美，如生活日用品。

7. 季节变化对价格的影响

季节性商品，包括季节性生产的农产品和季节性消费的工业品，其价格由于时间不同而不同。特别是农产品中的蔬菜、水果类最为突出，这些产品按商品贮存期间所支付的费用和反季节性生产所支付的成本来确定季节差价。一般来讲，农产品在生产旺季时价格便宜，在淡季价格昂贵。而季节性工业品价格相反，消费旺季价格上涨，而淡季价格便下降。

8. 政府法规

价格对交换双方来说，存在着此消彼长的物质利益关系，它牵涉到各行各业和千家万户的利益，与人民生活息息相关，因此，政府虽然实行市场经济，但仍对企业订价有不少限制，具体表现在政策与法规上。从政策上讲，国家会制定诸如货币政策、信贷政策、税收政策与工资政策及财政政策来影响价格；从法律上讲，制定很多法律包括国家法律和地方法律来约束企业价格行为，从而影响价格。

商品销售价格的形成，除了以上几方面的因素，还会受资源条件、消费水平及消费习性因素的影响，因此，企业在确定商品质量价格时，要综合考虑各方面的因素，从而确定一个合理的价格。

【思考题】

确定商品价格的主要依据是什么？

□ 企业订价策略与订价方法

价格是企业竞争的一种十分重要的手段，企业要有效地利用这一手段，须根据企业自身经营状况、商品不同的交易状况和特点，采取各种灵活的策略和技巧对基本价格进行适当调整，以便最有效地实现目标。

1. 产品订价方法

（1）成本加成订价法。这是以生产该产品的总成本为基础，加上预期的利润来确定产品的销售价格，成本为企业的生产成本或进货成本，价格与成本的差额，即为加成。实际中常用成本利润率来确定预期利润率。

产品单价 ＝ 单位成本 × （1 ＋ 成本利润率）

【案例】

某企业生产某一产品时，成本费用如下：固定成本 20000 元，变动成本 16000 元，预计销量 8000 件，成本利润率为 20%，代入公式得：

产品价格 ＝ （20000 ＋ 16000）／8000 × （1 ＋ 20%）＝ 5.4（元／件）

这种方法计算简便，是最古老、应用最普遍的方法，在市场环境诸因素基本稳定的情况下，可以保证企业获得正常利润。采用此方法的关键是加成率如何确定，一般来讲，行业不同，加成率也不同。在国外各行业中，其零售价格香烟25%，服装65%，珠宝类100%。在我国轻工业品种中，卷烟、手表等商品加成率较高，日用陶瓷、塑料等商品加成率较低。对这种情况，采取高价高税，低价低税的方法进行调整。但成本加成法的缺点是十分明显的，它只考虑商品本身的成本与预期利润，完全忽视了产品的社会价值、供求和竞争情况，由此方法计算出来的售价，很可能不为顾客所接受，或缺乏市场的竞争力，因而预期的利润也可能无法实现。

（2）收支平衡订价法。收支平衡定价法就是运用盈亏平衡分析原理来确定价格水平。其基本公式：

$$Q = F/P - C_V$$

式中：F——固定费用

C_V——单位变动费用

P——单价

Q——盈亏平衡点销量

当企业要取得一定的目标利润，则公式为：

$$Q = (F + W) / (P - CV) \qquad （W为企业要达到的目标利润）$$

则订价公式为：

$$P = (F + W + Q \times CV) / Q$$

【案例】

某企业固定费用为50万元，按该项投资额的20%获目标利润即10万元，单位变动费用2万元，预计销售量为20万件，则产品订价为：

$$P = （50万元 + 10万元 + 20万件 \times 2） / 20万件 = 5元/件$$

此方法应用简便，求出企业可接收的最低价格，即高于盈亏平衡点的价格，但采用时也存在着测定销售量的准确性问题。

（3）边际贡献订价法，也称变动成本订价法。即仅计变动成本，不计固定成本，所谓边际贡献即价格超过变动成本的部分，可用来补偿固定成本，产品价格是由变动成本加上边际贡献组成。这种方法，只适用于生产能力有余的情况。

【案例】

某企业生产某种产品的生产能力为每年 1000 台，固定成本为 50 万元，单位变动成本为 1000 元，每台原售价为 2000 元，目前订货的数量有 600 台，生产能力有闲置，一家外商提出订购 200 台，出价只有 1400 元，因此，这笔订货是否可以接受？

从表面上讲，单位产品总成本是 1500 元，外商出价只有 1400 元，每台要亏损 100 元，但进一步分析就可以发现，每台变动成本仅 1000 元，每销售一台的边际贡献为 400 元，接收这批订货可得边际贡献总额 8 万元，不论企业是否接收这笔订货，固定成本都是要支出的，如果接受这批订货，固定成本仍是 50 万元，不含增加，但可以增加 8 万元补偿固定费用，同时产品的特殊售价也不会影响国内市场，因此，应接受这批订货。

由此可见，在市场供过于求的情况下，用成本加成订价法，产品销不出去，会使企业蒙受损失，而采用变动成本订价法，可减少损失，保住市场，争取扭转局势的时机，变动成本订价法也规定了价格的最低限，即不能低于单位产品的变动成本。

（4）可销价格倒推法。这是通过事先测定市场可销零售价，再据此向后推算批发价，出厂价的一种订价方法，西方国家称"需求导向订价法"，用这种方法确定的价格同企业的实际成本不产生必然联系，计算方法如下：

$$批发价 = 市场可销价 / （1 + 批零差价率）$$
$$出厂价格 = 市场可销价 / [（1 + 批零差价率）× （1 + 销进差率）]$$

【案例】

某产品生产成本 17 元，出厂税率 15%，该商品销进差率 10%，批零差率 15%，据预测市场可销零售价为 27.6 元，则

$$批发价 = 27.6 / （1 + 15\%） = 24 （元）$$
$$出厂价 = 27.6 / [（1 + 15\%） × （1 + 10\%）] = 21.82 （元）$$

此方法最大优点是，它所确定的价格为消费者所接受，具有较强的竞争力，但采用此订价，需比较准确地估计市场可销价。

（5）理解价值订价法。这是指企业按照顾客对商品价值的感觉，而不是按

卖主的成本费用水平来制订价格，企业利用市场营销组合中非价格变数（如产品质量、服务和广告宣传等），使他们在印象中形成理解价值，然后据此订价的一种订价方法。

　　这种订价方法关键在于企业要正确估计购买者所承认的价值，如果企业对购买者所承认的价值估计过高，订价就会偏高，影响销售；反之，订价过低，就会给企业造成损失。

　　2. 订价策略

　　（1）新产品订价策略。

　　1）高价速取策略，也称撇油订价策略。这是指把产品的价格订得比成本高出很多的订价策略。它的出发点是认为在新产品投放市场的初期，产品的需求弹性较小，竞争替代品都很少，因而可以乘机大捞一把，好像把牛奶上面的一层油撇出来一样，这样，不仅能迅速收回前期产品的开发研制费用。还要把尽可能多的利润搞到手，但采用这种高价速取订价策略应具备以下条件：

　　• 新产品有大量的消费者，而且需求弹性较小。

　　• 高价带来的收益，必须大于小批量生产的单位成本。

　　• 高价不会迅速引来竞争对手。

　　• 产品的高价能在消费者中树立高质量高品位的形象。

　　2）低价渐取策略，又称渗透订价策略。它与高价速取订价策略相反，就是将新产品价格订得尽可能低一些，其目的是获得较高的销售量和最大的市场占有率，有效地排斥竞争者，从而能长时间地占领市场，但采用该策略应注意以下几方面的条件：

　　• 适用于没有特色，竞争激烈的新产品。

　　• 消费者对价格非常敏感，需求弹性较大。

　　• 企业能采取大批量生产方式，而且随累积产品增加，平均成本能逐渐下降。

　　低价不仅能挤走现有竞争者，而且还能阻止潜在的竞争者进入。

　　3）适中价格策略，也称满意订价策略。它介于高价速取策略和低价渐取策略之间，这种价格获顾客好感，而且合理的价格有利于商品推销。

　　（2）价格折扣策略。该策略是通过价格的减让和津贴等优惠手段，吸引顾客大量购买，加快资金周转，增加利润的策略。主要有以下几方面：

　　1）数量折扣。为鼓励大量购买商品，企业可根据顾客购买数量及金额，给予不同幅度的降价。

　　• 累计数量折扣。即规定顾客在一定时期内，顾客购买数量累计达到一定标准时，按总量享受一定折扣。这样可以鼓励消费者经常购买，成为可长期信赖的顾客。

• 非累计数量折扣。即按每次购买的数量计算，若达到一定标准，给予折扣优待。这样可鼓励消费者一次大量购买；也可用购买的金额为标准，达到一定数目，给予折扣优待。如达到一定数量，附赠一定的商品，也是一种数量折扣。

2）职能折扣。是生产企业对批发商和零售商在流通过程中完成销售职能所发生支出的补偿或鼓励，由于其在经营环节中执行的职能不同或提供的服务不同，所给予的折扣率也不同。一般说，批发商折扣大，零售商的折扣小；同是批发商，由于服务不同，其折扣也有所不同。

3）付款折扣。即对按约定日期付款的顾客给予不同的折扣优待。如：某项交易规定"2/10，全部/30"意即成交后 10 天内付款者，给予 2% 的现金优惠，成交后 30 天内付清货款，无折扣。付款折扣实际上是一种降价赊款，鼓励提前付款的办法，有利于企业资金的周转。

4）推广折扣。为了扩大产品销路，生产企业向中间商提供促销，如零售商为企业产品刊登广告或设立橱窗，生产企业除负担部分广告费用外，往往还在商品价格上给予一定优惠。在新产品上市时，这种订价策略较能奏效。

（3）心理订价策略。即运用心理学原理，根据消费者的心理感觉制订价格，起到引导消费者购买的作用。

1）尾数价格。该订价方法是指在订价时，针对顾客的求廉心理，取尾数价。例如，将商品订价为 1.98 元，而不订为 2 元。一般价格较低的商品可以采用这种策略。

2）整数价格。对于声誉高的商店、质量好的商品及名牌商品，采用整数订价给人以上乘、气派的感觉。如价格订 99.80 元不如订 100 元更使人觉得商品高级，质量好。

3）习惯性价格。对于某些商品，由于同类产品较多，在市场上已经形成了一种习惯价格，个别生产者难以改变，即使生产成本降低，欲降低价格反而引起消费者对品质的怀疑；如成本增加或品质提高而涨价，也可能受到消费者的抵制。因此，该类商品的价格宜保持适当的稳定。

（4）地理价格策略。这是指企业根据销售市场与商品产地的距离和地理环境的差异，制订相应的价格策略。

1）产地价格。由卖方确定出厂价或产地价格，买方负责承运和负担全部运输装卸费用。它是单一价格，适用于各地区顾客，而且这种方法对卖方最省力，方便。

2）统一运货价格。即由卖方负责把货物运到买方所在地，不论路途远近，卖方只收取统一的运费。这种策略，在运费占变动成本比重很小时适用。

3）区域送货价格。卖方将市场划分为几大区域，在每一个区域实行统一运货价格，运费计算犹如邮寄包裹和长途电话的受费方法。

4）津贴运费价格。卖方先定出商品统一的产地价格，为避免远途顾客因运费太贵而放弃购买，卖方给予一定的运费补贴，实际是卖方为保持市场占有率而为远途顾客承担一部分运费。

5）区别对待价格策略，也称价格歧视。就是企业按照两种或两种以上不反映成本费用的比例差异的价格销售某种商品或劳务。其基本形式有四种：

• 企业按照不同的价格把同一种商品或劳务卖给不同的顾客。如公交汽车月票对在校学生和非在校学生采取不同的价格。

• 企业对不同型号或形式的商品分别制订不同的价格，但是，不同型号或形式的商品的价格之间的差额和成本费用之间的差额并不成比例。

• 企业对于处在不同位置的商品或劳务分别制订不同的价格，即使这些商品或劳务的成本费用没有任何差异。例如，剧院，虽然不同座位的成本费用都一样，但是不同座位的票价却有所不同，这是因为人们对剧院的不同座位的需求和偏好有所不同。

• 企业对于不同季节、不同时期甚至不同钟点的商品或劳务分别制订不同的价格。例如，对于长途电话的收费在一天内的不同时间分别制订不同的收费标准。

【案例】

曼谷一家专门经营玩具的小店，店老板很精明能干。有一次小店购进了两种造型相近的玩具小熊。一种来自日本，一种来自韩国，两种标价都是 0.38 元。不料两种玩具的销量都不理想。

店老板盘算了几天，采取了一个令店员大惑不解的措施。他把日本制作的小熊仍标价 0.38 元，韩国的小熊提价为 0.56 元。顾客看到这两种相差无几的小熊，价格相差还蛮悬殊的，买日本的太划算了，买的人陡然多起来了，不出半个月日本制造的全部卖光。日本制造的小熊一卖完，店老板把韩国制造的标上"减价出售"的牌子："原价 0.56 元，现价 0.38 元。"顾客看到便宜这么多，买的人也多起来了。这些削价商品很快就卖光了。

【思考题】

企业应如何选择定价方法和策略？

■ 客户分析

现代企业所面对的是一个广阔的市场，企业经营的主要目的就是为了最大限度地满足客户的需要。因此，企业就需要对客户进行观察、分析，以便使企业经营的商品与服务适应客户的心理与行为特点，顺利实现企业经营目的。

□ 消费者购买行为分析

购买行为是从产生购买意图到商品购买到手直至使用后的感想的整个过程。我们研究消费者购买行为，主要是研究影响该过程的一系列因素及该过程所呈现出来的特点。

1. 消费者市场的特点

消费者需求由于受多种主客观因素的影响，呈现复杂多样性。但从总体上看，各种需求之间又存在着某些共性。主要表现在以下几方面：

（1）消费者市场需求的无限扩展性。人们的需求是无止境的，不会永远停留在一个水平上。随社会经济的发展和消费者者收入的提高，对商品和劳务的需求也将不断地向前发展。

（2）消费者市场需求的多层次性。消费需求总是在一定的支付能力和其他条件的基础上形成的，即按照个人的收入情况、支付能力和客观条件的可能来确定需求，这便是消费者需求的多层次性。

（3）消费者市场需求的复杂多变性。消费者人数众多，对不同商品或同类商品不同品种、规格、性能、式样、服务、价格等方面会有多种多样的需求。而且，随着生产的发展、消费水平的提高和社会习俗的变化，消费者需求在总量、结构和层次上也将不断发展，日益多样化。

（4）消费者市场需求的可诱导性。消费者需求的产生，有些是本能的，但大部分是与外界的刺激诱导有关的。经济政策的变动，生产、流通、服务部门营销活动的影响，社会交际的启示，广告宣传的诱导等等，都会使消费者的需求发生变化或转移。

2. 影响消费者购买行为的因素

消费者购买行为取决于他们的需要和数量，而人们的需要和欲望以至消费习惯和行为，是在许多因素影响下形成的。影响消费者购买的主要因素如下：

（1）心理因素。影响消费行为的心理因素，除了由需要引起动机这一主要因素外，还有知觉、学习与信息态度三个因素。

1）知觉。知觉是指消费者直接接触刺激物所获得的直观形象的反映，属于感性认识。任何消费者购买商品，都要根据自己的感观或印象，来决定是否购买，由于不同消费者对同一商品的印象可能有很大差别，因而所形成的知觉也有很大的差别。例如，甲乙两人同时进入某一商店购买同一商品，甲的印象很好，而乙却认为不好。

2）学习。学习是指消费者在购买和使用商品的实践中，逐步获取和积累经验，并根据经验确定购买行为的过程。这种理论认为，一个人的学习是通过驱使力（某种需要）、刺激物（能满足需要的产品和服务）、提示物（一种更具体的刺激物）、反应（需要得到满足的感觉）和强化（加深印象）这一系列过程得到实现的，如图 8-2 所示：

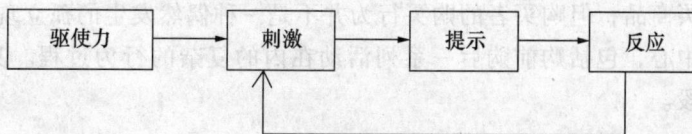

图 8-2　刺激—反应流程图

【案例】

如一个外地游客在杭州畅游西湖之后，感到有点饥饿，便产生一种驱使力（生理需要），想去找饭店（刺激物），他记得白堤上有一家著名饭店"楼外楼"（提示物：具体地点），便去该店用餐，需要满足后觉得价格合理，环境幽雅，食物质量好，确有特别风味，留下深刻印象（反应），如果下次再来杭州，他还愿意去"楼外楼"吃饭。

3）信息与态度。消费者通过购买行为和学习，形成了一定的信念和态度，这反过来影响消费者新的购买行为。这里的信念是指人们对事物所持的认识，消费者对商品的不同信念可导致不同的态度，不同的倾向。消费者一旦形成对某种商品或商标的态度，往往不易改变。如人们对名牌产品争相购买。而对不熟悉的产品则犹疑观望。

（2）经济因素。影响消费者购买行为的经济因素有三个：一是价格，二是消费者收入，三是购买力投向。

1）价格。价格的高低，是影响消费者购买行为最关键、最直接的因素。一般情况是，质量相同而牌号有别的商品，价格低的比价格高的更吸引消费者，收入低的消费者比收入高的消费者更关心价格的高低。

2）消费者收入。收入是决定消费者购买行为的根本因素，它与购买数量共同决定购买行为。除此之外，消费者收入又直接影响消费者的价值观念和审美情趣，例如，目前西方经济发达国家由于人均国民收入达到相当高的水平，已经进入了个性化和多样化的时代，很难有一种价值标准占统治地位。

3）影响消费者购买行为的社会文化因素。每个消费者都是社会一员，他的行为不可避免的要受到社会各方面因素的影响和制约，包括消费者所处的社会阶层、文化背景及民族特性、家庭状况等，都会影响他们的消费行为。

3．购买过程

消费者在各种主客观因素的影响下形成动机，导致行为。消费者行为集中表现为购买商品，但购买者的购买行为并不是一种偶然发生的孤立现象，而是以购买为中心，包括购前购后一系列活动在内的复杂的行为过程。具体地说，有五个阶段。

引起需要 → 收集信息 → 评估比较 → 购买决策 → 购后感受

图 8-3　消费者购买过程

（1）引起需要。引起需要是购买者行为的起点。当消费者感觉到一种需要并准备购买商品满足这种需要时，购买决策过程就开始了。这种需要，可能是由内在的生理活动引起的，也可能是受外界的某种刺激引起的。

（2）收集信息。如果消费者的需求很强烈，并且需要的商品容易得到，消费者就会立即满足他的需要。但在一般情况下，消费者的需要不可能也不必要马上得到满足。他往往会积极寻找或收集信息进行购买决策。

（3）评估比较。消费者得到的各种信息，可能是重复的，甚至是自相矛盾的，因此还要进行分析、评估和比较，这是购买过程中的决定性的一步。例如，某人要买电冰箱，会收集各种资料，比较各牌号特点，权衡利弊后方能作出购买决定。

（4）决策购买。消费者的购买决策是购买过程的中心环节。它是许多项目的总的选择，包括购买何种商品、何种牌号、何种款式、数量多少、何时购买、何处购买、以什么价格购买、以什么方式付款，等等。

（5）购后感受。购后感受是消费者对已购商品通过自己使用或通过他人评价，对满足预期需要的反馈，重新考虑购买这种商品是否正确、是否符合理想等，从而形成的感受。这种感受，一般表现为满意、基本满意和不满意三种情况。消费者购后感受的好坏，会影响到消费者是否重复购买，并影响到他人的购买问题，对企业信誉和形象关系极大。

【案例】

90 年代初，英日机械商为争夺泰国市场展开了激烈的竞争。日本某公司组织了精心的营销策划，利用当地某著名佛像作为背景，借助三维动画手法，大做广告，推销产品。广告播出后，立刻引起轰动。轰动之后，则是当地社团、用户的声讨和抗议。原因在于，日本企业忽略了当地的一个重要环境因素——文化因素。泰国是崇尚佛教文化的国度，他们认为日本企业的广告亵渎了自己的信仰，是大逆不道的行径。由此可见，市场环境对企业的行为，既是一种机会，又可能是一种威胁。企业必须了解和研究所面临的环境因素，并且有适应环境变化的能力。请你对该公司的做法作出评价？

【思考题】

消费者市场的主要特点是什么？

☐ 生产者购买行为分析

生产者市场也叫产业市场，或企业市场。在该市场上，组织和个人购买产品和服务的目的，不是为了满足自己的消费需要，而是用来生产其他的产品和服务，以供出售或租赁。

1．生产者市场的特点

（1）购买者较少，但购买批量较大。生产者市场上，购买生产资料是以企业为单位，而且生产资料被用来大批量生产其他产品，这就必然表现为购买者较少，而购买批量较大。因此，生产资料的供应者应同购买量较大的用户保持直接联系，以稳定购销业务关系。

（2）生产者市场需要是"引伸需求"。生产资料购买者对生产资料的需要，归根结底是由利用这种生产资料生产出来的消费品的需求量决定的。例如，制革者所以要购买兽皮，皮革制造商之所以要购买皮革，归根结底是因为消费者对皮鞋和皮衣等皮革制品有需求。反之，消费者减少或没有这种需求，前面一系列的需求也就没有了。

（3）生产者市场的需求缺乏弹性。生产资料是生产的必备要素。为了使生产过程连续进行，生产者必然要根据一定的生产计划不断购买，补充生产。因此，在一般情况下，它受价格波动因素的影响较小，价格弹性较小。

（4）专业人员购买。由于生产资料特别是某些机器设备的技术性较强，需有经过训练、内行的专业人员负责采购工作。企业主要设备的采购，特别是新型的、重要的生产资料的采购，企业也可以成立一个由技术专家组成的采购小组负责采购事务。

（5）购买行为的严肃性和稳定性。生产者购买行为与消费者的购买行为有一个很大的差别，即后者往往带有很大的随意性，而生产者的购买一般都是有组织、有计划严格进行的。他们一般都是以签订合同的形式进行购买，对交易条款作出详细规定，以保证双方利益不受侵害，保证客户的需要按时、按条件得到满足。同时，由于客户的购买行为是审慎的、集体决策的结果，反映了用户生产经营活动的实际需要，只要卖方严格履行合同、做好售后服务，双方就会建立长期的、稳定的供货关系，不会频繁变动。

2．影响生产者购买行为的因素

生产者在进行购买决策时往往会受各种因素的影响。一方面会受环境、价格、产品和服务等因素的影响。另一方面，也会受到决策人的个体因素的影响。主要包括以下几方面：

（1）环境因素。所谓环境因素，是指企业不可控制的外部力量。生产资料的购买深受现行的和预期的经济环境因素（基本的市场需求、经济前景和利率水平）的影响，如在经济萧条时，生产资料购买者往往会缩小对工厂和设备的投资，减少生产资料的采购量和库存量。同时，生产资料的购买还受到政治、法律和竞争环境的影响，特别是要受技术环境的影响。

（2）组织因素。每个购买生产资料的企业都有自己特有的目标、政策、经营活动程序、组织结构和管理制度，这些因素都会影响企业采购的决策。目前国外的生产资料采购具有以下的发展趋势：一是提高采购部门的地位。如美国的一些大企业把采购部门的领导人提升到公司副总裁的地位；一些公司还把采购、库存控制、生产作业过程和运输等职能合并成一个高层次的职能，称为"原材料管理"；更多的企业则物色聪明灵活、受过高等教育的人从事采购工作，并给予较高的酬金。二是采取集中采购的方式，从而达成更有利的交易条件，并降低生产成本。三是签订长期合同，以保证生产资料的不断供应。四是重视对采购实绩的考评。企业建立了经济刺激制度，对采购工作成绩优异者给予奖励，促使采购人员努力寻找对企业最有利的供应者。

（3）人事因素。每个企业往往有许多人以不同的身份参与购买决策，这些人在企业中具有不同的地位、职权、志趣和说服力，这些人事因素必然会影响购买决策。

（4）个人因素。每个参与生产资料购买决策的人都有不同的动机、感觉和偏爱等特征，并在购买决策的过程中始终起着一定的作用，而这些特征往往由参与者的年龄、教育水平、职务、个性以及对风险的态度等因素所决定。

3．生产者购买决策过程

生产者购买物资要制定一系列的购买决策，而决策的数量和复杂性取决于购买活动的类型。生产资料的购买活动可以分为以下三个主要类型：一是纯粹续购型，即用户根据常规的生产需要和过去的供销关系进行重复性地采购。二是更改续购型，即采购企业因生产所需或为了提高采购工作质量，部分地改变采购产品的规格、可接收的价格以及其他的供货条件或供应者。三是新任务购买型，即企业首次购买某种生产资料的活动。不同类型的购买活动，与其他购买活动过程是不同的。新任务购买过程有七个阶段，其余两类的购买只需经过其中几个阶段，我们这里主要讨论新任务购买的购买过程。

（1）认识需要。生产资料采购的过程起始于企业认识到某种需要的存在，并能通过购买某种商品或服务而得到满足。认识需要往往有两种情况：一是企业内部因素，如企业决定生产一种新产品，因而需要购买相应的生产设备和原料；原有的设备已陈旧或破损，需更新和维修；发现某些已购进的原料不符合生产需要，需重新购买。二是外部因素。如采购员通过参加展销会和其他业务活动，发现企业能采购到质量较优、价格较低的生产资料，从而产生了购买欲望。

（2）确定产品的总体需要和规格。采购企业认识到需要后，首先就要决定所需要的生产资料的大致特征（机器设备的功率，精确度和安全性等）和数量。其次，还要运用一定的方法来决定所购生产资料的技术指标。

（3）寻找供应者。在这一阶段，采购员可以通过查阅工商企业通信录，其他企业的推荐材料，以及广告等寻找供应者。并且列出一张可供选择的供应者名单。

（4）征求供应者建议。在这一阶段，采购企业将邀请符合标准的供应者提供有关产品使用说明、价目表、质量标准等建议。这既可以是商品目录单和推销人员的口头建议，也可以是详细的书面建议。

（5）选择供应者。采购企业在获得各个供应者的建议后，进行最后供应者的选择。这里，不仅要考虑各个供应者在产品技术方面的可信度，而且还要考虑各个供应者按时交货和提供必要服务的能力。通过分析，采购企业便着手同最有吸引力的供应者就产品价格和其他交易条件进行谈判，以做出最终的选择。

（6）确定订货。产品价格及其他交易条件确定后，采购企业应把订货单发给被选中的供应者，在订货单上列明产品的技术规格、订货数量、交货时间、产品保证和其他事项。

（7）评价合同执行情况。材料购进后，采购人员还应与生产资料使用者取得联系，要求他们根据产品使用情况，做出满意程度的评价，并对供应者执行合同的总体情况（交货及时性、服务质量等）作出评价。采购人员的评价可能导致其继续同供应者保持业务，增加或减少业务量，或者断绝同供应者的业务联系。

【思考题】

生产者市场的主要特点是什么？

□ 中间商购买行为分析

中间商市场，又称转卖市场。是指由以赢利为目的，购买商品后再转卖或出租给别人的所有组织和个人所组成的市场。中间商市场主要由各种批发商与零售商组成，批发商购买商品，并把它转卖给零售商和其他商业企业、制造商和公共机构等；零售商是向生产企业或批发企业购进商品，再把商品直接卖给消费者。

中间商在市场上购买货物，主要是用来转卖，以获得利润；此外，转卖者在市场上还购买一定货物和劳务，用来进行生产经营。这里只讨论由转卖而产生的购买行为。

1. 影响中间商购买行为的因素

中间商的购买行为也受环境、经济、组织、人事和个人等因素的影响。如在市场疲软的情况下，中间商往往会压缩库存，减少进货批量，并要求供货者提供更多的服务等。影响中间商购买行为的因素基本上与生产者市场相同，这里不再重复。

2．中间商购买的过程

中间商购买的过程因商品的不同而不同。如采购新产品，像生产者一样，也要经过七个阶段；如续购原来已经营的商品，中间商的库存降到一定水平时，就会重新向供应者订购，只要中间商感到供应者的产品、供货条件和服务是比较满意的，中间商一般不会变换供应者。只有当中间商的费用和成本增加，影响其利润时，中间商才会同供应者重新协商。与生产者购买相比，中间商购买行为还会面临以下三种不同的购买状况：

（1）购买新产品。在这种状况下，卖主向中间商提供某种新产品，中间商需要做出接受或不接受的选择，这取决于这一产品的销路以及能否带来一定的利润。这同生产者的新任务购买型是不同的。因为生产者为了满足生产的需要，必须向某一供货者购买所需的商品。而中间商则不同，如果估计该商品有较好的销路，就会购买较大数量；如果估计销路不好，则会购买较少的数量甚至不进货；如果对销路没有把握，中间商可以先小批量进货，再视市场需求状况确定是否再进货及进货数量。

（2）选择最佳供应者。中间商需要购买某种商品，而经营该种商品的供应者很多，中间商往往会从产品价格、质量、售后服务、信贷和交货及时等方面来评价供应者，并在其中选择最佳的供应者。当然，不同的中间商由于其经营状况及进货要求是不同的，评价标准也是不同的。

（3）谋求更好的供货条件。许多中间商同供货者建立一定的业务关系后，在一般情况下，是不会轻易更换供应者。但中间商往往会向现有的供货者谋求更好的供货条件，索求优惠待遇，如更多的服务、更好的信贷条件和较大的价格折扣。

【思考题】

生产者与中间商购买行为的主要区别是什么？

■ 商品销售组织

销售工作是企业经营的关键环节，有着自身特有的运行规律和方式。企业要顺利地完成商品销售任务，就应熟悉和了解各种销售流程，并合理地组织销售全过程。

□ 商品销售的基本过程

企业的销售过程涉及到许多部门和多种业务，其流程是否规范和合理直接关系到销售业务的开展。企业的销售流程往往由很多子流程所组成，在此，我们主要介绍企业销售的基本流程、订单处理流程、回款流程和经销商退换货流程。

1. 企业销售的基本流程

企业销售的基本流程如图8－4所示。

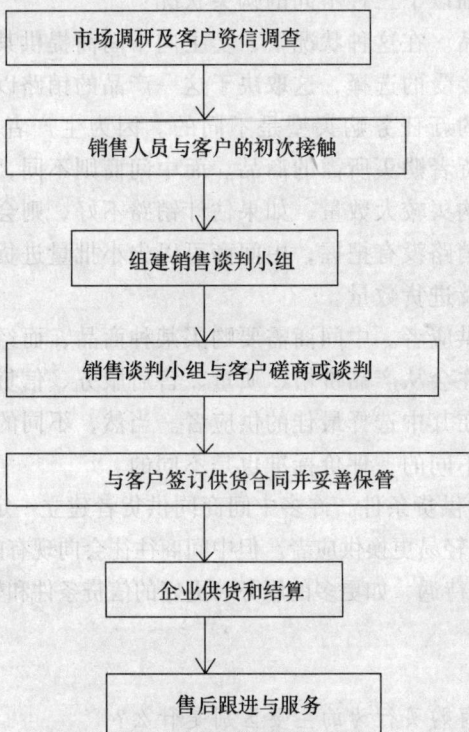

```
┌─────────────────────────┐
│   市场调研及客户资信调查    │
└─────────────────────────┘
            ↓
┌─────────────────────────┐
│   销售人员与客户的初次接触  │
└─────────────────────────┘
            ↓
┌─────────────────────────┐
│     组建销售谈判小组       │
└─────────────────────────┘
            ↓
┌─────────────────────────┐
│  销售谈判小组与客户磋商或谈判 │
└─────────────────────────┘
            ↓
┌─────────────────────────┐
│  与客户签订供货合同并妥善保管 │
└─────────────────────────┘
            ↓
┌─────────────────────────┐
│      企业供货和结算        │
└─────────────────────────┘
            ↓
┌─────────────────────────┐
│      售后跟进与服务        │
└─────────────────────────┘
```

图 8－4　企业销售流程

（1）市场调研和客户资信调查。信用调查可以通过金融机构进行。可信度较高，所需费用少。但因客户业务银行的不同，所花时间会较长。

（2）销售人员与客户的初次接触。在接触前应做好充分的准备工作，了解客户、了解他所在的企业，在初次接触时应建立起客户的请求。

（3）组建临时销售谈判小组。如果客户较大，可以成立临时工作小组，运用众人的智慧获得这个客户。

（4）销售谈判小组与客户磋商或谈判。谈判时，应不断引起客户的需求，描述其需求获得满足的情景，强调产品所能带来的种种利益，注意客户心理的变化。

（5）与客户签订供货合同并妥善保管。与客户谈判后，按一定的程序进行合同的签订。合同应一式若干份，由相应的部门备案保管。

（6）企业供货和结算。根据合同规定的期限和供货方式向客户发货，并进行货款的结算。

（7）售后跟进与服务。这是众多企业作为竞争手段的一把利剑，完善的售后跟进与服务才能使企业在竞争中立于不败之地。企业可以根据自身的状况确定服务项目和服务水平。

2．订单处理和回款流程

企业订单处理和回款流程如图 8-5 所示。

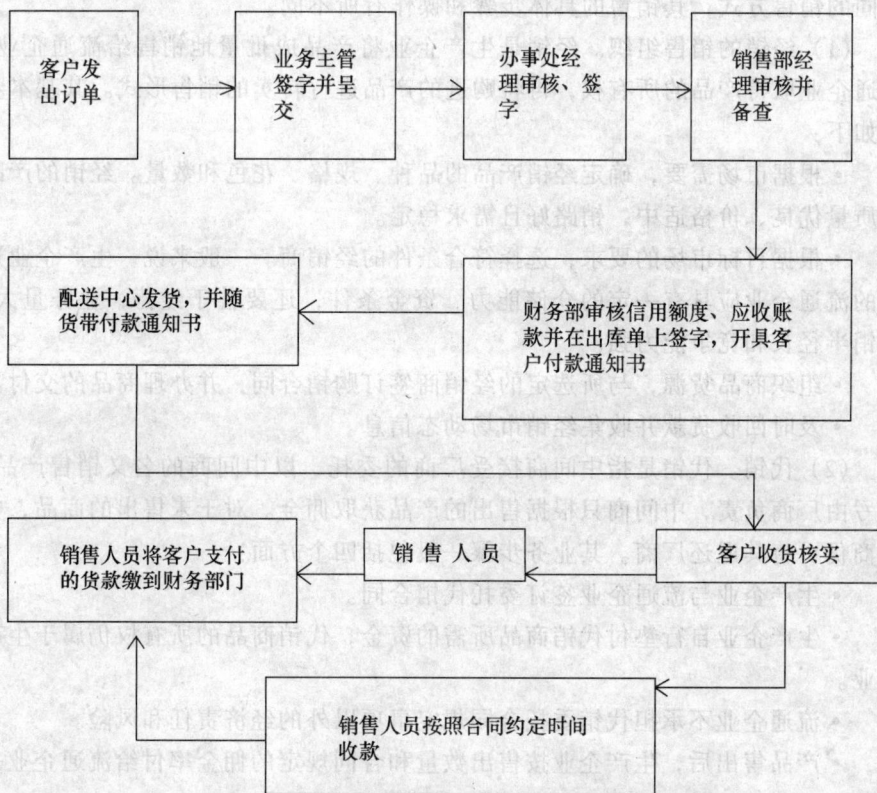

图 8-5　订单处理和回款流程图

企业订单处理和回款流程的主要程序如下：

（1）订单审核。无论是哪一级别的审核，都必须对产品名称、规格、包装、数量、价格、交货时间、装运条件、付款方式及所需单、证等，逐项审查，并注意有无特殊要求。

（2）发货。货物发运必须符合合同要求，这样不仅可以保证收回货款，也可与客户一方的各项安排密切衔接，有利于进一步发展业务。

（3）客户收货核实。订单处理并不以货物发出为终结，还须注意客户的收货核实，一般以签字或盖章为准。注意单据的保管与保存。

（4）销售人员收款。如果结当次货款，应提前电话通知。如果结应收账款，应遵循信函通知、电话催收、派员面谈和法律行动等程序。

3. 经销、代销和自销的销售程序

企业在产品销售过程中，应根据产品和市场状况，采取不同的销售方式。不同的销售方式，其销售的具体步骤和操作有所不同。

（1）经销的销售组织。经销是生产企业将产品成批量地销售给流通企业，流通企业取得产品的所有权，再将购进的产品进行转卖的销售形式。其基本步骤如下：

• 根据市场需要，确定经销产品的品种、规格、花色和数量。经销的产品应质量优良、价格适中，销路好且需求稳定。

• 根据目标市场的要求，选择符合条件的经销商。一般来说，生产企业选择的流通企业应具有一定的仓储能力、资金条件，还要善于经营，业务量大、购销半径长和竞争能力强。

• 组织商品货源，与所选定的经销商签订购销合同，并办理商品的交付。

• 及时回收货款并收集经销市场动态信息。

（2）代销。代销是指中间商接受厂商的委托，以中间商的名义销售产品，盈亏由厂商负责，中间商只根据售出的产品获取佣金。对于未售出的商品，中间商仍可将其退还厂商。其业务步骤一般包括四个方面：

• 生产企业与流通企业签订委托代销合同。

• 生产企业自行垫付代销商品所需的资金，代销商品的所有权仍属于生产企业。

• 流通企业不承担代销委托合同规定事项以外的经济责任和风险。

• 产品售出后，生产企业按售出数量和合同规定的佣金率付给流通企业一定的佣金。

（3）自销。指没有中间商介入，由生产企业直接把商品转移到消费者手

中。其销售过程与上述基本销售过程大致相同。但自销的方式有多种多样，其销售过程也有所不同。

在自销方式上，企业一般可以选择在目标市场设立全资子公司、联营体、自销门市部、无店面销售和租用销售等几种方式。具体包括以下几种类型：企业派推销人员直接上门推销；通过各种媒体向顾客推销商品，如邮寄销售、电话销售、电视销售和电子销售等；租用销售，顾客不必支付产品的购买费，而只需支付每月的租金，即可使用商品。

4. 零售企业商品销售过程

零售企业商品销售过程如图 8 - 6 所示。

图 8 - 6 零售企业商品销售流程图

（1）接待准备。在准备阶段，售货员应做好物质准备和精神准备。从物质准备来讲，首先，应准备好商品，保证货架上的商品充裕、美观和整洁。其次，应准备好各种营业用具。从精神准备来讲，首先，要有正确的等待顾客的姿态。售货员应穿着商店规定的服装，精神饱满，仪容仪表大方。其次，售货员要站在规定的位置，以正确的姿态站立，不允许闲扯聊天，背对顾客，背靠货架等，并且做到一人站中间，两人两边站，三人一线站。

（2）招呼顾客。顾客进店后，要善于观察顾客的来意，要正确掌握与顾客打招呼的时机，过早或过迟都会影响顾客的购买行为。应根据进入商店的顾客类型的不同，确定不同的招呼方式：

对前来实现既定购买目的的顾客，售货员应马上接近和打招呼，以便开始后续步骤。

对前来了解商品行情的顾客，售货员应让其在轻松自由的气氛下任意观赏，在他对某个商品发生兴趣、表露出中意的神情时才打招呼。

对前来参观浏览或看热闹的顾客，不必急于招呼，但应随时注意其动静，当其注意某一商品时，售货员就应适时地与其接触。

（3）展示商品。展示是一种形象化地介绍商品的形式，它由售货员施展特定的手法技巧，让商品自身说话。在展示商品时，要体现商品的特点，掌握节奏，让顾客进行充分的比较和选择，同时，展示商品要轻拿轻放，动作平稳。商品展示的方法应结合商品的特点，例如，对电脑的展示，应进行具体操作，才能使顾客了解其性能。

（4）介绍商品。介绍商品要与展示商品结合在一起。售货员在掌握了有关商品知识和观察了解了顾客心理的前提下，向顾客推荐商品。推荐并介绍的作用在于使顾客了解商品，便于选择。因此在介绍商品时，一是要针对不同商品的特点进行介绍，如对食品、药品，应主要介绍其成分；二是要在了解顾客需要的基础上，进行商品的推荐和介绍；三是介绍时应做到实事求是、态度诚恳、讲究方式、有问必答。

（5）开票收款。达成交易后，售货员要迅速完成计价、开票和收款任务，计价既要准、又要快，并要将结果告知顾客。收款，不论是售货员经手或是收款员经手收款，都要贯彻"货出去，钱进来"的原则，遵守唱收唱付的操作规程。

（6）包扎商品。包扎是商品成交后的环节。要结实、美观、大方，零售企业应尽量用印有店名、店址和经营范围的包装纸和包装袋包装商品，以此起到广告宣传的作用。

（7）递交送别。在收款和商品包扎后，应将包扎好的商品，双手递交给顾客，以示礼貌。最后，顾客离柜时，应向顾客道别致意，使顾客高兴而来，满意而归。即使没有达成交易，也应以礼相待，以维护企业的良好形象。

【思考题】

选择一个企业，了解其整个商品销售过程。

□ 电子商务

进入 90 年代以来，随着计算机网络和通信技术的迅速发展，特别是 Internet 的普及运用，使人们从传统的行为方式和观念受到巨大的冲击和影响。电子商务是 Internet 发展的最新市场，它作为一种崭新的商务运作方式，将带来一次新的产业革命。

所谓电子商务（E - Business），是指包括电子贸易在内的通过 Internet 进行的各种商务活动。这些商务活动不仅局限在企业之间，也包括在企业内部、个人和企业之间发生的一切商务活动。电子商务的产生和发展，将现代信息技术带人服务领域、商品流通领域和产品生产领域，使传统意义上的服务、商品流通和产品生产等概念和内涵发生了理念上的变化。

电子商务的发展和应用，不仅对流通企业的运作，个人的工作、生活产生重要的影响，同时也涵盖了国家政府、工业企业、金融机构、教育部门等范围，涉及面非常广泛。单纯从企业角度来看，电子商务以最新的 Internet、Intranet（企业内部网）和 Extranet（企业外部网）作为载体，使企业有效地完成自身内部的各项经营管理活动（包括市场、生产、制造和产品服务等），并解决企业之间的商业贸易和合作关系，发展和密切消费者与企业之间的联系，最终降低产、供、销的成本，增加企业利润，开辟新的市场。从另外一个角度看，随着全球网络通信和信息技术的发展，特别是 Internet 在世界范围的普及和扩展，使商业空间扩展到全球。企业的产品目录查询、接受订单、送货通知、网络营销、账务管理、库存管理、股票及期货的分析等都可以通过 Internet 来实现，从而为企业提供了更多的商机。

1. 电子商务的内容

电子商务的应用范围随着 Internet 的普及而不断扩大。它的应用范围小到家庭理财、个人购物，大到企业经营、国际贸易等诸方面。具体地说，其内容大致可分为三个方面：企业间的商务活动、企业的商务运作和个人网上服务。

（1）企业间的电子商务活动。电子商务最基本的特性为商务性，即提供买、卖交易的服务、手段和机会。因而，电子商务对任何规模的企业而言，都是一种机遇。就商务性而言，电子商务可以扩展市场，增加客户数量；通过

www 信息连至数据库，企业能记录下每次访问、销售、购买形式和购货动态，以及客户对产品的偏爱。这样，企业通过统计这些数据，就可以获知客户最想购买的产品是什么，并提出相应的产品策略。

（2）企业的业务运作。商务活动作为一个协调过程，它不仅需要生产者、供货商以及商务伙伴间的协调，同时在企业内部对雇员的合作以及同外部客户的相互关系提出较高要求。为提高效率，许多组织都提供了交互式的协议，电子商务活动可以在这些协议的基础上进行。从新产品的开发、设计制造、销售，直到售后服务，对于这一系列企业经营活动，电子商务都可以提供全面支持。对于用户，电子商务是迅速简便、具有界面的用户信息反馈工具，它密切了客户与企业的业务联系。对于企业的经营者和决策者，电子商务更能提供高价值的商业情报，全面支持他们去辨别隐藏的商业关系和把握企业未来的发展趋势，使他们作出更有创造性和战略性的决策。

（3）个人网上服务。在电子商务环境中，人们可以通过 www 看见店面前台，不仅能身临其境地浏览各类商品，而且还能获得在线服务；不仅能够购买实物产品，如汽车、电视机和录音机，也能购买数字类产品，如信息、录像、录音、数据库、软件及各类知识产品。此外，还能获得各类服务，如安排旅游行程、网上医疗诊断和远程教育等。

2．电子商务的服务功能

电子商务可提供网上营销、服务、交易和管理等全过程的服务，具有业务组织与运作、信息发布、网上订购、网上支付和网上金融服务等各项功能。

（1）业务组织与运作。电子商务是一种基于信息的商业过程。在这一过程中，企业内外的大量业务被重组而得以有效运作。企业对外通过 Internet 加强了与合作伙伴之间的联系，对内则通过 Intranet 提高了业务管理的集成化和自动化水平，在业务的运作上真正做到了快速、高效和方便。而客户直接同企业发生联系，则根本改变了企业传统的封闭式生产经营模式，使产品开发和生产可根据客户需求而动态变化。

（2）信息发布。在电子商务中，信息发布的实时性和方便性是传统媒体无可比拟的。新型的在线发布手段使得信息查询非常方便和实用，各种多媒体的信息全方位展现了以往各种媒体不具备的功能并获得了奇效。网络宣传广告、用户在线查询和浏览、网络会议等具体发布形式更是让人目不暇接。

（3）网上购物。对个人而言，电子商务最为直观和方便的功能就是网上购物。对那些厌烦购物走进商店的人来说，网上购物无需走出家门便能买到所需要的商品。对于那些喜欢逛商场的人来说，网上购物可以在家中尽情挑选各种各样的商品。

（4）网上支付。购物需要付款。电子商务要成为一个完整的过程，网上支付是重要环节。网络作为一种新型的贸易方式正在逐渐成为商务的一大发展趋势，势必带动着新型付款方式的形成。数字货币、数字支票、信用卡系统等综合的网上支付手段，较传统的货币方式更具有方便性，在网上直接采用电子支付手段也可节省交易中很多人员的开销。

（5）网上金融服务。电子商务必须处理好物流、信息流和资金流中的每个环节，才能有效运作。金融服务应迎合电子商务的要求，扩大服务范围，变革服务手段。具体地说，电子商务带动的金融服务，包括网上贸易和网上银行、网上报价、网上代理等。

　　3. 企业电子商务运作过程

企业的生产经营过程，往往从市场调查开始，经过采购、生产、销售、结算等过程。随着计算机网络的出现，这一切活动都通过网络来进行。基本过程如图 8-7 所示。

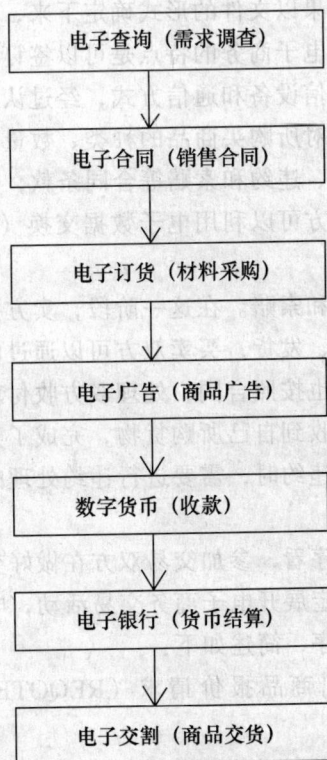

图 8-7　企业电子商务运作过程

从图 8-7 的交易过程看，企业电子商务可以分为以下三个阶段：

（1）交易前的准备工作。这一阶段主要是指买卖双方和参加交易各方在签约前的准备活动。

1）买方根据自己要买的商品，准备购货款，制定购货计划，进行货源市场调查和市场分析，反复进行市场查询，了解各个卖方的交易条件，并进行购货计划和进货计划的改进，确定和审批购货计划。再按计划确定购买商品的种类、数量、规格、价格、购货地点和交易方式等，尤其要利用 Internet 和各种电子商务网络寻找自己满意的商品和供货商。

2）卖方根据自己所销售的商品，召开商品发布会，制作广告进行宣传，全面进行市场调查和市场分析，制定各种销售策略和销售方式，了解各个买方的贸易政策，利用 Internet 和各种电子商务网络发布商品广告，寻找贸易伙伴和贸易机会，扩大贸易范围和商品所占的市场份额。

（2）交易谈判和签订合同。这一阶段主要是指买卖双方对所有交易细节进行谈判，将双方磋商的结果以文件的形式确定下来，即以书面文件形式和电子文件形式签订贸易合同。电子商务的特点是可以签订电子商务贸易合同，交易双方可以利用现代电子通信设备和通信方式，经过认真谈判和磋商后，将双方在交易中的权利和义务、对所购买商品的种类、数量、价格、交货地点、交货期、交易方式和运输方式、违约和索赔等合同条款，全部以电子交易合同作出全面详细的规定，合同双方可以利用电子数据交换（EDI）进行签约，可以通过数字签字等方式签署。

（3）交易合同的履行和索赔。在这一阶段，卖方要备货、组货并将商品交付给运输公司包装、起运、发货，买卖双方可以通过电子商务服务器跟踪发出的货物，银行和金融机构也按照合同，处理双方收付款、进行结算，出具相应的银行单据等，直到买方收到自己所购货物，完成了整个交易过程。索赔是在买卖双方交易过程中出现违约时，需要进行违约处理的工作，受损方可向违约方索赔。

从电子交易的基本程序看，参加交易双方在做好交易前的准备以后，通常都是根据电子商务标准规定展开电子商务交易活动，电子商务标准规定了电子商务交易应遵循的基本程序，简述如下：

• 客户向供货方提出商品报价请求（REQOTE），说明想购买的商品信息。

• 供货方向客户方回答该商品的报价（QUOTES），说明该商品的报价信息。

• 客户方向供货方提出商品订购单（OREDRS），说明初步确定购买的信息。

• 供货方向客户提出对商品订购单的应答（OREDSP），说明有无此商品及规格型号品种、质量等信息。

• 客户方根据应答提出是否对商品订购单有变更请求（ORDCHG），说明最后确定购买商品信息。

• 客户方向供货方提出商品运输说明（IFTMIN），说明运输工具、交货地点等信息。

• 供货方向客户方发出发货通知（BESADN），说明运输公司、发货地点、运输设备、包装等信息。

• 客户方向供货方发出收货通知（RECADN），报告收货信息。

• 交易双方收发汇款通知（REMADV），买方发出汇款通知，卖方报告收款信息。

• 供货方向客户方发送电子发票（INVOIC），买方收到商品，卖方收到货款并出具电子发票，完成全部交易。

【案例】

Micro Vision Computer Products 作为一家计算机配件制造商，最高年收入为 400 万美元。但随着计算机零售市场的剧烈动荡，生意越来越难做。公司总裁施瑞纳开始了网上营销的构思。

施瑞纳经过认真研究，觉得自己的产品上网销售具有几方面的优势：一是所有上网的人都可以利用自己的产品，市场的潜力很大；二是自己有不少新产品，特色鲜明。于是，他开始制定网上销售计划：

1. 专门针对网民推出多款新的计算机配件产品。

2. 为这些产品建立一个专门站点。为方便记忆，域名取得很短，叫做 www.webpads.com。

3. 在站点上组织用户大量使用与自己产品有关的信息。

4. 在站点上组织专业媒体的编辑免费使用产品，并写出评述文章，然后将这些文章存放在自己的网站上。

5. 在网上各个电子公告拦、新闻讨论组以及其他站点发布消息，邀请用户访问自己的站点，阅读那些评述文章。注意不直接做广告，因为广告容易招人讨厌。

6．每周搞一次有奖比赛。

7．凡登记参赛的网友，都发给一份介绍本公司的资料。

耐心是最关键的。坚持一定时间后，往往可以检验前面作出的各项努力的成效。施瑞纳决心至少坚持半年看看结果究竟如何。这个计划从 1996 年初开始逐步落实。施瑞纳有思想准备，在站点上网的初期，访问量很小，增长也很缓慢。通过站点访问统计软件，可以随时掌握站点访问情况。开始平均每天只有 12 人来访，等有奖竞赛开始后，每天的造访人数增加到 100 人，不过销售还是无太大起色。施瑞纳仍然沉住气，直到 3 个月之后，站点访问量和产品销售量双双大幅度增长。大约在 5 个月后，施瑞纳才觉得尝到成功的喜悦，站点的名声、产品信誉都形成良性循环，互相促进，销量不断增长，并超过了未上网以前的最高销售记录。由于网上推销大大降低了成本，利润率比从前有显著提高。

【思考题】

联系实际谈谈企业应如何开展电子商务？

■ 促进销售

促进销售是企业经营活动的重要组成部分。在市场竞争日益激烈的情况下，企业不仅要有适销对路的产品、合理的价格和便于消费者购买的营销渠道，更须充分重视运用促销手段，促使消费者购买本企业的产品。

□ 促销的概念和作用

促进销售是指企业通过各种促销手段，与消费者沟通信息，促进了解，掌握消费者的需要，激发消费欲望和兴趣，进而满足消费者需要，实现其购买行为的一种经营活动。

1．促销的方式

企业在促销中可以使用的方式有很多，但归纳起来主要有广告、营业推广、公共关系和人员推销四大类。

（1）广告。这是指通过不同的媒体（如广播、电视、报纸期刊和告示等）

对产品进行广泛宣传的一种促销方式。

（2）人员推销。这是指企业派出推销人员或委托推销人员，向目标顾客进行产品的介绍、推广、宣传和销售的促销方式。

（3）营业推广。这是指由一系列具有短期诱导性的战术性促销形式所组成的促销方式。企业有计划地在一个较大的目标市场中，采取刺激性强、吸引力大的营业推广活动，能促使消费者迅速产生购买行为。

（4）公共关系。这是一种间接的促销方式。它是通过宣传报道等形式来提高企业的知名度和声誉的一种促销方式。因为企业的声誉能转化为产品的声誉，良好的企业声誉有利于树立良好的产品声誉，从而有利于促进产品的销售。

2．促销的作用

企业的促销活动，往往可以改变或加强消费者的购买行为，主要包括以下几方面的作用。

（1）沟通需求信息。促销是为了促成销售的实现，不断告知和说服消费者的过程。这个过程实质上就是信息沟通的过程。企业要广泛收集消费者需求及偏好的信息，进行深入的分析研究。然后生产出适合消费者需求的产品，采用消费者容易接受的方式，将产品的信息尽快地传递给消费者，以达到更好地满足消费者的需求，增加销售的目的。

（2）引起购买欲望。促销的目的是引起消费者的注意和兴趣，激发消费者的需求和愿望，促使消费者购买行为的产生。有效的促销活动不仅可以诱导和激发需求，在一定条件下还可以创造需求，从而使市场需求朝着有利于企业产品销售的方向发展。

（3）建立产品形象。消费者对产品的了解程度，是消费者选择购买某种商品的基础。促销能够提高对产品的知名度。而在竞争激烈的市场上，消费者往往难以辨别或觉察许多同类产品的细微差别，这时企业就可以通过促销活动，宣传本企业产品较竞争企业产品的不同特点及它给消费者带来的特殊利益，使消费者能在众多的商品中识别和注意本企业的产品，产生对产品的偏好，并作出购买的决策。

（4）扩大市场份额。在激烈的市场竞争中，企业市场份额的大小直接决定企业的市场地位。企业可以通过促销活动，使更多的消费者注意和购买本企业产品，养成品牌忠诚式购买，以达到稳定和提高销售的目的。

【思考题】

举例说明促进销售的作用。

□ 人员推销

人员推销是指推销人员利用说服、沟通、暗示和诱导等方法，使顾客接受或购买原不想购买的产品或劳务的一种促销方式。这是最基本的、最古老的一种推销方式，但与其他促销手段相比，具有不可替代的作用。

1. 人员推销的特点

人员推销是一种双向沟通的直接推销方式，与其他促销手段相比，有以下几个特点：

（1）灵活性。推销人员能与顾客保持直接联系，可以根据各类顾客的愿望、需求和动机等，有针对性地进行推销；及时了解顾客的反映，并据此适时调整自己的推销策略和方法，解答顾客的疑问，使顾客产生信任感。

（2）选择性。人员推销可以选择具有较大购买可能的顾客进行推销，并可事先对未来顾客作详细分析和研究，确定具体推销方案，以提高推销的成功率。

（3）完整性。人员推销不仅直接促成购买行为，并承担了整个销售阶段的工作。自寻找顾客开始，到接触顾客、进行磋商，直到促成交易、履行合同、收回货款等整个销售过程的完成。

（4）功能性。人员推销在商品推销过程中，还可以帮助顾客解决问题，充当顾客的顾问，为顾客提供服务。从而使双方从单纯的买卖关系发展到建立深厚的友谊，这种情感关系反过来又促进推销业务的发展。

（5）信息反馈性。推销人员直接面对顾客，能够了解顾客的愿望和要求，了解顾客对企业和产品的意见及建议。推销人员将各种信息及时反馈给企业，有利于企业掌握市场动向。

2. 人员推销的程序

为了完成推销任务，推销人员必须遵循一定的工作程序。按照推销程序开展推销活动，可以提高推销工作的效率和成功率。推销一般分为以下四个步骤：

（1）寻找顾客。寻找顾客既是推销人员工作的起点，又是推销人员的一项经常性的工作。在人员推销过程中，推销人员不仅要与已有的顾客保持联系，更加重要的是要不断地寻找新顾客，开拓新市场。

（2）接近顾客。推销人员在确定访问对象、访问事由、访问目的、访问时间和访问地点，并征得顾客同意后，正式进行推销访问。推销人员接近顾客的方法很重要，它直接影响顾客对产品及推销人员的第一印象，是推销能否成功的关键。

（3）推销洽谈。推销洽谈是推销人员用各种方式和手段去劝说顾客购买商品的过程，也是推销人员向顾客传递推销信息并进行双向沟通的过程。一方面，通过与现实的和潜在的顾客联系，将所推销的商品的用途、性能、特点、价格等信息及所在企业有关信息传递给准购买者；另一方面，通过示范或情感激发顾客的兴趣，解答顾客的疑虑，并提供详细的资料说服顾客。

（4）提供服务。推销人员在商品推销过程中，特别在商品交易达成以后，应积极地为顾客提供各种服务。如送货上门、安装调试、技术咨询及维修保养等服务。从而树立企业形象，赢得顾客信任。

　3. 推销人员的管理

推销人员的管理是企业经营管理工作的重要组成部分，是提高人员推销效率的关键所在。推销人员管理的内容主要包括推销人员的选拔、培训和考核等。

（1）推销人员的选拔。推销人员素质的高低，直接影响着推销效果的好坏，他们的工作直接关系到企业的声誉。在选拔推销人员时，首先要看其是否具备推销员所应有的素质。根据美国一流推销培训专家汤姆·霍普金斯的经验，一个优秀的推销员应具备十个素质。

1）服饰鲜明。服饰有鲜明的个性特征，并以独特的风格给人以深刻的印象，让人一看就知道他是个有能力的人，值得信赖。

2）信心十足。只要透彻地掌握你所推销的产品或服务项目的专业知识，你就能帮助顾客下决心购买你的产品。

3）充满自豪。对自己的事业具有很强的自豪感，这种自豪感来源于严肃认真的责任感和充分发挥才能的强烈愿望。

4）热情亲切。热情而亲切地引导顾客，善于发现潜在顾客，从顾客利益出发，帮助顾客正确选择，让他们从所购买的物品中充分获得好处，这是推销人员的基本素质之一。

5）全力投入。依赖自己去解决生活和事业上的问题。不把个人的烦恼带到工作中去，把精力集中投入到最能发挥自己优势的工作中去，一心一意地用自己的专长帮助你所热爱的顾客。

6）渴望致富。渴望致富，但不发不义之财，依靠竭诚为顾客服务，在推销工作中实现自我价值而达到致富的目的。

7）知难而上。有强烈的事业心、成就感，不是知难而退，而是迎难而上，无论干什么事情，不干则已，一干务求成功。

8）不怕失败。向命运抗争，不承认失败，无论是在顺境，还是在逆境，都能始终面带微笑，崇拜光明。

9）善于交往。正确处理在与顾客交往中所产生的障碍问题，你无法阻止这类事情发生，但必须学会巧妙地克服这种障碍的技能。

10）不断求知。不断地接受再教育，学习日新月异的推销技术，要舍得花费金钱和精力对自己进行智力投资。

以上有关推销员素质的基本要求，仅供企业在选拔人员时参考。实践证明，不同的推销人员，虽然其性格、语言表达、社交能力、知识水平可能有所不同，但仍可取得同样的推销业务成绩。这说明推销人员的成功是多种因素综合作用的结果，并不在一个固定的模式，企业应根据自己的具体情况来挑选合适的推销人员。

（2）推销人员的培训。推销人员在正式开展业务活动之前，必须进行一定时间的培训，掌握推销工作的知识和技巧。对已经工作的推销员来说，每隔一段时间要进行一次培训，使之了解产品发展的新动态，交流推销经验，探讨如何提高推销工作的效率，挖掘个人的销售潜力，扩大业务范围。

培训推销员，首先要设计良好的培训计划，确定培训目标和方式。培训内容一般包括：

1）企业知识。让推销人员了解企业的历史、生产过程、技术实力、组织结构、产品组合、经营方针、战略目标、公司制度等，掌握企业的总体情况。

2）产品和技术知识。推销人员应掌握有关企业生产的产品品种、功能、用途、价格、包装、使用方法、技术指标、生产工艺等。

3）市场知识。推销人员应当对市场行情、竞争状况（竞争者产品的地位和营销措施）、需求分布、国家政策、地区特点等有较深的了解，能预测、分析所负责的市场及其发展趋势。

4）顾客知识。这包括目标顾客的不同类型及其需求特点、购买动机、购买习惯和购买决策人，等等，以便使推销人员对顾客能够有更好的把握。

5）推销技巧。一个推销员的熟练程度取决于推销技巧。这包括如何发现顾客、接近顾客、处理顾客异议、与顾客成交等。

6）业务程序和职责。应使推销人员掌握制订计划、安排时间、洽谈、订立合同、结算方式、开销范围和折扣水平等方面的知识，以便节约费用，提高工作效率。

【案例】

张涛在香港推销界已干了 20 多年。在这 20 多年里，他推销过多种产品，从一个门外汉变成一位推销高手。张涛认为，推销员应多多地拜访顾客，但是，如果能做建设性的访问，访问才会有效果。

张涛在推销地板用木砖时，虽然他拥有的客户数目不少，但每个客户的订货量不大，其原因是客户因受到资金的限制而无法大量地购买他的产品。如何才能让顾客大量地购买产品呢？经过认真地调查分析和思考，张涛为客户想出了一个加速资金周转的办法。他建议客户从时间上来改善，平常不必大量储存材料，而应计划安排好，在材料使用前几天内将货补齐，这样可以加速资金周转。客户采纳了他的建议后，果然不必在事前大量储存材料，节约了资金占用，加速了资金周转，终于能大量地采购张涛的材料了。

张涛把如何才能对顾客有新帮助的想法铭刻在心，从不放过一个能对顾客有所帮助的机会，即使是一个偶然的机会。一次，张涛与一位技术人员交谈，当时这位技术人员正计划要成立一个水质净化器制作和安装公司。张涛为了赢得顾客，便认真地思考一个富有建设性的方法。

当张涛在另外一位客户的办公室等候的时候，他看到了一个与自来水有关的技术杂志，便一页一页地翻看。结果发现了一篇具有经济价值的工程论文，这是论述在蓄水池上面安装保护膜的一篇论文。于是，张涛把这篇论文复印，然后带着复印材料去访问那位技术员。他对张涛提供的论文感到万分高兴。此后，他们的商业交往一直进行得很顺利。

要能够提出一个有益于顾客的构想，推销员就必须事先收集有关信息。张涛说："大多数推销人员忙着宴请客户单位的有关负责人，我则邀请客户单位的员工吃顿便饭，以便从他们那里得到有利的信息。"

【思考题】

企业应如何选择推销员？

□ 商业广告

广告是促销中受到普遍重视和应用的形式。在现代生活中，广告无处不在，无时不有，已成为人们生活的一部分。一般地说，广告可分为广义和狭义两大类。广义广告包括经济广告和非经济广告。狭义广告是指经济广告，又称商业广告。它登载的都是有关促进商品或劳务销售的经济信息。尽管内容多样，表现手法不一，但都是为经济利益服务，所以也称盈利性广告。非经济广告是指经济广告除外的各种广告，范围很广。我们所讲的广告都是指商业广告。

1. 广告的种类

广告具有多种多样的形式和内容。它可按不同的标准来进行分类，分清广告类别，有利于根据不同的广告目标的要求，正确地选择和使用广告媒体。

(1) 按广告覆盖范围划分，可分为全国性、区域性和地方性广告。

(2) 按广告所载的媒体划分，主要有：

1) 视听广告。包括广播广告、电视广告、电脑网络广告。

2) 报刊广告。包括报纸和杂志广告。

3) 邮寄广告。包括商品样本、目录、说明书及信函等广告。

4) 户外广告。包括广告牌、招贴画、交通广告、霓虹灯广告等。

(3) 按广告的直接目的划分，主要有：

1) 商品广告。这是以推销商品为目的的广告。此类广告又可分为报道式广告、劝导式广告和提示式广告。报道式广告的基本任务是使人们知道该种商品，主要用于新产品投放市场时。劝导式广告的目的是改变顾客原有的产品信息，唤起顾客对本产品的注意的需要。提示式广告是将自我品牌同其他竞争品牌相比较，以特别突出自我品牌的特色，使顾客接受该品牌的产品。

2) 企业广告。企业广告是以介绍企业的名称、企业精神和企业概况等有关企业信息的广告，目的在于树立并强化企业的社会形象，建立起企业良好声誉。

3) 公益广告。公益广告是用来宣传公共道德或公益事业的广告。企业把自身目标与整个社会大目标相一致，淡化广告中的商业气息，减少公众的抵触情绪，提高产量和改善企业形象和知名度，从而使企业赢得更多消费者。

2. 广告的功能

广告是一种面向目标市场和社会公众的支付费用的传播行为，它由商业性组织或个人通过不同的媒体或途径推行。广告的最基本功能表现为以下几方面：

（1）信息沟通。广告可以通过媒体把有关企业或产品的信息向社会广泛传播，使消费者根据自己的要求找到想要购买的商品。

（2）诱导购买。广告在信息沟通过程中，能够持续不断地对顾客或潜在顾客产生诱导作用。好的广告可以唤起注意，引起兴趣，产生欲望，导致购买。国外有调查统计，有 35％的人是直接靠广告诱导来购物的。

（3）指导消费。随着现代科技的迅猛发展，新产品层出不穷。一方面，人们希望及时地、顺利地买到自己需要的产品；另一方面，许多新产品不为消费者所认识，也不能顺利地销售出去。这是因为，消费者对这些商品的性能和结构不了解，担心买回去以后难以使用、难以维修。而广告则可以把生产者和消费者联系起来，起到指导消费、服务消费、传播新生活方式的作用。

（4）参与竞争。广告策略是企业的一项重要策略，如果企业有较好的产品，但没有适当的广告配合，产品不为广大消费者所了解，在竞争中仍有可能处于被动的地位。企业通过广告不仅可以争取到更多的顾客，占领更大的市场份额，而且有时能够阻止竞争者进入自己的领域。

（5）传播文化。广告是一种艺术。经过千锤百炼的广告词和精心策划的广告画面，不仅真实具体地向人们介绍产品，满足人们的物质需求，而且可以让人们通过对广告作品的欣赏，引起丰富的生活联想，得到精神上美的享受。

3．广告媒体的选择

广告媒体的选择，是企业广告促销中的一个重要环节。广告媒体多种多样，而且都有各自的特点，企业应根据广告宣传的特点及广告经费，正确、合理地选择广告媒体。

（1）产品的性质和特点。产品的种类很多，不同种类的产品所选择的广告媒体也不尽相同。家电产品的消费面广，适宜于用电视广告提高产品的知名度，辅之以报纸广告，具体说明产品的特殊性能及与其他同类产品的差异性。这样便能起到很好的促销作用。对性能差异性较大的耐用消费品，用电视广告就很难加以说明，而在杂志做广告就能够作详细介绍，并可用彩色图片表明其外形，达到理想的促销效果。对于一些价值较低的产品，采用邮寄广告和邮寄销售的效果比较好。

（2）目标顾客接受媒体的习惯。广告要为目标顾客接受，才能达到广告的效果。因此，在选择广告媒体时，一是要选择目标顾客熟悉的媒体，二是广告内容要容易为目标顾客所理解和接受。如果目标顾客是中老年，在当地晚报上刊登广告，容易为他们所接受；如果目标顾客是青少年，电视广告对他们的吸引力大；如果目标顾客是妇女，在妇女杂志上刊登广告的效果就会比较好。

（3）媒体本身的特性。选择广告媒体应注意以下几点：

1）媒体的权威性。有较高威信的媒体，必然有较多的读者、收视收听者，广告信息的可信度也大为提高，影响力也会增强。

2）媒体的覆盖面。这与产品的销售范围是密切相关的。媒体的传播范围应当与市场范围相一致，如果企业产品是销往全国的，就应当选择覆盖全国的传媒；如果企业产品是在某一区域销售，则应选择地方性传播渠道。

3）媒体的频率。这是指一定时间内进行广告的次数，包括被阅读或被收听的状况。

4）广告费用与效果的综合考虑。广告费用包括媒体价格、广告设计和制作费用等。同一类型的广告媒体，也因登广告的时间与位置不同而有不同的效果，其收费标准也不同。企业在选择广告媒体时，应依据自身财力来合理选择广告媒体，既要考虑媒体的绝对价，也要考虑其广告实际接触效果所消耗的平均费用，即相对价格。企业应尽可能选择效果好而相对费用低的广告媒体。

4．广告效果的评价

评价广告效果首先要看在广告宣传过程中能否引起消费者的注意，即沟通是否起了作用，更重要的还应看企业产品的销售状况。这是由广告本身具有的商业特性所决定的。

（1）沟通效果的评估。这是分析广告是否将信息有效地传递给消费者，它可以分为广告前和广告后的信息沟通效果评估。广告前效果评价的主要做法是：企业邀请一些消费者和广告专家，对几种可供选择的广告样稿进行评价，企业可以要求他们对广告吸引注意力的能力、可读性、趣味性、可认知性、影响力以及能被记忆的能力等方面提出意见，以便改进广告样稿和选择最优秀的广告样稿。广告后效果评价的主要做法是邀请一些消费者，了解他们是否听到或见过某一广告，并要求他们尽可能回忆广告的内容，以分析广告吸引注意和容易记忆的能力。除此之外，广告信息沟通效果还可以通过抽样调查，采取定量分析的方法进行，较常用的定量分析指标有阅读率、视听率和记忆率。

（2）销售效果的评估。销售效果的评估即是分析广告对扩大销售额的影响。但由于企业的销售额除受广告影响外，还受产品的价格、市场形势的变化、竞争企业的行为和产品销售季节等因素的影响，这就给销售效果评估带来了困难。但企业仍然能以一定的方法大致地分析广告对销售部的影响，常用的方法有以下两种：

1）统计分析法。即通过比较广告前一段时间的平均销售额和广告后一段时间的平均销售额的变化情况，以分析销售效果。一般用单位广告费用销售增加额和单位广告费用利润增加额来衡量广告的销售效果。

2）试验法。即在各种条件基本相同的几个地区进行试验，如某一地区做大量的广告，在另一地区做少量的广告，而在其他地区基本上不做广告，然后对各个地区在广告前后实现的销售额或利润额的增长情况进行分析，以评价广告对销售的影响。

【案例】

美国电子数据系统公司运用的一项重要营销策略是：永远领先的广告运动。为此，他们在 1991 年花费了 1800 万美元的广告费。这场广告运动仍将继续下去，内容包括在重要经济出版刊物及广播、电视中打广告。其广告策略的高明之处在于，这些广告不是鼓吹电子数据系统自身的成功，而是宣传它的客户的成功。例如，在一种印刷广告上，电子数据系统公司讲述它如何帮助零售巨人凯马特在 1991 年取得超纪录的利润。广告中写道："凯马特的成功部分取决于它与电子数据系统的通力合作，电子数据系统以史无前例的准确性与快捷性，帮助凯马特公司辨别与对付顾客购买模式的变迁。"

"我们想通过这次广告运动给大众如下印象，即电子数据系统注重最终使用者的利益，"公司营销总裁巴利·苏利文阐述着这种最佳广告术的真理。"与其他大量谈论无用的技术特征如百万赫兹、巨型网络等技术型广告不同，我们用公司的终端使用者能明白的语言打广告，你不必受专业技术训练就能读懂我们的材料，我们试图给听众创造如下与其他公司相区别的不同之点，即我们不是推销信息技术，而是推销信息技术创造商业利润。"

【思考题】

企业如何进行广告媒体的选择？

□ 营业推广

营业推广是指企业用来刺激需求和引起强烈的市场反应而采取的各种短期性促销方式的总称。在西方国家，营业推广日益为广大企业所重视，用于营业推广的费用也不断增加。成为商品促销的有效手段和市场竞争的有力武器。

1．营业推广的特征

（1）非规则性和非周期性。营业推广常用于一定时期、一定任务的短期的和额外的促销工作，因而表现为非规则性和非周期性。

（2）灵活多样性。营业推广形式十分繁多，可以根据企业经营的不同商品的特点，不同的营销环境灵活地加以选择和运用。

（3）短期效益比较明显。广告和公共关系等促销手段的效益需要一个较长的周期，而营业推广最适宜完成短期的具体目标，在短期内刺激产品销量迅速提高，并能吸引新的试用者。

同时，营业推广也有其局限性。其长期效果不是太大，不可能建立品牌忠诚度，也不可能拯救产品的衰退。营业推广不可频繁使用，以免影响企业声誉，所以具有竞争优势的名牌产品应慎重选择和使用营业推广促销。最后，在营业推广的使用上，还应与其他促销方式相配合，否则其作用很难发挥。

2．营业推广策划

企业在制定营业推广策略时，应考虑的内容主要包括营业推广目标、营业推广形式、营业推广方案的制定和实施。

（1）确定营业推广目标。营业推广目标是企业开展营业推广活动的出发点和归宿。根据企业的总体营销目标和促销目标来确定具体的营业推广目标，是企业制定营业推广策略的首要任务。营业推广的目标根据推广对象的不同，可分为三类：

1）对消费者的营业推广活动。主要目标有：经常鼓励老的消费者重复购买，吸引新的购买者试用；促使竞争者的品牌忠诚者改变品牌观念和对付竞争者的营业推广活动等。

2）对中间商的营业推广活动。主要目标有：鼓励中间商大量进货，增加商业储存，特别是季节性产品；提高中间商的品牌忠诚度，鼓励其持续地经营本企业产品；建立固定的产销关系，并吸引新的中间商加入本企业的销售渠道等。

3）对推销人员的营业推广活动。主要目标有：鼓励推销人员积极推销新产品；开拓新市场，寻找更多的潜在顾客；刺激淡季商品的推销，扩大企业的产品销量等。

（2）营业推广的形式。营业推广的形式是多种多样的，各有其特点和适用范围。企业要根据市场类型、营业推广目标、竞争条件与环境以及各种营业推广的成本效益来选择。营业推广的主要形式有以下三大类：

1）对消费者的营业推广活动。如有折价券、赠送样品、价格折扣、附赠品、奖金、抽奖、不满意退款、免费尝试、现场演示和交易印花等。

2）对中间商的营业推广活动。有价格折扣、折让、合作广告、赠品、产品展销会、招待会、销售竞赛、陈列品和津贴等。

3）对推销人员的营业推广活动。有奖金、推销会议、推销竞赛、培训和销售手册等。

（3）营业推广方案的制定与实施。在企业选定了具体的营业推广形式以后，还必须对营业推广活动作出安排，制定出营业推广方案。方案一般包括以下内容：

1）营业推广的强度。这是指其活动所产生的刺激程度的大小。一般地说，营业推广强度越高，对推广对象的刺激越大，可能引起的推广效果也越大。但强度的提高与效果的提高并不成线性关系，并存在着递减规律。另外，过分刺激还可能产生相反的效果。因此，在决定刺激程度时，最重要的是进行费用—效益分析，它可以为制定营业推广奖励规模提供必要依据。

2）营业推广对象的选择。在营业推广形式确定后，企业应选择对这种营业推广形式反应最强烈的顾客、中间商或推销人员开展营业推广活动，才能最有效地扩大销售。

3）营业推广途径。对具体的营业推广形式，可以通过多种途径来实现。而对于不同的实施办法，常会产生不同的效果。不同途径的普及面和费用成本也不一样，如代价券可放在商品包装里分发，也可通过媒体或直接邮寄。

4）营业推广的时间和期限。营业推广活动的时间要适当，如对在节假日需求量大的商品，选择的时间应是节假日到来之前的某一日期。对于营业推广的持续时间，不能太短或太长，一般认为，每一季度搞三周左右推广活动为宜，每一次的持续时间以平均购买周期的长度为宜。

5）营业推广的总预算。许多企业往往在某一时间内同时采用几种营业推广方式，这就要求企业确定总预算。主要有两种方法：第一种方法是估计每种营业推广所需的费用，然后估算营业推广的总预算；第二种方法是按一定比例从企业的促销总预算中提取一定的费用作为营业推广的总预算。

在营业推广方案制定完后，企业有必要对某营业推广方案在正式实施前进行预试，分析各种营业推广方式是否合适、刺激强度是否合适、是否能达到预期效果。对于将在较大地区进行的营业推广方式，企业可先在较小地区范围内预试，也可以邀请一些顾客对营业推广方案作出评价。预试的目的是为了进一步修正和完善营业推广方案。

通过预试，如果证明企业所制定的方案是可行的，企业就可以大规模地正式实施营业推广方案，在实施过程中还应重视控制活动，不断监督和检查营业推广方案的实施情况，以便根据事先意料不到的实际情况灵活地调整甚至改变原来的营业推广方案。

3. 营业推广效果评价

营业推广的目的是为了取得一定的经营效果，所以，企业应重视评价营业推广的效果，同时，这也有利于企业积累经验，为今后开展更有效的营业推广活动打下基础。企业可以从多种途径评价营业推广的效果，其中最主要的有以下三种途径：

（1）销售量变化比较评价法。通常是通过比较营业推广前、中、后各时期销售量的变化情况，来评价营业推广效果的一种方法。如果营业推广后，一段时间内，产品销售量是下降—上升—恢复营业推广前水平，这种情况说明营业推广只改变了顾客的购买时间，并没有扩大产品的总需求，没有取得长期效果。另一种是营业推广后，一段时间内产品销量呈下降—上升到比营业推广前更高水平，说明在营业推广中，推广对象扩大了产品购买量，而且吸引了一批新客户，取得了长期的推广效果。通过分析营业推广前、中、后销量的变化情况，就可评价营业推广效果的大小。

（2）推广对象调查评价法。是对推广对象进行调查，了解推广对象对营业推广促销的反应和行动，以评价营业推广效果的方法。如通过调查对象对本企业的营业推广活动的记忆，有无新顾客购买本企业的产品，竞争者的顾客是否转向购买本企业产品。这些情况可以反映营业推广取得的效果的大小。

（3）实验评价法。通过选择一定推广对象进行试验、测定，反映企业营业推广目标有关指标变化情况的一种评价营业推广效果的方法。它可避免因营业推广策略或方案中出现的某些不足可能给企业带来更大的损失。因此，在营业推广方案进行试验时广为使用。

【案例】

瑞士罗氏制药公司成立于 1896 年，在百年庆典来临之际，罗氏已经发展成为全球制药、营养素提取的重要企业。借百年庆典之际，罗氏主办大型国际研讨会，邀请了全世界 49 个国家和地区的 300 多名医学专家、营养学家、医药制品厂商代表。应邀采访会议的竟然包括了世界上许多主要的通讯社、报刊、电台和电视台的记者数十人。

罗氏组织此次会议，真正要推广的是他们花巨资研制提取的富含"高度不饱和脂肪酸"的新型营养产品。但会议的中心议题却是有关脂肪和脂肪酸的研究开发对保障人体健康和预防疾病的作用。

百年庆典搞成了科学研讨，是不是有些离题？其实，这正是罗氏的高明之处。一个在市场竞争中生存、发展、壮大的国际性制药企业，100年来所走过的正是一条不断将最新医药科研成果转化为产品的科研与生产结合之路。创业百年之际，罗氏所需要的，不是回顾过去，而是面向未来。为了更好地把握制药业的发展机会，罗氏唯有将尽可能多的医药科研权威团结在自己周围，因为这是它下一个百年发展的根基。

在研讨会闭幕当天的晚上，与会者终于看到了罗氏精心准备的资料展示："百年罗氏之路"。没有过多的文字，一大批选择恰当、制作精细的图片和数据图表，组成一幅罗氏发展的历史画卷。

罗氏制药公司利用百年庆典，花费数百万美元举办这次国际研讨会，可以说是一次十分成功的、独具匠心的营业推广，对其新产品的市场开拓，对维护其在制药、营养素提取行业的权威地位，具有不可估量的作用。

【思考题】

联系实际谈谈企业应如何开展营业推广？

公共关系

公共关系是指企业为获得公众的信赖和支持，树立良好的企业形象，增进企业与社会各界的相互了解，争取公众和社会所付出的努力，并为企业的市场营销活动创造一个良好的外部环境的一系列活动。在现代市场竞争中，企业不仅要在经济环境中运行，还要在一种复杂、多变的社会文化环境中运行。产品销售仅靠纯经济的因素已明显不够了，文化的、心理的和社会的因素影响日趋增加。消费者对产品的接受不仅取决于产品本身，还取决与一种心理的认同、文化的认同，取决于企业的社会形象。因此，一个企业要生存、发展和成功，就要塑造自身的企业形象。

1. 公共关系的特点与活动方式

（1）公共关系的特点。主要有：

1）具有新闻价值。一个好的新闻报道，可以在社会上引起良好的反响，并能产生一定的销售潜力。因为新闻报道可以提高企业在公众中的知名度和美誉度，促进消费者和用户产生有利于企业的购买行为。

2）可信程度高。由于公共关系是由第三者进行宣传报道，这比起"王婆卖瓜，自卖自夸"的广告，其可信程度要高得多。

3）激励企业的销售促进。在推销人员对企业产品缺乏信心时，良好的公共关系能够鼓舞他们开拓市场、扩大销售的勇气。

4）节省费用开支。开展公共关系也需开支一定的费用，但这与其他促销方式相比则要低得多。

（2）公共关系的活动方式。这是指以一定的目标和任务为核心，将各种公关媒介和方式有机地结合起来，形成一套具有特定公关职能的工作方法系统。按功能的不同，可分为五种活动方式：

1）宣传性公关。是指职业传播者通过现代化的大众传播媒体对极其广泛的受众进行信息传播。这种由第三者撰写介绍企业的文章进行宣传的方式易于使人信服，而且传播面广。企业还可以加强自身的宣传性公关，通过向公众发放书面宣传材料，传播企业有关信息。如印制各种介绍企业及产品的小册子，也能取得良好的公关效果。

2）交际性公关。这是通过与社会公众和团体的直接交往，与外界沟通信息的公关方式。可采用招待会、座谈会、午餐会和联谊会等多种形式，联络感情，互通信息，这对企业加强社会交往，建立广泛的社会关系很有好处。

3）服务性公关。这是以提供各种实惠性服务来取得公众的了解、信任和好评，进而树立和维护企业良好的形象。可采用对用户进行登门拜访，发现问题及时解决并及时进行补偿等方式，赢得用户的信赖。

4）社会性公关。是指通过捐资或赞助文化、教育、体育、卫生和慈善等事业，承担社会责任，积极参与各种社会活动，提高企业的知名度和美誉度。如捐资支持"希望工程"、资助失学儿童和教育事业等。

5）征询性公关。这是以收集信息、舆论调查、民意测验为主的公关方式。如开办各种咨询业务，建立来信来访制度及相应接待机构，建立消费者热线电话，接受和处理投诉等。通过与消费者之间的联系，能够沟通信息，既给人留下很好印象，同时也宣传了企业和产品。

2．公共关系的对象

企业要开展公共关系，首先应明确公共关系的对象。从公共关系的概念可知，公共关系的对象就是公众。所谓公众，就是对企业的经营活动具有现实的和潜在的利害关系或影响力的群体和组织。主要包括以下几种类型：

（1）内部公众。主要是企业内部的职工。他们是企业开展公共关系的基础。

（2）金融公众。例如，银行、投资信托公司、证券交易所等。它们是对企业的筹资、用资有一定影响力的公众。

（3）新闻媒体公众。指掌握电视、广播、报刊等信息传播媒体的新闻机构或宣传部门以及从属于这些机构或部门的新闻工作者。新闻媒体公众对企业具有两重性，它们既是沟通企业与外界联系的桥梁，又是对企业具有影响的公众。企业应重视这类公众。

（4）政府公众。是非常重要的公众。因为任何一个企业都会同政府机构发生一定的关系。政府公众包括国家行政与立法部门和上级主管部门。例如，财税部门、卫生交通部门及审计、统计和物价部门等。

（5）社区公众。主要指企业所在地的居民、地区环保组织、消费者协会以及其他组织。

（6）消费者公众。这是企业面临的数量最多、范围最广的一类公众。企业的产品只有通过消费者，才能转化为货币，因此，他们是对企业的生存和法则有着密切关系的公众，也是企业最重要的公众。

（7）其他公众。即以上公众除外的公众，如企业的供应商、中间商及竞争者。

3. 公共关系的策划

公共关系的策划是指提出观念和意图，并通过具体的方法、步骤和行动加以体现而成为未来之现实。它是一个制定公共关系方案和实施策划方案的行为过程。企业的公共关系策划可以委托专门的公共关系公司进行，也可由企业自身进行策划。

（1）选题立意。进行企业公共关系的策划，首先应对企业自身和策划目标的相关情况，对作为策划对象的客观环境进行调查研究。弄懂背景，并在众多的活动课题中选择。公共关系的选题宜适合特定的市场环境，适合与市场环境相关，而又无直接商业特征的社会文化背景。在一定意义上，公共关系策划是发掘组织及其环境的文化内涵，营造文化氛围和文化介入。

（2）操作实施。公共关系的操作实施，与其他促销活动相比，更具有文化气息和创造性，并借助组织本身及其环境的文化因素、文化资源，使公共关系实践者和接受者相通，起到事半功倍的效果。但其操作必须符合规范。其中，活动类型的策划是较为重要的。一般来说，公共关系策划可通过以下活动体现：宣传活动、庆典活动、新闻活动、展示活动、联谊活动、招待活动、文娱活动、体育活动、公益活动和慈善活动等。

（3）评估调整。公共关系策划在实施操作的全过程均应及时进行评估和调整。评估的方式是多样的，包括自身的总结与各方面公众的反应，尤其是新闻媒体的反应，均是评估的依据。一般地说，文化含量是评估的重要依据，切忌以即时的市场营销效果作为评判的标准。公共关系策划不像其他市场营销活动那样商业色彩浓厚、功利性强，有很强的竞争意识，比较直路和硬性。它比较软性，文化气息较浓，感性色彩较强，侧重和谐，注重在公众心目中建立起良好的企业形象，比较超然和含蓄。在公共关系评估中应充分注意这一点，注重公关活动给企业带来的长期效应。

【案例】

在美国佛蒙特州，有一家专门生产和经销冰淇淋食品的企业——本·杰里公司。这是一家在 15 年前由两个年轻人用 8000 美元资本开办的小冷饮店。如今它已发展成为美国冰淇淋大王，生意十分兴隆。

是什么使他们获得成功呢？是公益事业。他们在创业之初，就看准了人们心中的企盼，持之以恒地参与社会慈善活动，以此树立公司在社会上的良好形象，提高公司的声誉，扩大公司的影响，促进公司的生产和经营。

这两位年轻人开业不久，即拨出专款，举办露天免费电影节，得到很好的反响。当经营有了进展，公司又成立"本·杰里基金"，用公司 7.5% 的税前利润，去赞助或奖励当地的公益事业，进行慈善活动。在具体参与过程中，他们不仅仅是捐出钱款便告完事，而是力图把慈善活动贯穿到自己的整个经营之中去。他们为了救济纽约扬克斯地区的失业者和无家可归者，专门购买并采用这些人烘制的产品去生产"小精灵"牌冰淇淋；为了扶植印第安人，就使用印第安人采集的野草莓为原料，新推出"野莓"牌冰淇淋；他们还用热带雨林的硬果为原料制作冰淇淋，并将其所获利润的 60% 捐献给热带雨林的环境保护工程。1992 年，他们发起了"不遗弃一个孩子"的运动，立即得到社会各界的响应，先后有 7 万份邮件雪花般地飞往美国国会，支持本·杰里的倡议。从而使这一主题被列入国家最高机构的议事日程，影响波及全美。

一系列成功的公益活动，使本·杰里公司在人们的心目中树立起良好的企业形象，公司也因此从顾客那里得到了回报。顾客们常常给公司寄来各种改进生产的建议。公司则根据这些建议，及时改进产品。这些产品适应顾客变化着的口味和需求，被顾客誉为具有现代风味的冰淇淋而畅销各地，经久不衰。

【思考题】

联系实际进行公关策划。

商品销售服务

商品销售服务主要指与有形产品相伴随的服务，是企业在销售有形产品过程中为了更好地发挥有形产品的功效和提高对顾客的吸引力而提供的各项服务的总和。这是企业销售活动不可缺少并极其重要的组成部分，它对于企业扩大销售，提高企业竞争能力，满足消费需要都有着重要意义。

1. 销售服务的类型

销售服务的类型，按不同角度划分有很多类。

（1）按服务时间和销售时间的关系，可分为售前服务、售中服务和售后服务。售前服务指在销售产品之前为顾客提供的服务。如市场需求调查、产品设计、提供使用说明书、提供咨询等。售前服务是帮助顾客认识自身需要、唤起需要、激发兴趣、产生购买欲望的重要步骤，在整个销售过程中起着先导作用。售中服务是指在销售产品过程中为顾客提供的服务。如热情地为顾客介绍产品，展示产品，详细说明产品使用方法并做示范，耐心帮顾客挑选商品，解答顾客提出的问题和包装商品等。售中服务与顾客的实际购买行为相伴随，是促进商品成交的重要环节。售后服务指在商品售出之后为顾客提供的服务，如产品运输、安装、调试、维修和退换等各种保证，产品使用和维修方法培训等。售后服务可以使顾客放心地购买和使用，免除后顾之忧，获得全面满足，成为企业稳定的顾客群体并带动他人加入购买。

（2）按服务的地点，可分为定点服务和巡回服务。定点服务指在固定地点设立或委托其他部门设立维修服务网点，开展维修和咨询服务。维修服务网点一般设在人口密集，交通方便的地区，便于为尽可能多的顾客提供维修服务，适用于消费品市场和相对集中的组织购买者市场。巡回服务指销售人员或专门的维修人员按照顾客的分布区域巡回开展维修和咨询服务，可以最大限度地为更多的顾客提供服务或上门服务，扩大产品销售市场。巡回服务适用于购买者分散的工商企业使用的机械设备、办公设备市场和某些耐用消费品市场。

（3）按照销售服务的收费要求，可分为免费服务和收费服务。免费服务指在一定时期内免费为顾客提供某些服务，如咨询、送货、安装、维修等。随着市场竞争的加剧，免费服务的项目越来越多。收费服务指企业为顾客提供某些服务时收取一定的费用，这主要是考虑到企业在经济上的承受能力。一般地说，只要收费标准合理，服务质量好，顾客是可以接受的。

（4）按照销售服务的时间，可分为终身服务、长期服务、中期服务和短期服务。终身服务制在顾客购买本企业产品到产品使用寿命结束的整个时间内为顾客提供服务。长期服务指在顾客购买产品以后的 10 年或更长时间内为顾客提供服务。前两者适用于使用寿命较长，零配件易于损坏的耐用消费品和各种机械设备。中期服务指在产品售出的 5 年或稍长时间内为顾客提供服务。短期服务指在产品售出一年内为顾客提供服务，适用于使用寿命短、更新速度快或价格低廉的产品。

2．提高销售服务的途径

销售服务随着市场竞争的激烈而不断被企业所重视。现已成为企业正常的商务活动内容，其质量的高低直接影响企业的效益状况、企业所处的市场地位及其发展空间。企业应从以下各方面来抓好销售服务：

（1）销售服务全过程管理。销售服务全过程管理，是指对企业经营全过程的自始至终的管理，也就是对全程服务的管理，以商品流通企业为例，它的服务过程包括采购合适的产品、合理的储存和运输、分析用户需求、销售过程服务等全过程的管理。

（2）销售服务标准化管理。销售服务标准化是指针对不同行业、不同企业的特点，制定明确、具体的服务质量等级标准，以及业务员、保险员、送货员、营业员等的服务质量标准，并在此基础上对销售服务工作进行定性、定量的管理，目的是销售服务标准化。

（3）销售服务的诸因素管理。主要是针对影响销售服务中的服务观念、服务质量、服务人员素质、服务基础设施和服务组织等主要因素，采取有效措施进行严格控制和管理。

【思考题】

你觉得目前我国企业的销售服务状况如何？从一个消费者的角度看，还可增加或改进哪些服务项目？

■ 本章小结

商品销售是企业一切经营活动的出发点和归宿。企业的销售活动包括很多内容：客户分析，渠道的选择，促销手段的组合，价格的制订，以及具体业务过程的组织。

•企业商品销售由于观念的不同及与客户关系的不同，分为交易型销售、顾问型销售及企业型销售三种模式。商品销售渠道的结构有四类，可分为直接渠道和间接渠道两大类。企业在选择渠道时，应从产品因素、市场因素和企业本身因素进行考虑和分析。销售方式包括基本的销售方式，如经销、自销、代销、门市销售、会议销售、上门推销等；还有一些新的销售方式，如仓储式销售、CC 销售、函电销售及网上销售，等等。

•企业价格的确定是企业销售活动的重要环节。价格的确定主要应考虑产品成本、企业订价目标、产品价格的需求弹性、产品质量、市场供求状况、市场竞争状况、季节变化情况及政府法规等因素。企业订价方法有成本加成订价法、收支平衡订价法、边际贡献订价法、可销价格倒推法和理解价值订价法。订价策略有新产品订价策略、价格折扣策略、心理订价策略、地理价格策略和区别对待价格策略。

•客户分析是指对消费者购买行为、生产者购买行为及中间商购买行为的分析。具体应从影响购买行为的因素、购买过程及购买特点等三个方面进行分析。

•销售活动因企业业态不同而变化。企业应根据具体情况合理组织商品销售活动。电子商务作为一种新的商务运作方式，以其自身特有的功能和运作过程引起企业的关注。

•促销是企业销售业务的重要组成部分。促销手段主要有人员推销、广告、营业推广和公共关系。在促销中还应增加为顾客服务的项目，以提高服务质量。

第 9 章

企业经营绩效的评价

■ 企业经营绩效评价的原则与方法
■ 企业经营绩效评价的内容与指标
■ 企业经营绩效评价的步骤与要求
■ 企业经营绩效评价的案例分析
■ 本章小结

　　获得理想的经营绩效是企业从事经营活动的根本目的，经营绩效评价就是对企业经营活动及其成果进行综合分析与评判。通过企业经营绩效的分析与评价，不仅可以对企业的经营现状做出客观而准确的估价，而且，还能根据企业各项经济技术指标水平和资金运动状况找出存在的问题，提出改进措施，促进企业经营绩效的进一步提高。

■ 企业经营绩效评价的原则与方法

　　企业经营绩效的分析评价离不开正确的原则与合适的方法，因此，明确企业经营绩效评价的基本原则和基本方法是企业经营绩效分析评价顺利进行的基础。

□ 企业经营绩效评价的涵义和原则

1. 企业经营绩效评价的概念

　　企业经营绩效是指企业在一定经营期间的资产运行和财务效益等经营成果。企业是社会经济组织，严格地说，企业的经营绩效应该包括经济效益和社会效益等多方面的成果。但是，企业是以营利为目的的经济组织，它的绩效分析与评价应以经济效益成果为主，特别是要以企业资本金的营运和财务效益为重点。所以，企业经营绩效评价就是运用科学、规范的评价方法，对企业一定经营时期的资产运用和财务效益等经营成果，进行定量及定性对比分析，作出真实、客观、公正的综合结论的过程。

　　建立和推行企业绩效评价制度，科学合理地评价企业经营成果，有助于正确地考核和引导企业经营行为，帮助企业寻找经营差距及原因，促进企业加强基础管理和提高经营效益。同时也为各级政府对国有企业实施间接管理，加强宏观调控，制定经济政策和考核企业经营者业绩提供了依据。

2. 企业经营绩效评价的基本原则

　　企业经营绩效评价应遵循以下基本原则：

　　(1) 整体性原则。企业经营绩效评价的主要对象虽然是企业生产经营活动的经济成果，但这些经济成果的产生和形成涉及到企业生产经营活动的全过程，是一个复杂的系统活动。因此，进行企业经营绩效分析，既要分析经营成果，又要分析经营过程；既要看到内部关系，又要看到外部环境的变化。要在充分掌握信息资料的基础上遵循整体性的原则来进行全面、系统的分析。

（2）科学性原则。企业经营绩效评价必须采用科学的方法和手段；要按照"内容全面、突出重点、客观公正、操作简便、适应性广"的基本思路来合理设置评价指标体系；要做到定量分析和定性分析相结合、静态分析和动态分析相结合，从而科学、全面、准确地评价企业经营绩效和反映经营中存在的问题。

（3）公正性原则。企业经营绩效评价要立足于被评价企业，但又不能同化于被评价企业，而必须保持中立，站在局外者的立场上，否则，便会对被评价企业经营中存在的一些问题熟视无睹、充耳不闻，或因被评价企业局部利益的约束而导致评价结果的偏差，从而有失客观和公正。

所谓"当局者迷，旁观者清"。只有作为旁观者站在中立和局外的立场上，才能没有顾虑，不带偏见，客观、科学地对被评价企业经营绩效进行公正的评价。

（4）真实性原则。企业经营绩效的评价应树立实事求是、一切从实际出发的观念。评价所需的资料必须是准确可靠，能如实地反映企业经营实际，否则，企业经营绩效评价就会在错误的前提和依据下开展，从而导致错误的评价结论。

真实性有两方面的要求：一方面是质的要求，即评价资料和评价结论要能真实地反映被评价企业的客观实际；另一方面是量的要求，即被评价企业所提供各种数据资料数量要合理，反映评价结果的数据资料的准确度要高，误差要小。这样，才能得出客观准确的评价结论。

【思考题】

企业经营绩效评价为什么要以资本金营运和财务效益为重点？

□ 企业经营绩效分析评价的主要方法

企业经营绩效分析评价的方法很多，既有定性分析方法，又有定量分析方法。在分析评价时应采用什么方法，这要根据分析评价的目的及所掌握的各种资料的性质和内容来确定。

一般常用的分析方法，有比较分析法、比率分析法、功效系数法和综合分析判断法等。

1．比较分析法

比较法，也称对比分析法。是指通过指标对比，从数量上确定差异的一种方法。这是企业经营绩效分析中最常用的一种方法，其作用在于揭示客观存在的差距，以便挖掘各种潜力，提高企业的经营绩效。常用的比较形式有：实际指标与计划指标相比较；现在指标和过去指标相比较；本企业与同类企业或国内外先进企业相比较。

2．比率分析法

比率分析法是一种通过计算各项指标之间的相对数，比较各种比率的一种分析方法。其实质是将各项目的关系比率化，然后再进行分析对比。常用的比率分析方法，有结构比率法和趋势比率法。

结构比率分析法是通过计算某项经济指标的各个组成部分占总体的比重，来分析其构成内容的变化，从而掌握该项经济活动的特点与变化的分析方法。

趋势比率分析法，也称为动态比率分析法。它是将不同时期同类指标的数值进行对比，求出比率，分析该项指标的发展方向和增减速度，以观察经济活动变化趋势的一种方法。由于比较时所采用的基期不同，它又可以分为定基发展速度和环比发展速度两种。

3．功效系数法

功效系数法是指根据多目标规则原理，将所要考核的各项指标分别对照不同分类和分档的标准值，通过功效函数转化为可以度量计分的方法。它主要用于企业经营绩效定量指标的计算分析，是企业经营绩效评价的基本方法。其计算公式如下：

$$功率系数 = \frac{指标实际值 - 本档标准值}{上档标准值 - 本档标准值}$$

4．综合分析判断法

综合分析判断法是指综合考虑影响企业经营效益和经营者业绩的各种潜在的或非计量的因素，参照评议参考标准，对评议指标进行印象比较分析判断的方法。它主要用于定性分析，这是因为在企业经营绩效的评价中不仅涉及大量的计量因素，需要进行定量分析，而且，也会涉及到一些难以用数据来表示的非计量因素，这些因素的分析评价结果只能参考一定的标准进行定性分析才能得出。所以，综合分析判断法也是企业经营绩效评价的一种重要方法。

【思考题】

请你举例说明综合分析判断法。

▣ 企业经营绩效评价的内容与指标

　　确定企业经营绩效评价的内容和科学合理地设计评价指标体系，这是搞好企业经营绩效评价的基本前提，也是开展企业经营绩效评价的第一步。因此，本节将对企业经营绩效的内容和指标体系进行阐述。

▢ 企业经营绩效评价的内容

　　企业经营绩效评价的内容是企业的生产经营状况和经济成果。主要包括财务效益状况、资产营运状况、偿债能力状况和发展能力状况四个方面的内容：

　　1. 财务效益状况

　　企业财务效益是企业在生产经营活动中所取得的重要经济成果。主要包括企业利润和资产保值增值等内容，这是企业投资者及经营管理者最为关心和重视的。因为，通过财务效益的分析评价，可以合理地测算企业的收益水平和资产状况，正确地评价企业的经营绩效。所以，分析评价企业财务效益是企业经营绩效评价的重要内容，企业财务效益状况评价是通过计算分析企业的净资产收益率、总资产报酬率、资本保值增值率、销售利润率和成本费用利润率等指标来实现的。

　　2. 资产营运状况

　　资产是企业拥有或者控制的能以货币计量的经济资源，包括企业的各种财产、债权和其他权利。在现代企业中资产一般可分为流动资产、长期投资、固定资产、无形资产、递延资产和其他资产等。企业各类资产的特点和组成项目不同，在企业生产经营中所起的作用也是不同的。

　　企业资产的营运状况直接反映了企业的经营绩效，通过对企业营运状况的分析，不仅可以正确评价企业经营绩效，而且可以及时反映企业资产营运的问题和不足之处，为企业合理使用资产，提高资产营运效果和经济效益指明方向。企业资产营运状况评价是通过总资产周转率、流动资产周转率、存货周转率、应收账款周转率、不良资产比率和资产损失比率等指标的计算分析来实现的。

　　3. 偿债能力状况

　　企业偿债能力是指企业偿还本身所欠债务的能力。企业债务是指企业所承担的、能以货币计量的、将以资产或劳务偿付的负债。企业的负债按负债项目到期日的远近可分为短期负债和长期负债。企业偿债能力状况是反映企业经营绩效的主要内容，通过对偿债能力的分析可以了解企业的资金实力、负债和投资状况，掌握企业的支付能力，从而正确地评价经营绩效。企业偿债能力状况的评价，主要是通过资产负债率、已获利息倍数、流动比率、速动比率、现金负债比率、长期资产适合率和经营亏损挂账比率等指标的计算分析来实现的。

4. 发展能力状况

企业是在发展中求得生存的。在激烈的市场竞争中，各个企业此长彼消，优胜劣汰。一个企业如不能发展，不能提高商品和服务质量，不能扩大自己的市场份额，就会被其他企业排挤出去。企业的停滞是其死亡的前奏。

企业的发展集中表现为收入的扩大及利润和资产的增长，这是企业经营绩效的重要组成部分，也是投资者和经营者非常关注的问题。因此，通过对企业发展能力状况的分析，可以了解企业的发展现状和预测发展前景，为企业的不断发展打好基础。企业发展能力状况的评价是通过销售增长率、资本积累率、总资产增长率、固定资产成新率、三年利润平均增长率和三年资本平均增长率等指标的计算分析来实现的。

【思考题】

企业财务效益状况与发展能力有何关系？

□ 企业经营绩效评价的指标体系

1. 企业经营绩效评价指标体系的构成

评价指标是进行企业经营绩效分析的一项重要内容，也是进行经营分析的重要依据。但每一单项指标，都只能反映经营状况的一个侧面，难以全面、完整、综合地反映企业的经营绩效，因此，必须建立一套相互联系、相互制约和相互补充的指标体系来从各方面反映企业的经营绩效。

由于企业的类型较多，经营管理活动复杂，企业评价指标的范围相当广泛。但根据国家有关规定的精神，企业经营绩效评价的指标体系主要由基本指标、修正指标和评议指标三个层次共 32 项指标构成。如表 9-1 所示。

表 9 - 1　　　　　　　　　企业经营绩效评价的主要指标表

序号	指标性质	指标用途	指标名称
一	基本指标	1. 反映企业财务效益状况的指标	(1) 净资产收益率 (2) 总资产报酬率
		2. 反映企业资产营运状况的指标	(3) 总资产周转率 (4) 流动资产周转率
		3. 反映企业偿债能力状况的指标	(5) 资产负债率 (6) 已获利息倍数
		4. 反映企业发展能力状况的指标	(7) 销售（营业）增长率 (8) 资本积累率
二	修正指标	1. 反映企业财务效益状况的指标	(9) 资产保值增值率 (10) 销售（营业）利润率 (11) 成本费用利润率
		2. 反映企业资产营运状况的指标	(12) 存货周转率 (13) 应收账款周转率 (14) 不良资产比率 (15) 资产损失比率
		3. 反映企业偿债能力状况的指标	(16) 流动比率 (17) 速动比率 (18) 现金流动负债比率 (19) 长期资产适合率 (20) 经营亏损挂账比率
		4. 反映企业发展能力状况的指标	(21) 总资产增长率 (22) 固定资产成新率 (23) 三年利润平均增长率 (24) 三年资本平均增长率
三	评议指标	1. 反映企业领导班子状况的指标	(25) 企业领导班子基本素质
		2. 反映企业产品市场占有情况的指标	(26) 产品市场占有能力（服务满意度）
		3. 反映企业基础管理水平的指标	(27) 基础管理比较水平
		4. 反映企业职工素质的指标	(28) 在岗员工素质状况
		5. 反映物质技术水平的指标	(29) 技术装备更新水平（服务硬环境）
		6. 反映企业知名度和影响力的指标	(30) 行业或区域影响力
		7. 反映企业经营策略水平的指标	(31) 企业经营发展策略
		8. 反映企业长期发展能力的指标	(32) 长期发展能力预测

2．企业经营绩效评价指标体系的内容

（1）基本指标。基本指标是评价企业经营绩效的核心指标，由反映企业财务效益状况、资产营运状况、偿债能力状况和发展能力状况的四类 8 项指标构成，用以产生企业经营绩效评价的初步结果。其主要内容如下：

1）评价财务效益状况的指标。主要包括：

• 净资产收益率。净资产收益率是指企业一定时期内的净利润与平均净资产的比率。计算公式如下：

$$净资产收益率 = \frac{净利润}{平均净资产} \times 100\%$$

净资产收益率充分体现了投资者投入企业的自有资本获取净收益的能力，突出反映投资与报酬的关系，是评价企业资本经营效益的核心指标。一般认为，企业净资产收益率越高，企业自有资本获取收益的能力越强，营运效益越好，对企业投资者、债权者的保证程度就越高。

• 总资产报酬率。总资产报酬率是指企业一定时期内获得的报酬总额与平均资产总额的比率。计算公式如下：

$$总资产报酬率 = \frac{利润总额 + 利息支出}{平均资产总额} \times 100\%$$

总资产报酬率表示企业包括净资产和负债在内的全部资产的总体获利能力，能全面地反映企业的获利能力和投入产出状况，是评价企业资产营运效益的重要指标。总资产报酬率越高，表明企业投入产出的水平越好，企业的资产营运越有效。

2）评价资产营运状况的指标。主要包括：

• 总资产周转率。它是指企业一定时期销售（营业）收入净额与平均资产总额的比值。计算公式如下：

$$总资产周转率（次） = \frac{销售（营业）收入净额}{平均资产总额}$$

总资产周转率是考察企业资产运营效率的一项重要指标，体现了企业经营期间全部资产从投入到产出周而复始的流转速度，反映了企业全部资产的管理质量和利用效率，是一个包容性较强的综合指标。一般情况下，该指标的数值越高，表明周转速度越快，销售能力越强，资产利用效率就越高。

• 流动资产周转率。它是指企业一定时期销售（营业）收入净额与平均流动资产总额的比值。计算公式如下：

$$流动资产周转率（次） = \frac{销售（营业）收入净额}{平均流动资产总额}$$

流动资产周转率反映了企业流动资产的周转速度，是评价企业资产利用效率的主要指标。它是从企业全部资产中流动性最强的流动资产角度对企业资产的利用效率进行分析，以进一步揭示影响企业资产质量的主要因素。它既能反映企业一定时期流动资产的周转速度和使用效率，又能进一步体现每单位流动资产实现价值补偿的高与低，以及补偿速度的快与慢。一般来说，流动资产周转率越高，表明企业流动资产周转速度越快，利用效果就越好，流动资产的营运状况就越佳。

　　3）评价偿债能力的指标。主要包括：

　　• 资产负债率。资产负债率是指企业一定时期负债总额占资产总额的比率。计算公式如下：

$$资产负债率 = \frac{负债总额}{资产总额} \times 100\%$$

　　资产负债率表示企业总资产中有多少是通过负债筹集的。它是评价企业负债水平的综合指标，用来衡量企业负债水平及风险程度。适度的资产负债率既能表明企业投资人、债权人的投资风险较小，又能表明企业经营安全、稳健、有效，具有较强的筹资能力。

　　资产负债率是国际公认的衡量企业负债偿还能力和经营风险的重要指标，比较保守的经营判断一般为不高于 50％，国际上一般公认 60％ 比较好。我国应该为多少，可根据我国的国情，不同的行业和企业的实际等具体情况来确定。

　　• 已获利息倍数。已获利息倍数是指企业的息税前利润除以利息支出的倍数。计算公式如下：

$$已获利息倍数 = \frac{息税前利润}{利息支出}$$

　　这个指标反映企业偿付债务利息的能力，如果已获利息倍数适当，表明企业偿付债务利息的风险小。一般情况下，该指标如大于 1，则表明企业负债经营能够赚取比资金成本更高的利润；如小于 1，则表明企业无力赚取大于资金成本的利润，企业债务风险很大。该指标越高，企业的债务偿还越有保证，偿债能力越强，反之，就越弱。

　　4）评价发展能力状况的指标。主要包括：

　　• 销售（营业）增长率。销售增长率是指企业本年销售（营业）增长额与上年销售总额的比率。计算公式如下：

$$销售（营业）增长率 = \frac{本年销售（营业）增长额}{上年销售（营业）总额} \times 100\%$$

　　销售（营业）增长率是评价企业成长状况和发展能力的重要指标。它是衡量企业经营状况和市场占有能力、预测企业经营业务拓展趋势的重要标志，也是扩张增量和存量资本的重要前提。该指标若大于 0，表示企业本年的销售收入有所增长，指标值越高，说明企业销售增长速度快，市场前景越好；若小于 0，则说明企业或产品不适销对路、质次价高，或在营销手段等方面存在问题，产品销售不出去，市场份额萎缩。

- 资本积累率。资本积累是指企业把收益的一部分转化为资本，从而使其资本总额不断增大的过程。资本积累率是指本年所有者权益增长额与年初所有者权益额的比率。计算公式如下：

$$资本积累率 = \frac{本年所有者权益增长额}{年初所有者权益} \times 100\%$$

资本积累率表示企业当年资本的积累能力，是评价企业发展潜力的重要指标。它反映了企业所有者权益在当年的变动水平，体现了企业资本的积累情况。

资本积累率同时反映了投资者投入企业资本的保全性和增长性，该指标越高，表明企业的资本积累越多，企业资本保全性越好，应付风险、持续发展的能力越大；该指标若为负值，则表明企业资本受到侵蚀，所有者利益受到损害。

（2）修正指标。修正指标用以对基本指标评价形成的财务效益状况、资产营运状况、偿债能力状况和发展能力状况的初步评价结果进行修正，以产生较为全面的企业绩效评价的基本结果，具体由 16 项计量指标所构成。其主要内容如下：

1）评价企业财务效益状况的指标。主要包括：

- 资产保值增值率。资产保值增值率是指企业净资产经过一定时间的运行，保持原有的水平或有所增加。企业的所有者权益就是企业投资者对企业净资产的所有权。因此，资产保值增值率是扣除了客观因素后的年末所有者权益与年初所有者权益的比率。计算公式如下：

$$资产保值增值率 = \frac{扣除客观因素后的年末所有者权益}{年初所有者权益} \times 100\%$$

资产保值增值率表示企业当年资本在企业自身努力下的实际增减变动情况，是评价企业财务效益状况的辅助指标。它反映了投资者投入企业资本的保全性和增长性，该指标越高，表明企业的资本保全状况越好，所有者权益增长越快，债权人的债务越有保障，企业发展后劲越强；若该指标为负值，表明企业资本受到侵蚀，没有实现资本保全，损害了所有者权益，也妨碍了企业进一步发展壮大。

• 销售（营业）利润率。销售利润率是企业一定时期销售（营业）利润与销售收入净额的比率。计算公式如下：

$$销售（营业）利润率 = \frac{销售（营业）利润}{销售（营业）收入净额} \times 100\%$$

销售（营业）利润率表明每单位销售（营业）收入能带来多少的利润，反映了企业主营业务的获利能力，是评价企业经营效益的主要指标。

销售（营业）利润率是从企业主营业务的盈利能力和获利水平方面对资本金收益率指标的进一步补充，体现了企业主营业务利润对利润总额的贡献，以及对企业全部收益的影响程度。该指标越高，说明企业产品或商品订价科学，产品附加值高，营销策略得当，主营业务市场竞争力强，发展潜力大，获利水平高。

• 成本费用利润率。成本费用利润率是指一定时期的利润总额与成本费用总额之间的比率。计算公式如下：

$$成本费用利润率 = \frac{利润总额}{成本费用总额} \times 100\%$$

成本费用利润率是通过考核企业在生产经营过程中所得与所费之间的比例是否合理来评价企业财务状况。它表示企业为取得利润而付出的代价，从企业支出方面补充评价企业的收益能力。

成本费用利润率是从企业内部管理等方面对资本收益状况的进一步修正，该指标通过企业收益与支出的直接比较，客观评价企业的获利能力。该指标越高，说明企业为取得收益所付出的代价越小，企业成本费用控制得越好，企业的获利能力就越强。

2）评价企业资产营运状况的指标。主要包括：

• 存货周转率。存货周转率是指企业一定时期销售成本与平均存货的比率。计算公式如下：

$$存货周转率（次） = \frac{销售成本}{平均库存}$$

存货周转率是对流动资产周转率的补充说明。它是评价企业从取得存货、投入生产到销售收回等各环节管理状况的综合性指标，用于反映存货的流动性及存货资金占用量的合理性。同时也从一定程度上反映了企业销售实现的快慢。所以，一般情况下，该指标越高，表示企业资产由于销售顺畅而具有较高的流动性，存货转换为现金或应收账款的速度快，存货占用水平低。

• 应收账款周转率。应收账款是指企业应收但尚未收到入账的款项，是企业流动资产的重要组成部分。应收账款周转率是指企业一定时期内销售（营业）收入净额与平均应收账款余额的比率。计算公式如下：

$$应收账款周转率（次）= \frac{销售（营业）收入净额}{平均应收账款余额}$$

应收账款周转率是对流动资产周转率的补充说明。它反映了企业应收账款的流动速度，即企业本年度内应收账款转为现金的平均次数。一般来说，周转速度高，表明收款速度快，坏账损失少，流动资产的营运状况就越好。

一般来说，应收账款在企业流动资产中占较大份额，及时收回应收账款，能够减少营运资金在应收账款上呆滞占用，从而提高企业的资金利用效率。

• 不良资产比率。不良资产是指企业资产中存在问题、难以参加正常生产经营运转的那部分资产，主要包括三年以上的应收账款、积压商品物资和不良投资等。不良资产比率是年末不良资产总额与年末资产总额的比率。其计算公式如下：

$$不良资产比率 = \frac{年末不良资产总额}{年末资产总额} \times 100\%$$

不良资产比率是从企业资产管理角度对企业资产营运状况进行的修正。它反映了企业资产的质量，揭示了企业在资产管理和使用上存在的问题。

一般情况下，该指标越高，表明企业沉积下来、不能正常参加经营运转的资金越多，资金利用率越差。所以，该指标越小越好，0 是最优水平。

• 资产损失比率。资产损失比率是指一定时期待处理资产损失净额与年末资产总额的比率。计算公式如下：

$$资产损失比率 = \frac{待处理资产损失净额}{年末资产总额} \times 100\%$$

资产损失比率是用以分析判断企业资产损失对资产营运状况的直接影响。由于待处理资产损失的大小同企业的资产管理制度是否严密、管理水平是否先进密切相关，因此，资产损失比率是衡量企业资产营运和管理水平一项比较重要的指标。该指标越高，说明企业资产损失程度越严重，企业的资产营运状况就越差。

3）评价企业偿债能力的指标。主要包括：

• 流动比率。流动比率是指一定时期企业流动资产与流动负债的比率。其计算公式如下：

$$流动比率 = \frac{流动资产}{流动负债} \times 100\%$$

流动比率是衡量企业短期债务偿还能力，评价企业偿债能力强弱的重要指标之一。该指标越高，表明企业流动资产流转得越快，偿还流动负债的能力越强。但指标若过高，说明企业的资金利用效率比较低，对企业生产经营也不利，国际上公认的标准比率为 200%，我国较好的比率为 150% 左右，具体可根据行业的平均水平来确定。

- 速动比率。速动比率是指企业一定时期的速动资产与流动负债的比率。其中速动资产是流动资产减去存货的余额。计算公式如下：

$$速动比率 = \frac{速动资产}{流动负债} \times 100\%$$

速动比率是对流动比率的补充，是用来衡量企业的短期偿债能力和评价企业流动资产变现能力的强弱。该指标越高，表明企业偿还流动负债的能力越强，一般保持在 100% 的水平较好，它既反映企业有较好的债务偿还能力，又反映了企业有合理的流动资产结构。

- 现金流动负债比率。现金流动负债比率是指企业一定时期的经营现金净流入与流动负债的比率。计算公式如下：

$$现金流动负债比率 = \frac{年经营现金净流入}{流动负债} \times 100\%$$

现金流动负债比率是从现金流动角度来反映企业当期偿付短期债务的能力。它是从现金流入和流出的动态角度对企业实际偿债能力进行再次修正。该指标较大，表明企业生产经营活动产生的现金净流入量较多，能够保障企业按时偿还到期债务，但也不是越大越好，太大则表示企业流动资金利用不充分，收益能力不强。

- 长期资产适合率。长期资产适合率是指企业的所有者权益与长期负债之和同企业的固定资产与长期投资之和的比率。计算公式如下：

$$长期资产适合率 = \frac{所有者权益 + 长期负债}{固定资产 + 长期投资} \times 100\%$$

长期资产适合率在企业资源配置结构方面反映了企业的偿债能力。它是从企业资产与长期资本的平衡性与协调性的角度出发，反映了企业财务结构的稳定性和财务风险的大小。同时也反映了企业资金使用的合理性，可以用来分析企业是否存在盲目投资、长期资产挤占流动资金，或者负债使用不充分等问题，有利于加强企业的内部管理和外部监督。

在一般情况下，该指标数值应较高为好，但过高也会带来融资成本增加的问题，理论上认为该指标 ≥ 100% 较好，因此，该指标究竟多高合适，应根据企业的具体情况，参照行业平均水平来确定。

- 经营亏损挂账比率。经营亏损挂账比率是指企业亏损挂账额与年末所有者权益的比率。计算公式如下：

$$经营亏损挂账比率 = \frac{经营亏损挂账额}{年末所有者权益总额} \times 100\%$$

经营亏损挂账比率反映了企业由于经营亏损挂账而导致的对所有者权益的侵蚀程度。它能客观地评价经营亏损挂账对企业偿债能力的潜在影响，运用该指标可以揭露企业经营中的问题，促进企业改善经营，加强管理，增强盈利能力和发展后劲。

经营亏损挂账比率越高，说明企业经营亏损挂账越多，经营中存在的问题越多，留存收益受到的侵蚀越大。该指标越小越好。

4）评价企业发展能力状况的指标。主要包括：

• 总资产增长率。总资产增长率是指企业本年总资产增长额同年初资产总额的比率。计算公式如下：

$$总资产增长率 = \frac{本年总资产增长额}{年初资产总额} \times 100\%$$

总资产增长率是考核企业发展能力的重要指标。它是从企业资产总量扩张方面来分析企业的发展能力，用于衡量企业本期资产规模的增长情况，评价企业经营规模总量上的扩张程度。

总资产增长率越高，表明企业一个经营周期内资产经营规模扩张的速度越快，企业的发展后劲越大。但在实际操作时，应注意资产规模扩张的质与量之间的关系，以及企业的后续发展能力，避免资产盲目扩张。

• 固定资产成新率。固定资产成新率是指企业当期平均固定资产净值同平均固定资产原值的比率。计算公式如下：

$$固定资产成新率 = \frac{平均固定资产净值}{平均固定资产原值} \times 100\%$$

固定资产成新率反映了企业拥有的固定资产的新旧程度，体现了企业固定资产更新的快慢和持续发展的能力。该指标高，表明企业固定资产较新，对扩大再生产的准备较充足，发展的可能性较大。

• 三年利润平均增长率。三年利润平均增长率表明企业利润的连续三年增长情况，体现企业发展潜力。计算公式如下：

$$三年利润平均增长率 = \sqrt[3]{\left(\frac{三年利润总额}{三年前年末利润总额} - 1\right)} \times 100\%$$

三年利润平均增长率越高，表明企业积累越多，可持续发展能力越强，发展的潜力越大。它可以用来分析企业利润的增长趋势和效益稳定程度，较好地体现了企业的发展状况和发展能力，避免因少数年份利润不正常而对企业发展潜力的错误判断。

• 三年资本平均增长率。三年资本平均增长率表示企业资本连续三年的积累情况，体现了企业的发展水平和发展趋势。计算公式如下：

$$三年资本平均增长率 = \sqrt[3]{\left(\frac{年末所有者权益总额}{三年前年末所有者权益\ 总额} - 1\right)} \times 100\%$$

三年资本平均增长率能够反映企业资本保值增值的历史发展状况，以及企业稳步发展的趋势。该指标越高，表明企业所有者权益得到的保障程度越大，企业可以长期使用的资金越充足，抗风险和保持连续发展的能力越强。

（3）评议指标。评议指标是用于评价企业资产经营及管理状况等多方面的非计量因素，是对计量指标的综合补充。通过对评议指标多项定性因素的分析判断，可以对基本评价结果进行全面的校验、修正和完善，形成企业经营绩效的综合评价。评议指标的主要内容如下：

1）领导班子基本素质。这是指企业现任领导班子的智力素质、品德素质和能力素质等，具体包括知识结构、道德品质、敬业精神、开拓创新能力、团结协作能力、组织能力和科学决策水平等因素。

2）产品市场占有能力（服务满意度）。产品市场占有能力是工业企业使用的评价指标，是指企业主导产品由于技术含量、功能性质、质量水平和品牌优势等因素决定的占有市场的能力，它可以借助企业销售收入净额与行业销售收入净额的比例加以判断。

服务满意度是商贸、交通等服务行业企业使用的评价指标，是指消费者或顾客对商品或服务的质量、种类、速度和方便程度等的心理满足程度。

3）基础管理比较水平。它是指企业按照国际规范做法和国家政策法规的规定，在生产经营过程中形成和运用的维系企业正常运转及生存和发展的企业组织结构、内部经营管理模式、各项基础管理制度、激励与约束机制、信息系统等的现状及贯彻执行状况。

4）在岗员工素质状况。它是指企业普通员工的文化水平、道德水平、技术技能、组织纪律性、参与企业管理的积极性及爱岗敬业精神等方面的综合情况。

5）技术装备更新水平（服务硬环境）。技术装备更新水平是工业企业专用的评价指标，是指企业主要生产设备的先进程度和生产适用性、技术水平、开工及闲置状况、新产品的研究开发能力、技术投入水平以及采用环保技术措施等情况。

服务硬环境是商贸、交通等服务行业企业使用的评价指标，是指商场、车站、饭店等商贸、服务场所的装饰、内部布局、服务设备先进程度等硬件设施情况。

6）行业或区域影响力。是指企业在行业或区域的龙头作用、辐射能力、财政贡献、提供就业和再就业机会等。

7）企业经营发展策略。是指企业所采用的增加科技投入、建立新的营销网络、更新设备、实施新项目、兼并重组等各种经营发展策略和战略。

8）长期发展能力预测。是指从企业的资本积累状况、利润增长情况、资产周转情况、财务安全程度、科技投入和创新能力、环境保护等多个方面，综合预测企业未来年度的发展前景及潜力。

【思考题】

谈谈你对企业绩效评价指标体系的看法。

■ 企业经营绩效评价的步骤与要求

企业经营绩效评价是一项复杂的工作，必须明确要求并按照一定的评价规则有计划、有组织、有步骤地进行，这样才能保证企业经营绩效评价顺利进行并取得正确的评价结论。根据我国的国情和企业的特点，我国企业经营绩效评价的基本步骤和要求如下：

□ 确定评价工作的实施机构

由于企业经营绩效评价工作涉及面广、工作量大、要求高，因此在评价过程中，为了得出较正确的评价结果，往往需要成立评价实施机构。

1．建立评价工作组

建立评价工作组有两个基本途径：一是由评价组织机构直接组织实施评价的，可以由评价组织机构负责成立评价工作组，并根据需要组织成立专家咨询组，确定相应的工作人员和选聘有关咨询专家。二是委托社会中介机构实施评价，首先要选好中介机构，并签订评价委托书，然后由中介机构组织成立评价工作组以及专家咨询组。

2．评价工作组成员应具备的基本条件

（1）具有较丰富的专业知识。主要包括经济管理、财务会计、资产管理和法律等方面的知识。

（2）熟悉企业经营绩效评价业务，有较强的综合分析判断能力。

（3）坚持原则、清正廉洁、秉公办事。

（4）项目主持人应有较强的经济工作经验。

3．专家咨询组成员应具备的基本条件

（1）熟谙企业管理、财务会计、法律、技术等方面的专业知识。

（2）具有丰富的工作经验和相应的工作经历。

（3）拥有一定的技术职称和相关专业的执业资格。

【思考题】

企业经营绩效评价为什么要成立专家咨询组？

□ 制定评价工作方案

评价工作方案是由评价工作组或中介机构根据国家的有关规定和评价组织机构的要求制定，并报经评价组织机构批准后实施。已设立专家咨询组的，评价工作组应将《评价工作方案》送达每位专家，并向专家咨询组介绍评价的工作程序。

评价工作方案是评价工作组进行某项评价活动的工作安排，其主要内容包括评价对象、评价目的、评价依据、评价项目负责人、评价工作人员、工作时间安排、拟用评价方法、选用评价标准、准备评价资料及有关工作要求等。

【思考题】

评价工作方案有什么作用？

□ 准备评价基础资料和数据

拥有必要的评价基础资料和数据是开展企业经营绩效评价的基本前提。因此，要根据《评价工作方案》的要求和评价计分的需要，做好基础资料和基础数据的收集、核实和整理等工作。

1．确定评价方法和评价标准

（1）评价方法。企业经营绩效评价的主要方法为功效系数法，辅以综合分析判断法。就是按照统一制定的多层次指标体系，以企业经营期间的各项指标实际水平，对照统一测算和颁布的绩效评价标准值，分步得出绩效评价的初步结论、基本结论和综合结论。

1）初步评价的具体计分方法。初步评价是指运用企业经营绩效评价基本指标，将指标实际值对照相应的评价标准值，计算各项指标的实际得分。计算公式如下：

单项指标得分＝本档基础分＋调整分

其中：

本档基础分＝指标权数×本档标准系数

$$调整分 = \frac{实际值 - 本档标准值}{上档标准值 - 本档标准值} \times （上档基础分 - 本档基础分）$$

基础指标总分＝$\sum$ 单项指标得分

2）基本指标的具体计分方法。基本评价是在初步评价结果的基础上，运用修正指标对企业经营绩效初步评价结果进行调整，具体是以各部分评价内容的基本指标得分为基础，再按相应的修正系数计算。计算公式如下：

某部分评价内容修正后得分＝相关部分基本指标得分×该部分综合修正系数

修正后评价总分＝$\sum$ 各部分评价内容修正后得分

修正系数的计算方法将在以后结合实例介绍。

3）定性评价的具体计算方法。定性评价是运用评价指标综合考察影响企业经营绩效的相关非定量因素，对企业经营状况进行定性分析判断。具体可根据评议指标所考核的内容，由评价工作人员依据评议参考标准判定实际指标达到的等级，计算评议指标得分。计算公式如下：

$$单项指标分数 = \frac{\sum（单项指标权数 \times 每位评价人员选定的等级参数）}{评议人员总数}$$

评议指标总分＝$\sum$ 单项指标分数

注：评议人员一般应在 5 人以上。

4）综合评价的具体计分方法。综合评价是运用整个评价体系产生的结果，对评价对象作出综合的评价结论。具体过程就是根据评议指标得分，对基本评价结论进行校正，计算出综合评价得分。计算公式为：

综合评价得分＝修正后评价总分×80％＋评议指标总分×20％

（2）评价标准。评价标准是对评价对象进行客观、公正、科学分析判断的标尺，它们既要具有一定的先进性，又应符合企业的实际。要根据评价的目的和企业所处行业、规模等来选择评价标准。根据评价指标有计量指标和评议指标两大类，企业经营绩效评价标准可以分为计量指标评价标准和评议指标评价参考标准：

1）计量指标评价标准。计量指标评价标准一般按不同行业、不同的企业规模分类，由五档标准值和与之相适应的标准系数组成。

A. 评价标准值。评价标准值是以评价年度的会计报表数据为基础，将各行业及不同规模企业经济运行状况分为五个水平值。优秀值表示行业的最高水平，良好值表示行业的较高水平，平均值表示行业的总体平均水平，较低值表示行业的较低水平，较差值表示行业的最差水平。具体数值可以按国家有关部门颁布的相应年度标准值选用。

B. 标准系数。标准系数是指标实际值对应五档标准值所达到的档次系数，一般规定如下：

优秀值及以上的标准系数为 1。

良好值及以上的标准系数为 0.8。

平均值及以上的标准系数为 0.6。

较低值及以上的标准系数为 0.4。

较差值及以上的标准系数为 0.2。

较差值以下的标准系数为 0。

2）评议指标参考标准。评议指标参考标准按单项指标分别设定，每项指标都分为优（A）、良（B）、中（C）、低（D）、差（E）五个等级，每个等级参数分别为 1、0.8、0.6、0.4、0.2，具体内容可见附录二。

2. 收集和核实基础资料

在评价过程中，评价者应依据评价的目的和要求收集评价年度及企业连续三年的会计决算报表、有关财务统计数据和用于非计量评价的基础资料，并认真进行核实、整理，发现问题，及时核对，以保证基础数据资料的真实性、准确性和全面性。

【思考题】

企业经营绩效评价应如何选择评价标准？

□ 进行评价计分

评价计分是企业经营绩效评价的关键步骤，涉及的内容多，计算复杂。为了缩短评价时间，取得准确的评价结果，一般应通过计算机来进行分析。其过程和要求如下：

1. 计算指标实际值

根据已核实的会计报表和财务统计数据计算基本指标和修正指标的实

际值。

2. 形成初步评价结果

根据已选定的评价标准，计算出各项基本指标得分，形成初步评价结果，制成《企业绩效初步评价计分表》。格式可见附表一。

3. 形成基本评价结果

根据修正指标对初步评价结果进行修正，得出修正后的实际分数，形成基本评价结果，制成《企业绩效基本评价计分表》。格式可见附表二。

4. 形成评议结果

根据已核实的审计报告、税务检查情况和企业生产、经营、管理、人事等非计量基础资料，对照《企业绩效评议指标参考标准》，进行评议指标打分，形成评议结果，制成《企业绩效评价计分汇总表》。格式可见附表三。

5. 形成综合评价结果

按照一定的方法，利用评议分数对基本评价结果进行校正，得出综合评价的实际分数，形成综合评价结果，制成《企业绩效评价得分总表》。格式可见附表四。

6. 计算各部分的分析系数

根据企业财务效益状况、资产营运状况、偿债能力状况和发展能力状况四部分的基本得分，计算出各部分的分析系数。

7. 进行复核校验

为了确保计分的准确无误，应进一步对评价分数和评价过程进行复核，若发现问题首先应对基础数据进行复核，必要时也可进行手工计算校验，以进一步提高评价计分的准确性。

【思考题】

请你画出评价计分工作的流程图。

□ 形成评价结论

在这一过程中，主要应抓好两个方面的工作：

1. 形成评价结论

根据上述评价结果，将企业经营绩效基本评价得分与同行业同规模的最高分数进行比较，将四部分评价内容的分析系数与行业比较系数进行对比，对企业经营绩效进行深入分析判断，形成综合评价结论。

企业的评价结论是根据评价结果来确定的，如前所述，企业经营绩效的评价结果可分为初步评价结果、基本评价结果、定性评价结果和综合评价结果四个层次。

1）初步评价结果、基本评价结果和定性评价结果依据基本指标、修正指标和评议指标的计算得分产生，以实际分数来表示。

2）综合评价结果的产生。综合评价结果根据评价指标体系得分产生，以最终评价得分和评价类型加评价级别来表示，并据此编制评价报告。评价类型用字母表示，评价级别是指对每种类型再划分等级，具体可见表 9 - 2 所示：

表 9 - 2　　　　　　　　　综合评价结果类型等级表

类　型	级别	指标范围	类　型	级别	指标范围
优（A）	A	85～89	中（C）	C -	50～59
	A +	90～94		C	60～69
	A + +	95～100	低（D）	D	40～49
良（B）	B -	70～74			
	B	75～79	差（E）	E	40 以下
	B +	80～84			

注：指标范围值如有小数四舍五入。

2．反馈和调整

评价者在得出评价结论后应及时反馈给被评价企业或企业领导人，听取他们的意见，如企业提出异议且意见合理，或者发现新的重大情况，要对评价结果和评价结论进行调整，使其能客观、准确和全面地反映企业的实际情况。

【思考题】

为什么要把评价结论及时反映给被评价企业？

□ 撰写评价报告

评价结论形成以后，评价工作组应按照一定的格式（具体格式可见附录一）撰写《企业绩效评价报告》、报告评价结果、评价分析和评价结论等，并送专家咨询组征求意见。评价工作组完成评价报告后，经评价项目主持人签字，报送评价组织机构审核认定。如果是委托评价项目，评价报告必须加盖中介机构单位的公章，方能生效。

做好评价工作总结

　　评价项目完成后，评价工作组应进行工作总结，将工作背景、时间地点、工作基本情况、报告认定结果、评价工作中遇到的问题及工作建议等形成书面材料，建立评价工作档案，同时报送评价组织机构备案。

企业经营绩效评价的案例分析

基础数据和资料

××市天虹股份有限公司2000年度基本概况

　　天虹股份有限公司是个由××国有资产控股公司控股的股份制企业，主要以生产环境保护设备为主，属环境保护行业。注册资本为9000万元，是环保行业的大型企业。

　　一、公司所处行业情况

　　随着人类的进步和社会生产力的不断发展，环境保护已经成为表明一个国家形象和文明程度的重要标志，也是我国的一项基本国策。改革开放以来，我国的经济取得了巨大的成绩，发展速度很快，但环保产业还远远落后于经济和社会发展的要求。经济和社会的发展，一方面给资源和环境保护工作带来了新的压力，但同时也给环保产业的发展提供了广阔的发展空间，环保产业成为国家鼓励发展的高成长类行业。

　　本公司在本行业中具有一定的影响力，2000年销售收入居全国同行业的第26位，企业的主导产品获得国家专利，性能先进，销售前景好。此外，本公司还在××市连续三年被评为纳税先进户，仅在2000年就吸收新职工200人，企业规模也得到了一定的发展。

　　二、公司的人事情况

　　截至2000年12月31日，本公司在册职工共计1562人，高中文化程度以上的员工为1285人，占82.27%；其中大中专以上文化程度的员工325人，占20.81%，各类专业人员205人，占13.12%；其中具有高级职称的员工25

人，中级职称员工 128 人，初级职称员工 52 人；六级以上技工有 706 人，占生产工人的 71%。全体员工均能达到岗位技能标准，职工爱岗敬业，讲求文明礼貌，生产经营秩序好。

现任公司领导班子有 9 位同志组成，其中 8 人具有大专以上文化程度，4 人具有高级职称，学识较高，经验较丰富，对企业有较强的责任感，能团结协作，在群众中有一定的威信。

三、公司的产品市场情况

本公司的主导产品净化机、过滤器获得过国家专利，技术指标处于国内同期先进水平，性能良好，价格合适，产销率达到 92%，售后服务有保障，在同行业中具有较高的声誉和品牌知名度。

本公司一贯重视科技开发，不断进行产品升级换代。近三年来研制成功 28 个新品种的产品，给公司带来了巨大的经济效益，其中，××净化剂填补了国内空白。

四、公司的基础管理情况

本公司根据经营管理的需要设置五部二室八车间，有比较健全合理的经营管理指挥系统；建立和健全财务、会计和质量等各项规章制度，有明确的岗位职责和奖惩制度，劳动报酬与劳动成果直接挂钩，执行情况良好，员工的劳动积极性、主动性较高。

五、公司的技术装备情况

近三年来，公司重视技术投入，不断更新技术设备，主要设备已达到国内先进水平，基本满足企业生产经营的实际需要；设备利用率达到 94%，运行正常，基本上无闲置设备。

在生产经营过程中，公司重视技术开发，成立了科技开发部，有较强的研究开发能力，每年研究开发投入占销售收入总额的 2% 左右，主要产品曾获得省部级科技进步奖。

六、公司的经营计划和策略

公司自设立以来，就制定了 5 年发展规划、3 年发展计划和每年的实施计划，采用滚动式执行，短、中、长期目标明确，并做到相互作用、相互配套和相互制约，效果良好。

公司重视市场调查和市场预测，根据市场需求和企业实际来制定各种经营策略，比较符合实际，实施后，能在一定程度上促进企业经营绩效的提高和持续发展。

七、公司的经营业绩

经××市××会计事务所审计，公司截至 2000 年 12 月 31 日 3 个会计年度的经营业绩如下（单位：万元）：

	2000 年度	1999 年度	1998 年度
销售收入	15852.8	11586.7	10420.1
营业利润	5545.2	4510.4	3864.7
利润总额	5709.3	4839.8	4315.9
净利润	4500.9	4263.7	3925.3

八、财务会计资料

表 9 - 3　　　　　　　　（一）资产负债表（主要数据）（合并）　　　　单位：万元

资　产	金　额			负债及股东权益	金　额		
	00.12.31	99.12.31	98.12.31		00.12.31	99.12.31	98.12.31
流动资产：				流动负债			
货币资金	2920.9	3001	2519.9	短期借款	1184	1462.3	2857.1
应收账款(净)	6318.3	3189.6	5879.4	应付账款	294.6	2018.3	1462
预付货款	2078.9	1352.8	1.6	应付工资	152.7	159.3	124.4
其他应收账款	2538.4	3108.4	1857.5	应付福利费	(24.7)	(25)	(47.6)
待摊费用	346.5	1009.2	525.8	未付股利	2250	1350	2050.6
存货(净)	2671.6	5052.2	3451.5	未缴税金	459	446	663.6
				其他未缴款	23.5	30.2	27.5
合　计	16874.8	16713.3	14239.8	其他应付款	1129	2306	4388.9
长期投资：				预提费用	39.9	34.7	20.5
长期投资	32.6	18.8	13.1	一年内到期			
固定资产：				的长期负债	260		
固定资产原价	7909.9	7376.1	6959.6	流动负债合计	5767.9	7781.8	11736.2
减：累计折旧	1462.3	1153.2	1067.8	长期负债：			
固定资产净值	6447.6	6222.9	5891.8	长期借款	2580	3728.3	2438.3
在建工程	1893.6	990.2	1271.1	待核销汇兑损益	2.3	3.5	4.7
				应付债务	1410		
固定资产合计	8431.4	7213.1	7162.9	长期负债合计	3992.3	3731.8	2442.9
无形及递延资产：				负债合计	9760.2	11513.5	14179.1
				少数股东权益	3384	2776	59.6
				股东权益			
无形资产	4046.5	4247.6	3749.1	股本	9000	9000	9000
递延资产	2.1	3.1	1.3	资本公积	72.7	72.8	7.6
				盈余公积	7002.5	4756.1	1766.4
				其中公益金	1267	820.9	392.5
				未分配利润	78	77.6	153.5
无形及递延资产合计	4048.5	4250.7	3750.4	股东权益合计	16153.1	13906.3	10927.4
资产总计	29297.4	28195.9	25166.2	负债及股东权益合计	29297.4	28195.9	25166.2

表 9 - 4　　　　　　（二）损益表（主要数据）（合并）　　　　单位：万元

项　　目	2000 年	1999 年	1998 年
一、主营业务收入	15852.8	11586.7	10420.1
减：销售折让与折扣	－	－	－
主营业务收入净额	15852.8	11586.7	10420.1
减：营业成本	7748.1	5518.6	5040.8
销售费用	112.3	22.7	16.1
管理费用	873	962.3	854.1
财务费用	1370.7	850.1	815.7
进货费用	－	－	－
营业税金及附加	495.1	37.4	102.2
二、主营业务利润（亏损以"－"号表示）	5253.6	4195.5	3591.2
加：其他业务利润（亏损以"－"号表示）	291.7	314.9	273.5
三、营业利润（亏损以"－"表示）	5545.2	4510.4	3864.7
加：投资收益（亏损以"－"表示）	－	－	－
营业外收入	4.4	2.5	12.7
补贴收入	160.2	326.9	438.5
减：营业外支出	0.6	0.079	0.04
加：以前年度损益调整	－	－	－
四、利润总额（亏损以"－"号表示）	5709.3	4839.6	4315.9
减：所得税	601.4	596.7	390.3
少数股东损益	607	(20.8)	(0.4)
提取能源交通基金			0.4
提取调节基金			0.3
五、净利润	4500.9	4263.7	3925.3
加：年初未分配利润（未弥补亏损以"－"号填列）	77.6	153.5	109.6
盈余公积转入数			
六、可分配利润	4578.4	4417.2	4309.4
减：提取法定盈余公积	450.1	428.4	392.5
提取法定公积金	450.1	428.4	392.5
七、可供股东分配的利润	3678.3	3560.4	3249.8
减：已分配优先股股利			
提取任意公积	1350.3	2132.9	981.3
已分配普通股股利	2250	1350	2115
八、未分配利润（未弥补亏损以"－"号表示）	78	77.6	153.5

九、其他材料

（一）公司发展规划。

（二）公司经营计划。

（三）公司规章制度。

（四）公司审计报告。

（五）公司的各种证书。

（六）员工和客户的意见。

（七）公司的生产、经营、管理和人事的综合情况报告。

（八）评价组认为需要的其他材料。

□ 成立评价工作组

假定本例是由××国有资产控股公司委托信达会计师事务所进行评价。首先，国有资产控股公司要与会计师事务所签订评价委托书。然后，由会计师事务所组建评价工作组（专家咨询组可根据需要来确定）。最后，由会计师事务所通报给控股公司。其基本格式如下：

××市××国有资产控股公司

受你公司的委托，我所将对天虹股份有限公司 2000 年度经营绩效进行综合评价，为了保证评价工作的顺利进行，本所特成立评价工作组，特此告知。

评价工作组成员：

王达明　男　45 岁　高级会计师　项目主持人（组长）。

李　瑛　女　40 岁　资产评估师

张　铁　男　35 岁　注册会计师

马程飞　男　43 岁　高级经济师

吴小莉　女　31 岁　经　济　师

××市信达会计师事务所

2001 年 3 月 2 日（盖章）

□ 制定评价工作方案

评价工作组成立后，应由评价工作组或中介机构根据有关规定，制定详细的《评价工作方案》，报经评价组织机构批准后实施。基本格式如下：

天虹股份有限公司评价工作方案

信达会计师事务所受××市××国有资产控股公司的委托，将对天虹股份有限公司 2000 年度经营绩效进行评价，为了保证评价工作的顺利进行，特作以下工作安排：

一、评价对象：××市天虹股份有限公司。

二、评价目的：科学解析和真实反映该企业资产运营效果和财务效益状况，正确评估企业的经营绩效，为加强和完善国有资产管理打好基础。

三、评价依据：按照《国有资本金绩效评价规则》和《国有资本金绩效评价操作细则》等文件的规定及精神进行。

四、评价项目负责人及工作人员：根据国家的有关规定，评价工作组由下列人员组成：

王达明　男　45 岁　高级会计师　项目主持人（组长）。

李　瑛　女　40 岁　资产评估师

张　铁　男　35 岁　注册会计师

马程飞　男　43 岁　高级经济师

吴小莉　女　31 岁　经 济 师

五、工作时间安排

2001 年 3 月 2 日，会计师事务所组建评价工作组。

2001 年 3 月 3 日至 5 日，制定评价工作方案。

2001 年 3 月 6 日，下达评价通知书。

2001 年 3 月 7 日至 10 日，准备评价基础资料和基础数据。

2001 年 3 月 11 日至 13 日，进行评价计分。

2001 年 3 月 14 日至 16 日，形成评价结论并听取企业意见。

2001 年 3 月 17 日至 20 日，撰写评价报告。

2001 年 3 月 21 日至 25 日，进行评价工作总结。

六、评价方法

根据国家的有关规定，本次评价采用的主要方法是功效系数法、综合分析判断法、比率法、比较法和计分法等。

七、评价标准

评价标准主要采用国家有关部门颁发的《企业绩效评价标准》和《企业绩效评议指标参考标准》。

八、工作要求

（一）严格按照国家有关部门颁发的规定操作。

（二）评价工作人员要遵守评价工作纪律，坚持原则、清正廉洁和秉公办事，不得收取任何好处，不得增加企业负担。

（三）坚持一切从实际出发，实事求是的原则。

（四）保守天虹股份有限公司的商业机密。

　　　　　　　　　　　　　　　　　　××市信达会计师事务所

　　　　　　　　　　　　　　　　　　2001 年 3 月 5 日

□ 下达评价通知书

　　为了使被评价企业能够做好准备工作，保证评价工作按时高质量地完成，在评价工作开始时应下达评价通知书。

企业绩效评价通知书

××市天虹股份有限公司：

　　根据××市××国有资产控股公司的总体工作部署，为科学、公正地评判和分析企业经营效益及评估经营者业绩，依据国家有关部门的规定，决定将你公司列为 2000 年度企业经营绩效评价对象，并委托信达会计师事务所组建评价工作组实施经营绩效评价。现将有关事项通知如下：

　　一、本次评价目的是科学解析和真实反映企业资产运营效果和财务效益状况，正确地评价企业经营绩效，为加强和完善国有资产管理打好基础。

　　二、评价经营年度为 2000 年 1 月 1 日～2000 年 12 月 31 日。

　　三、评价工作按照《国有资本金绩效评价规则》和《国有资本金绩效评价操作细则》等文件的规定进行，采用 2000 年度机械工业专用设备制造业评价标准值作为评价标准。

　　四、本次评价结果将主要用于以下两个方面：

　　（一）提交给本控股公司，作为制定投资决策的主要依据。

　　（二）提交给本控股公司，作为对企业经营者业绩考核的依据。

　　五、天虹股份有限公司须准备以下资料：

　　（一）最近三年的公司年度会计汇总决算报表。

　　（二）最近三年的审计报告，包括主要经营者离任审计报告。

　　（三）最近三年公司上交税利情况及公司税务、工商年检情况。

　　（四）公司近三年来有关收购、兼并、分立、改制等资产重组方面的资料。

　　（五）最近三年公司上报的经营情况统计数据及文字说明。

　　（六）本公司的生产、经营、管理、人事等综合资料。

　　（七）其他评价工作组认为需要的资料。

×× 市 ×× 国有资产控股公司（盖章）

2001 年 3 月 6 日

□ 准备评价基础资料和基础数据

　　根据企业经营绩效评价的有关规定，一方面，天虹股份有限公司在接到评价通知书后，应按评价通知书的规定，准备好相应的基础资料和数据；另一方面，评价工作组也应按规定和评价工作的需要收集资料，并认真进行核实、整理，发现疑问，及时核对，以保证基础数据资料的真实性、准确性和全面性。

　　评价组在准备评价基础资料时，为了方便评价和分析，可以根据评价需要把有关基础资料整理为《企业绩效评价基础指标表》、《企业绩效评价标准值权数表》和《企业绩效评价指标权数表》。如下所示：

表 9 – 5　　　　　　　　　　企业绩效评价基础指标表

企业名称　天虹股份有限公司　　　　评价年度　2000　　　　　　单位：万元

项　　目	行次	金　额	项　　目	行次	金　额
年初流动资产	1	16713.3	销售折扣和折让	24	00.0
年末流动资产	2	16874.8	销售成本	25	7748.1
年末应收账款	3	6318.3	销售费用	26	112.3
年初应收账款	4	3189.6	销售税金及附加	27	495.1
年初存货	5	5052.2	销售利润	28	5253.6
年末存货	6	2671.6	管理费用	29	873
年末长期投资	7	32.6	财务费用	30	1370.7
年末固定资产合计	8	8431.4	利息净支出	31	1000.0
年初固定资产原值	9	7376.1	利润总额	32	5709.3
年末固定资产原值	10	7909.9	净利润	33	4500.9
年初累计折旧	11	1153.2	经营活动产生的现金流量净额	34	5000.0
年末累计折旧	12	1462.3			
年初资产总计	13	28195.9	上年销售收入	35	11586.7
年末资产总计	14	29297.4	上年利润总额	36	4839.8

续表

项　　目	行次	金　额	项　　目	行次	金　额
年末流动负债	15	5767.9	上年所有者权益合计	37	13906.3
年末负债合计	16	9760.2	三年前年末利润总额	38	4015.2
年末长期负债	17	3992.3	三年前年末所有者权益合计	39	10527.4
年初所有者权益合计	18	13906.3			
年末所有者权益合计	19	16153.1			
待处理资产净损失额	20	200.5			
不良资产合计	21	302.3			
经营亏损挂账	22	52.8			
销售收入	23	15852.8			

表 9－6　　　　　　　　　　　企业绩效评价指标权数表

指　　标	权　数	指　　标	权　数
1.领导班子基本素质	20	5.技术设备更新水平	10
2.产品市场占有能力	18	6.行业或区域影响力	5
3.基础管理比较水平	20	7.企业经营发展策略	5
4.在岗职工素质状况	12	8.长期发展能力预测	10
权　数　合　计			100

表 9－7　　　×ב行业××制造业 2000 年度绩效评价标准值权数表

指标名称及权数		优　秀 系数 1	良　好 系数 0.8	平　均 系数 0.6	较　低 系数 0.4	较　差 系数 0.2	较差之下 系数 0
一、基本指标	100						
(一)财务效益状况	42						
1.净资产收益率	30	40%	30%	20%	10%	1%	1%以下
2.总资产报酬率	12	20%	15%	10%	5%	1%	1%以下
(二)资产营运状况	18						
3.总资产周转率	9	1次	0.8次	0.6次	0.4次	0.2次	0.2以下
4.流动资产周转率	9	2次	1.5次	1次	0.8次	0.6次	0.6以下

指标名称及权数		优 秀 系数 1	良 好 系数 0.8	平 均 系数 0.6	较 低 系数 0.4	较 差 系数 0.2	较差之下 系数 0
(三) 偿债能力状况	22						
5. 资产负债率	12	55%	60%	65%	70%	75%	75%以上
6. 已获利息倍数	10	8	6	4	2	1	1以下
(四) 发展能力状况	18						
7. 销售增长率	9	40%	30%	20%	10%	1%	1%以下
8. 资本积累率	9	30%	20%	10%	5%	1%	1%以下
二、修正指标及权数	100						
(一) 财务效益状况	42						
1. 资本保值增值率	16	120%	115%	110%	105%	101%	101%以下
2. 销售利润率	14	40%	30%	20%	10%	1%	1%以下
3. 成本费用利润率	12	50%	40%	30%	20%	10%	10%以下
(二) 资产营运状况	18						
4. 存货周转率	4	3	2.5	2	1.5	1	1以下
5. 应收账款周转率	4	5	4	3	2	1	1以下
6. 不良资产比率	6	0.5%	1%	1.5%	2%	2.5%	2.5%以上
7. 资产损失比率	4	0.1%	0.25%	0.5%	0.75%	1%	1%以上
(三) 偿债能力状况	22						
8. 流动比率	6	200%	180%	160%	140%	120%	120%以下
9. 速动比率	4	100%	90%	80%	70%	60%	60%以下
10. 现金流动负债比率	4	100%	80%	60%	40%	20%	20%以下
11. 长期资产适合率	5	200%	150%	100%	80%	60%	60%以下
12. 经营亏损挂账比率	3	0.1%	0.3%	0.6%	0.9%	1.2%	1.2%以上
(四) 发展能力状况	18						
13. 总资产增长率	7	8%	6%	4%	2%	1%	1%以下
14. 固定资产成新率	5	90%	80%	70%	60%	50%	50%以下
15. 三年利润平均增长率	3	20%	15%	10%	5%	1%	1%以下
16. 三年资本平均增长率	3	10%	8%	6%	4%	2%	2%以下

□ 进行评价计分

评价计分是企业经营绩效评价过程中关键的一步，计算工作量大，涉及面广，一般应借助计算机，按以下步骤进行：

第一步：计算基本指标的实际值并与选定标准值相比较，形成初步评价结果。

1. 计算基本指标的实际值

根据前述基本指标计算公式和企业经营绩效评价基础指标表所给的数据，计算该公司八个基本指标的实际值，并填入《企业绩效初步评价计分表》。

(1) 净资产收益率 $= \dfrac{净利润}{平均净资产} \times 100\%$

$= \dfrac{4500.9}{(13906.3 + 16153.1) \div 2} \times 100\%$

$= \dfrac{4500.9}{15029.7} \times 100\%$

$= 29.95\%$

(2) 总资产报酬率 $= \dfrac{利润总额 + 利息支出}{平均资产总额} \times 100\%$

$= \dfrac{5709.3 + 1000}{(28195.9 + 29297.4) \div 2} \times 100\%$

$= \dfrac{6709.3}{28746.65} \times 100\% = 23.34\%$

(3) 总资产周转率 $= \dfrac{销售（营业）收入净额}{平均资产总额}$

$= \dfrac{15852.8}{(28195.9 + 29297.4) \div 2} = 0.55$

(4) 流动资产周转率 $= \dfrac{销售（营业）收入净额}{平均流动资产总额}$

$= \dfrac{15852.8}{(16713.3 + 16874.8) \div 2} = \dfrac{15852.8}{16794.05} = 0.94$

(5) 资产负债率 $= \dfrac{负债总额}{资产总额} \times 100\% = \dfrac{9760.2}{29297.4} \times 100\% = 33.31\%$

(6) 已获利息倍数 $= \dfrac{息税前利润}{利息支出} = \dfrac{5709.3 + 1000}{1000} = 6.71$

(7) 销售增长率 $= \dfrac{本年销售增长额}{上年销售收入总额} \times 100\% = \dfrac{15852.8 - 11586.7}{11586.7} \times 100\%$

$= \dfrac{4266.1}{11586.7} \times 100\% = 36.82\%$

（8）资本积累率 $= \dfrac{\text{本年所有者权益增长额}}{\text{年初所有者权益}} \times 100\%$

　　　　　　　$= \dfrac{16153.1 - 13906.3}{13906.3} \times 100\% = 16.16\%$

2．选择标准值及标准系数

　　根据实际值选定本档标准值、上档标准值及标准系数和权数，并填入《初步评价计分表》。具体见表9-8。

表 9-8　　　　　　　　　　**企业绩效初步评价计分表**

企业名称　天虹股份有限公司

项　　目	指　标实际值	本　档标准值	上　档标准值	本档标准系数	上档标准系数	权数	基本指标得分		
							基础分	调整分	小计
一、财务效益状况									
净资产收益率(%)	29.95	20	30	0.6	0.8	30	18	5.97	23.97
总资产报酬率(%)	23.34	20		1		12	12	0	12
二、资产运行状况									
总资产周转率（次）	0.55	0.4	0.6	0.4	0.6	9	3.6	1.35	4.95
流动资产周转率(次)	0.94	0.8	1	0.4	0.6	9	3.6	1.26	4.86
三、偿债能力状况									
资产负债率(%)	33.31	55		1		12	12	0	12
已获利息倍数	6.71	6	8	0.8	1	10	8	0.71	8.71
四、发展能力状况									
销售增长率(%)	36.82	30	40	0.8	1	9	7.2	1.23	8.43
资本积累率(%)	16.16	10	20	0.6	0.8	9	5.4	1.11	6.51
合　　计									81.43

复核：吴小莉　　　　　　　　　　　　　　　　评价日期：2001年3月12日

3．计算基本指标得分，形成初步评价结果

计算单项指标得分

单项指标得分＝本档基础分＋调整分

其中：

　　　　本档基础分＝指标权数×本档标准系数

　　调整分 $= \dfrac{\text{实际值} - \text{本档标准值}}{\text{上档标准值} - \text{本档标准值}} \times （\text{上档基础分} - \text{本档基础分}）$

$$基础指标总分 = \sum 单项指标得分$$

例：本例中的净资产收益率指标的基本得分为：

本档基础分 = 指标权数 × 本档标准系数

$$= 30 \times 0.6 = 18$$

$$调整分 = \frac{实际值 - 本档标准值}{上档标准值 - 本档标准值} \times （上档基础分 - 本档基础分）$$

$$= \frac{29.95 - 20}{30 - 20} \times （24 - 18）= 5.97$$

单项指标得分 = 本档基础分 + 调整分 = 18 + 5.97 = 23.97

依此类推，可以计算出其他七个基本指标得分，并进行求和，即可求出基本指标总分，得到初步评价结果。如表 9 - 8 所示。

第二步：计算修正指标的实际值并与选定标准值相比较，形成基本评价结果。

1. 计算修正指标的实际值

根据前述修正指标计算公式和企业绩效评价基础指标表所给的数据，计算该公司十六个修正指标的实际值，并填入《企业绩效基本评价计分表》。见表 9 - 10。

（1）资产保值增值率 $= \dfrac{扣除客观因素后的年末所有者权益}{年初所有者权益} \times 100\%$

$$= \frac{16153.1}{13906.3} \times 100\% = 116.16\%$$

（2）销售利润率 $= \dfrac{销售利润}{销售收入净额} \times 100\%$

$$= \frac{5253.6}{15852.8} \times 100\% = 33.14\%$$

（3）成本费用利润率 $= \dfrac{利润总额}{成本费用总额} \times 100\%$

$$= \frac{5709.3}{7748.1 + 112.3 + 873 + 1370.7} \times 100\%$$

$$= \frac{5709.3}{10104.1} \times 100\% = 56.5\%$$

（4）存货周转率 $= \dfrac{销售成本}{平均存货} = \dfrac{7748.1}{(5052.2 + 2671.6) \div 2}$

$$= \frac{7748.1}{3861.9} = 2.01 （次）$$

（5）应收账款周转率 $= \dfrac{销售收入净额}{平均应收账款余额}$

$$= \frac{158528}{(6318.3 + 3189.6) \div 2} = \frac{158528}{4753.95} = 3.33$$

（6）不良资产比率 $= \dfrac{\text{年末不良资产总额}}{\text{年末资产总额}} \times 100\%$

$\qquad\qquad\qquad = \dfrac{302.3}{29297.4} \times 100\% = 1.03\%$

（7）资产损失比率 $= \dfrac{\text{待处理资产损失净额}}{\text{年末资产总额}} \times 100\%$

$\qquad\qquad\qquad = \dfrac{200.5}{29297.4} \times 100\% = 0.68\%$

（8）流动比率 $= \dfrac{\text{流动资产}}{\text{流动负债}} \times 100\% = \dfrac{16874.8}{5767.9} \times 100\% = 292.56\%$

（9）速动比率 $= \dfrac{\text{速动资产}}{\text{流动负债}} \times 100\% = \dfrac{16874.8 - 2671.6}{5767.9} \times 100\% = 264.25\%$

（10）现金流动负债比率 $= \dfrac{\text{年经营现金净流入}}{\text{年末流动负债}} \times 100\%$

$\qquad\qquad\qquad\qquad = \dfrac{5000}{5767.9} \times 100\% = 86.69\%$

（11）长期资产适合率 $= \dfrac{\text{所有者权益} + \text{长期负债}}{\text{固定资产} + \text{长期投资}} \times 100\%$

$\qquad\qquad\qquad\qquad = \dfrac{16153.1 + 3992.3}{8431.4 + 32.6} \times 100\%$

$\qquad\qquad\qquad\qquad = \dfrac{20145.4}{8464} \times 100\% = 238.01\%$

（12）经营亏损挂账比率 $= \dfrac{\text{经营亏损挂账}}{\text{年末所有者权益总额}} \times 100\%$

$\qquad\qquad\qquad\qquad = \dfrac{52.8}{16153.1} \times 100\% = 0.33\%$

（13）总资产增长率 $= \dfrac{\text{本年总资产增长额}}{\text{年初资产总额}} \times 100\%$

$\qquad\qquad\qquad = \dfrac{29297.4 - 28195.9}{28195.9} \times 100\%$

$\qquad\qquad\qquad = \dfrac{1101.5}{28195.9} \times 100\% = 3.91\%$

（14）固定资产成新率 $= \dfrac{\text{平均固定资产净值}}{\text{平均固定资产原值}} \times 100\%$

$\qquad\qquad\qquad\qquad = \dfrac{6447.6 + 6222.9}{7376.1 + 7909.9} \times 100\%$

$\qquad\qquad\qquad\qquad = \dfrac{12670.5}{15286} \times 100\% = 82.89\%$

（15）三年利润平均增长率 $= \sqrt[3]{\left(\dfrac{\text{年末利润总额}}{\text{三年前年末利润总额}} - 1 \right)} \times 100\%$

$\qquad\qquad\qquad\qquad\quad = \sqrt[3]{\left(\dfrac{5709.3}{4015.2} - 1 \right)} \times 100\% = 12.45\%$

$$(16)\ 三年资产平均增长率 = \sqrt[3]{\left(\frac{年末所有者权益总额}{三年前年末所有者权益总额} - 1\right)} \times 100\%$$

$$= \sqrt[3]{\left(\frac{16153.1}{10527.4} - 1\right)} \times 100\% = 15.34\%$$

2．选定标准值

根据实际值选定本档标准值和上档标准值，并填入《企业绩效基本评价计分表》。具体见表 9 - 10。

3．确定基本评价结果

计算修正后分数，形成基本评价结果。基本步骤如下：

（1）确定各项修正指标的单项修正系数。

单项修正系数 = 基本修正系数 + 调整修正系数

1）计算基本修正系数。

某修正指标基本修正系数 = [1 + （修正指标实际值所处区段 - 修正指标应处区段）×0.1]

基本计算过程：

第一，以初步评价得分为基准，确定修正指标的应处区段。

根据初步评价得分，修正指标应处区段分为五个，如表 9 - 9 所示：

表 9 - 9　　　　　　　　　修正指标应处区段表

初步评价得分	企业基本绩效情况	应处区段设定
100~80（含 80）	优　秀	5
80~60（含 60）	良　好	4
60~40（含 40）	一　般	3
40~20（含 20）	较　低	2
20 以下	较　差	1

第二，根据修正指标实际值，确定修正指标实际值所处的区段。

当修正指标实际值处于优秀值及以上时，所处区段设定 5。

当修正指标实际值处于优秀值与良好值（含良好值）之间时，所处区段设定为 4。

当修正指标实际值处于良好值与一般均值（含一般值）之间时，所处区段设定为 3。

当修正指标实际值处于一般值与较低值（含较低值）之间时，所处区段设定为 2。

当修正指标实际值处于较低值以下时，所设区段设定为 1。

第三，计算出单项修正指标基本修正系数，并填入《企业绩效基本评价计分表》。见表 9 - 10。

例：资本保值增值率基本修正系数的计算：

本例中指标实际值：116.16％；实际值应处区段：良好，所处区段设定为 4。

本例中初步评价得分为 81.43 分，基本绩效状况为优秀，修正指标应处区段设定为 5。则：

资本保值增值率

基本修正系数 = [1 + （实际值所处区段 − 修正指标应处区段）
　　　　　　　　　×0.1]
　　　　　　 = [1 + （4 − 5）×0.1] = 0.9

2）计算单项修正指标的调整修正系数，并填入《企业绩效基本评价计分表》。见表 9 - 10。

调整修正系数按照功效系数法计算，修正区间确定为 0.1，基本公式如下：

$$调整修正系数 = \frac{指标实际值 − 本档标准值}{上档实际值 − 本档标准值} × 0.1$$

本例中资本保值增值率调整修正系数的计算。把指标实际值 116.16％，本档标准值 115％，上档标准值 120％代入上式，可得：

资本保值增值率调整系数 = [（116.16％ − 115％）／（120％ − 115％）]
　　　　　　　　　　　　　×0.1
　　　　　　　　　　 = （1.16％／5％）×0.1 = 0.02

3）计算单项修正系数，并填入《企业绩效基本评价计分表》。

本例中资本保值增值率修正系数为：

资本保值增值率修正系数 = 基本修正系数 + 调整修正系数
　　　　　　　　　　　 = 0.9 + 0.02 = 0.92

其余单项修正系数可按上述方法进行计算，并填入《基本评价评分表》。

（2）确定某部分的综合修正系数。各部分综合修正系数是对初步评价得分进行修正的依据，由每部分各项修正指标综合修正系数决定。基本公式如下：

某项指标综合修正系数 = 单项修正系数 × 该修正指标权重

其中：

$$修正指标权重 = \frac{某修正指标权数}{该指标所在部分的修正指标权数总和}$$

某部分综合修正系数 = $\sum$ 该部分各项指标综合修正系数

如本例中财务效益状况部分综合修正系数的计算数据来自《企业绩效基本评价计分表》和《评价标准值表》。

　　首先，确定单项修正指标权重：

　　　　资本保值增值率指标权重 = 16/42 = 0.38

　　　　销售利润率指标权重 = 14/42 = 0.33

　　　　成本费用利润率指标权重 = 12/42 = 0.29

　　其次，确定单项指标综合修正系数：

　　　　资本保值增值率指标综合修正系数 = 0.92×0.38 = 0.35

　　　　销售利润率指标综合修正系数 = 0.93×0.33 = 0.31

　　　　成本费用利润率指标综合修正系数 = 1×0.29 = 0.29

　　最后，确定财务效益状况部分综合修正系数：

　　　　财务效益状况部分综合修正系数 = 0.35 + 0.31 + 0.29 = 0.95

　资产营运状况、偿债能力状况和发展能力状况部分的综合修正系数可按上述方法计算，并填入《基本评价计分表》。

　　（3）计算修正后得分。基本公式如下：

　　　　某部分修正后得分 = 某部分基本指标分数×该部分综合修正系数

　　　　修正后评价总分 = $\sum$ 该部分修正后得分

　　根据本例的有关资料计算修正后分数的过程如下：

　　　　财务效益部分修正后得分 = 35.97×0.95 = 34.17

　　　　资产营运部分修正后得分 = 9.81×0.81 = 7.95

　　　　偿债能力部分修正后得分 = 20.71×0.97 = 20.09

　　　　发展能力部分修正后得分 = 14.94×0.88 = 13.15

　　　　修正后评价总分 = 34.17 + 7.95 + 20.09 + 13.15 = 75.36

　4．计算分析系数

　　分析系数是指企业财务效益、资产营运、偿债能力和发展能力四部分评价内容各自的基本评价分数与该部分权数的比率。基本公式如下：

　　　　某部分分析系数 = 某部分基本评价分数/该部分权数

　　根据本例的资料可求出四部分分析系数如下：

　　　　　财务效益状况分析系数 = 34.17/42 = 81.36

　　　　　资产营运状况分析系数 = 7.95/18 = 44.17

　　　　　偿债能力状况分析系数 = 20.09/22 = 91.32

　　　　　发展能力状况分析系数 = 13.15/18 = 73.06

　　将企业各部分分析系数与行业比较系数进行对比，可以更加深入地分析本企业的发展水平和存在的差距，进一步反映企业的经营绩效。

　　行业比较系数的计算方法是：运用多户评价方法，对某行业的全部企业进

表 9 - 10　　　　　　　　　　企业绩效基本评价计分表

企业名称　　天虹股份有限公司

项　目	指标实际值	本档标准值	上档标准值	基本修正系数	调整修正系数	单项修正指标权重	单项修正系数	综合修正系数	基本指标分数	修正后分数	分析系数
一、财务效益状况								0.95	35.97	34.17	81.36
资本保值增值率（%）	116.16	115	120	0.9	0.02	0.38	0.92	0.35			
销售利润率（%）	33.14	30	40	0.9	0.03	0.33	0.93	0.31			
成本费用利润率（%）	56.5	50		1	0	0.29	1	0.29			
二、资产营运状况								0.81	9.81	7.95	44.17
存货周转率（次）	2.01	2	2.5	0.8	0.002	0.22	0.8	0.18			
应收账款周转率（次）	3.33	3	4	0.8	0.03	0.22	0.83	0.18			
不良资产比率（%）	1.03	1	0.5	0.9	-0.01	0.33	0.89	0.29			
资产损失比率（%）	0.68	0.75	0.5	0.7	0.03	0.22	0.73	0.16			
三、偿债能力状况								0.97	20.71	20.09	91.32
流动比率（%）	292.56	200		1	0	0.27	1	0.27			
速动比率（%）	264.25	100		1	0	0.18	1	0.18			
现金流动负债比率（%）	86.69	80	100	0.9	0.03	0.18	0.93	0.17			
长期资产适合率（%）	238.01	200		1	0	0.23	1	0.23			
经营亏损挂账比率（%）	0.33	0.3	0.1	0.9	-0.02	0.14	0.88	0.12			
四、发展能力状况								0.88	14.94	13.15	73.06
总资产增长率（%）	3.91	2	4	0.7	0.1	0.39	0.8	0.31			
固定资产成新率（%）	82.89	80	90	0.9	0.03	0.28	0.93	0.26			
三年利润平均增长率（%）	12.45	10	15	0.8	0.05	0.17	0.85	0.14			
三年资本平均增长率（%）	15.34	10		1	0	0.17	1	0.17			
合　计	*	*	*	*	*	*	*	*	81.43	75.36	

复核人员：吴小莉　　　　　　　　　　　　　　　　　　　　　　　　　评价日期：2001 年 3 月 13 日

行多户评价，然后分别选出单部分内容基本得分最高的企业，将该企业该部分基本评价分数与该部分权数相除，所得比率就是某行业的比较系数。

通过以上评价计分，就可以得到基本评价结果，形成《企业绩效基本评价计分表》，如表 9－10 所示。

第三步：对评议指标进行计分，形成评议结果。即根据已核实的非计量评价基础资料，对照《企业绩效评议指标参考标准》（见附录二），进行评议打分，生成《企业绩效评议计分汇总表》（见附表三）。

1. 确定各项评议指标的等级与参数

由评价工作组成员根据企业实际资料对照评议参考标准以综合分析判断的方式确定各项评议指标应取的等级，确定每个等级对应的参数。具体见表 9－11。

2. 计算单项指标分数

可按以下公式进行计算：

$$单项指标分数 = \frac{\sum(单项指标权数 \times 每位评议人员选定的等级参数)}{参加评议的人员数}$$

$$\begin{aligned}领导班子基本素质指标分数 &= (20 \times 1 + 20 \times 0.8 + 20 \times 0.6 \\ &\quad + 20 \times 0.8 + 20 \times 1) \ /5 \\ &= 16.8\end{aligned}$$

产品市场占有能力、基础管理比较水平、在岗员工素质状况、技术装备更新、行业或区域影响力、企业经营发展策略和长期发展能力预测等评议指标的得分可依此类推。具体见表 9－11。

表 9－11 企业效绩评价计分汇总表

企业 天虹股份有限公司

指标及权数＼姓名	领导班子基本素质	产品市场占有能力	基础管理比较水平	在岗员工素质状况	技术装备更新水平	行业或区域影响力	企业经营发展策略	长期发展能力预测	分数合计
	20	18	20	12	10	5	5	10	100
王达明	优 1	良 0.8	良 0.8	优 1	优 1	良 0.8	良 0.8	良 0.8	
李 瑛	良 0.8	优 1	中 0.6	良 0.8	优 1	良 0.8	良 0.8	中 0.6	
张 铁	中 0.6	良 0.8	中 0.6	良 0.8	良 0.8	优 1	良 0.8	良 0.8	
马程飞	良 0.8	优 1	良 0.8	优 1	优 1	良 0.8	优 1	中 0.6	
吴小莉	优 1	良 0.8	良 0.8	优 1	良 0.8	优 1	良 0.8	良 0.8	
单项指标分数	16.8	15.84	14.4	10.56	9.2	4.4	4.2	7.2	82.6

复核人员：张铁　　　　　　　　　　　评价日期：2001 年 3 月 13 日

表 9－12　企业绩效评价得分总表

企业名称：天虹股份有限公司　　标准值（行业、规模）：机械工业专用设备制造大型企业

评价内容	基本指标 指标	权数	基本分数	修正指标 指标	修正系数	修正后分数	评议指标（±）	评议分数	综合分数
一、财务效益状况	净资产收益率	30	23.97	资本保值增值率	0.35		1. 领导班子基本素质	16.8	76.34
	总资产报酬率	12	12	销售利润率	0.31				
				成本费用利润率	0.29				
小计		42	35.97			34.17	2. 产品市场占有能力	15.84	
二、资产营运状况	总资产周转率	9	4.95	存货周转率	0.18				
	流动资产周转率	9	4.86	应收账款周转率	0.18		3. 基础管理比较水平	14.4	
				不良资产比率	0.29				
				资产损失比率	0.16				
小计		18	9.81			7.95	4. 在岗职工素质状况	10.56	
三、偿债能力状况	资产负债率	12	12	流动比率	0.27				
	已获利息倍数	10	8.71	速动比率	0.18		5. 技术装备更新水平	9.2	
				现金流动负债比率	0.17				
				长期资产适合率	0.23		6. 行业或区域影响力	4.4	
				经营亏损挂账比率	0.12				
小计		22	20.71			20.09	7. 企业经营发展策略	4.2	
四、发展能力状况	销售增长率	9	8.43	总资产增长	0.31				
	资本积累率	9	6.51	固定资产成新率	0.26		8. 长期发展能力预测	7.2	
				三年利润平均增长率	0.14				
				三年资本平均增长率	0.17				
小计		18	14.94			13.15			
合计		100	81.43		0.88	75.36		82.6	76.34

复核人员：吴小莉　　　　　　　　　　　　　　　　　　　　　评价日期：2001 年 3 月 13 日

3. 计算评议指标所得总分

$$评议指标总分 = \sum 单项评议指标分数$$

以上评议指标的计算过程，可根据《企业绩效评议计分汇总表》的要求来进行。

根据表9-11所示，可以得出天虹股份有限公司的评议总分为：

$$评议指标总分 = 16.8 + 15.84 + 14.4 + 10.56 + 9.2 + 4.4 + 7.2 = 82.6$$

第四步：计算企业绩效评价总分。按照规定方法，利用已得的评议分数对基本评价结果进行校正，得出综合评价的实际分数，制成《企业绩效评价得分总表》，如表9-12所示。基本公式如下：

$$综合评价得分 = 修正后评价总分 \times 80\% + 评议指标总分 \times 20\%$$

如本例：

$$天虹股份有限公司综合评价得分 = 75.36 \times 80\% + 82.6 \times 20\%$$
$$= 60.29 + 16.05 = 76.3$$

□ 形成评价结论

评价总分得出后，我们再将上述结果进行对比分析，即可以得出评价结论，比较良好。可以从三个方面入手：

第一，把企业经营绩效得分与本企业历史绩效进行对比，可以得出企业经营绩效的发展变化趋势。

第二，将企业经营绩效四部分内容的分析系数与行业比较系数进行对比，可以得出各部分经营绩效在行业中的基本状况。

第三，将企业经营绩效与本行业规模的最高分数进行比较，可以得出本企业经营绩效在本行业规模企业中的地位。

根据本企业所得总分为75.36，属于B，用"PR—B 良"表示。

企业经营绩效在本行业规模中处于良好状态。因无行业比较系数和历史数据，这两方面的比较省略。

□ 撰写评价报告

在形成了评价结论后，评价工作组应按一定的格式，撰写《企业绩效评价报告》，报告评价结果、评价分析和评价结论等。具体内容和格式见附录一。

□ **做好评价的工作总结（略）**

■本章小结

● 企业经营绩效是指企业在一定经营期间的资产运行和财务效益等经营成果。企业经营绩效评价，就是运用科学、规范的评价方法，对企业一定经营时期的资产运用和财务效益等经营成果，进行定量及定性对比分析，作出真实、客观、公正的综合结论的过程。

企业经营绩效评价应遵循整体性、科学性、公正性和真实性四大基本原则。企业经营绩效分析评价的方法较多，但常用的是比较法、比率法、功效系数法和综合分析判断法等。

● 企业经营绩效评价的主要内容是企业的生产经营状况和经济成果。包括财务效益状况、资产营运状况、偿债能力状况和发展能力状况四个方面的内容。

评价指标是进行企业经营绩效分析的一项重要内容，也是进行经营分析的重要依据。但每一单项指标，都只能反映经营状况的一个侧面，难以全面地、完整地、综合地反映企业的经营绩效，因此，必须建立一套相互联系、相互制约和相互补充的指标体系来从各方面反映企业的经营绩效。企业经营绩效评价的指标体系主要由基本指标、修正指标和评议指标三个层次共 32 项指标构成。

● 企业经营绩效评价是一项复杂的工作，必须明确要求并按照一定的评价规则有计划、有组织、有步骤地进行，这样才能保证企业经营绩效评价顺利进行并取得正确的评价结论。我国企业经营绩效评价须经过确定评价工作实施机构，制定评价工作方案，准备评价基础资料和数据，进行评价计分，形成评价结论，撰写评价报告和做好评价工作总结等基本步骤。

附录一　企业经营绩效评价报告参考格式

××企业经营绩效评价报告

（类型：　　　）

评价企业＿＿＿＿＿＿＿＿＿＿＿＿＿＿＿＿

评价机构＿＿＿＿＿＿＿＿＿＿＿＿＿＿＿＿

受×××委托，依据××公司提供的年度会计汇总决算等资料，根据××文件的有关规定，本着客观、公正、公平的原则，对该公司××××年度的经营绩效实施了综合评价，形成本评价报告。

一、评价对象简述

对企业的组织形式、所属行业的特点、企业内部结构和基本运营情况进行简单概述。

二、评价结果

本次评价采用了××企业绩效评价指标体系，运用××等分析评价方法，以××部发布的《××××年度资本金绩效评价标准值》××行业标准和《资本金绩效评价评议指标参考标准》为评价标准，按照规定的程序实施评价，评价结果为××。其中：初步评价得分：××；基本评价得分：××；专家评议得分：××；综合评价得分：××。

三、评价结论

对××公司的评价结果表明，该企业评价年度的经营绩效居行业企业的××水平，属××型企业，依据企业的基本情况分析判断，目前企业处于××阶段，发展前景……

1.对该公司财务效益、资产运营、偿债能力和发展能力进行概述评判（文字描述，并列示下表）。

比较系数分析表

评价内容	实际水平	行业最高水平	差　异
财务效益状况			
资产营运状况			
偿债能力状况			
发展能力状况			

2.对该公司发展状况的评判（文字分析，并列示下表）。

企业近年主要指标变化情况表

	××××年	××××年	××××年	平均增长率（%）
资产总额				
销售收入				
利润总额				
净资产				

3. 对该公司重要事项披露和诊断。

该公司近年经营的主客观条件及影响因素，发生了哪些重大事项，在××方面与同行业的比较，特别是××方面的优势或存在的问题。对本企业、行业、区域经济影响怎样，发展前景如何以及建议……

关于企业经营效绩评价结果的详细分析见附件。

四、评价责任

本评价结果依据被评价企业提供的各项基础资料，运用规定的评价方法，评价工作组保证本次评价工作全过程的公平和公正，各项评价基础资料的真实性与完整性由被评价企业负责。未经评价组织管理机构同意，任何单位与个人不得将本次评价结果对外公布。

五、报告时间

××××年××月××日

评价工作组负责人：

评价组织管理机构：（加盖公章）

地址：

联系电话：

附录二　国有资本金绩效评价评议指标参考标准

（试行）

为满足对效绩评价评议指标进行客观公正计分的需要，根据《国有资本金绩效评价规则》和《国有资本金绩效评价操作细则》的规定，现将八项评议指标的五级参考标准作如下具体规定：

一、领导班子基本素质

A. 企业领导班子具备较高的知识结构，经验丰富，熟知经营管理及行业技术，经营业绩突出；团结协作，廉洁自律，爱岗敬业，奖惩分明，受到员工爱戴；有先进的经营理念，勇于创新，重大决策经过充分的科学论证并达到预期目标，工作成绩显著。

B. 企业领导班子学识较高，经验比较丰富，经营业绩较好；对企业有较强的责任感，能够廉洁自律，团结协作，比较有威信；主要决策经过科学论证，无重大决策失误。

C. 企业领导班子学识、能力及业绩一般；主要领导基本称职，做到团结协作；尽职尽责，关心员工；主要决策基本正确，满足企业持续发展需要。

D. 企业领导班子内部不协调，工作配合不默契，造成工作决策失误；企业领导班子成员自我约束不严，岗位责任感不强，奖惩不明，员工积极性不高，意见较多。

E. 企业领导班子不够团结，主要领导不得力，或以权谋私，决策失误较多，企业效益滑坡，员工怨声很大。

二、产品市场占有能力（服务满意度）

（一）产品市场占有能力

A. 主要产品质量达到国际标准或国外先进标准，并通过 ISO 国际认证；主要技术指标达到同期国际先进水平；产品功能优良，并为消费者所接受，性能价格比合理；大型企业产品在国内市场占有率居全国或同行业前十位，或产销率达95％以上；产品品牌的市场知名度很高，售后服务很好，更新换代速度比较快。

B. 主要产品质量均达国家先进标准；主要产品技术指标处于国内同期先进水平；性能价格较为合适；拥有国内名牌产品，在同行业具有较高声誉和品牌知名度，并能不断进行产品升级换代；大型企业在国内市场占有率居全国或同行业前二十位，或产销率达到 90% 以上，售后服务有保证。

C. 主要产品质量符合国家标准，具有一定的区域知名度和竞争力；主要技术指标处于国内中等水平；产品性能一般，售价适中；主要产品销售情况正常，产销率达到 80% 以上。

D. 主要产品执行国家标准，但合格率在 85% 以下，技术水平处于国内比较落后状态；功能不强，但销售价格偏高，或者功能过于超前，价格很高，难以被消费者接受；产品多年一贯制，品牌认知度较低，市场竞争力弱，产销率在 50%～80%。

E. 产品质量达不到国家标准，产品技术水平较为落后，质次价高，产品积压严重，产销率在 50% 以下。

（二）服务满意度

A. 服务质量上乘，在最近三年曾获得国家或省级的荣誉认证；服务人员素质高，态度和蔼热诚，能迅速满足消费者的需要；商品或服务齐全，定价合理，严格履行对消费者的各种承诺；服务场所的设施等方面使消费者达到心理满足。

B. 服务质量比较好，能够较为迅速地满足消费者的各种合理需要；商品或服务的种类比较丰富，价格比较合理；能够在服务态度、设施等方面使消费者达到心理满足。

C. 服务质量一般、价格基本合理，能够满足消费者的基本需要，对各项承诺完成情况一般。

D. 服务不够规范，价格不尽合理，各项承诺经常拖拉并有少数不兑现现象，不能满足消费者的一般心理需要。

E. 服务质量差、价格高，难以满足消费者的物质或心理需要。

三、基础管理水平

A. 企业组织结构健全、合理、精简；各项规章制度先进完备可行，并得到很好的贯彻执行；企业的会计核算、财务管理、质量管理、投融资管理等都符合国家有关法律、法规；有严格的计划控制手段，并能够不断创新，经济效果显著；有明确的权责和有效的激励约束机制。

B. 企业组织结构比较健全、合理；财务、会计、质量等各项制度和控制符合国家有关规定，并比较先进、完备，执行状况较好；岗位责任比较明确，有相应的激励和约束机制。

C. 拥有维系企业正常运转的一般规章制度，但制度先进性和规范性不强，执行情况一般，经济效果不明显；能够遵守国家有关规定，无重大违纪行为。

D. 企业基础管理工作比较薄弱，机构臃肿，效率不高；各项规章制度不完备，且比较落后，执行不够严格；存在着违章违纪行为，生产秩序较差。

E. 企业内部组织结构、规章制度等不健全，或者形同虚设，权责不明，管理混乱，人心涣散，生产经营难以正常进行。

四、在岗员工素质状况

A. 员工中中专以上学历占20%以上，高中毕业以上的超过60%；全体员工达到岗位技能标准，每年至少一次参加有关技能培训；爱岗敬业，有强烈的主人翁精神和责任感，对企业发展充满信心，经常提出合理化建议；遵守企业的规章、纪律，讲求文明礼貌，生产经营秩序井然。

B. 员工中中专以上学历占10%以上，高中毕业以上占50%，员工90%以上达到岗位技能标准，每年有70%的员工接受过各种形式的技能培训；爱岗敬业，有较强的责任感，关注企业的发展，并提出合理建议；员工文明守纪状况较好。

C. 员工中中专以上学历占5%以上，高中毕业以上占40%，员工80%以上达到岗位技能标准，每年有50%的员工接受过各种形式的技能培训；对企业发展有一定信心；员工有责任感和敬业精神，对企业规章制度和纪律的遵守上表现一般。

D. 员工中的中专或高中以上学历人数所占比例在20%以上；有50%以上的员工达到岗位技术标准，多数员工未参加过专业技能培训；员工对企业的责任感、归属感不强，纪律比较松弛，对企业发展缺乏信心。

E. 员工中高中毕业以上人数所占比率很低，员工技术水平欠佳，有一半以上达不到一般岗位技术标准，多数员工未参加过专业技能培训；缺乏责任感，纪律涣散，对企业发展没有信心。

五、技术装备更新水平（服务硬环境）

（一）技术装备更新水平

A. 主要设备生产技术处于同期国际先进水平，并与企业生产实际需要相适应；开工饱满，设备利用率接近100%，运转率达到95%以上；重视技术投入，有雄厚的技术装备更新和新产品开发的技术力量和资金力量，每年研究与开发投入占销售收入总额的3%以上；有较强的环保意识，环保技术措施完善，并通过ISO14000认证。

B. 主要设备生产技术处于国内先进水平，基本符合企业生产的实际需要；设备利用率达90%以上，运行正常，基本无闲置设备；重视技术投入，有比较强的研究开发力量，每年研究与开发投入占销售收入总额的1%以上；环保措施比较完善，环保技术设施达标。

C. 主要设备生产技术处于国内一般水平，开工基本达到生产要求，在85%以上，运转正常；能够认识到技术开发与投入的重要性，但基本上没有正式计划，只有临时行为；有环保措施，但不很完善，环保技术指标基本达标。

D. 主要设备生产技术处于国内落后水平，或者具有先进技术设备，但不适应企业生产实际而闲置；开工率较低，但基本能达到60%以上，设备低效运转、磨损比较严重；没有技术开发与投入计划，只有临时决定进行一些小的维修和技术改造；环保措施不完善，存在着一定的环境污染。

E. 主要设备生产技术陈旧落后，属淘汰对象较多，设备闲置浪费比较严重，利用率不足60%；不重视技术开发，没有技术投入；没有环保措施或措施无效，环境污染严重，有被勒令停工、停产或限期改造的可能。

（二）服务硬环境

A. 设备齐全、先进，消费者感到方便；布局合理，装饰得当，使人产生舒适、愉快的感觉；信息化、自动化程度高，实现了网络化管理。

B. 设施比较齐备、先进，消费者感到比较方便；内部结构合理，能够使人保持心情愉快；拥有一定量的计算机等自动化设备。

C. 设施配备和先进程度一般，内部布局比较合理，使人感到较为舒适，能够达到比较方便使用的目的。

D. 拥有必要的设施，但缺乏先进性，条件比较简陋。

E. 内部设施不够齐全，环境不尽舒适，服务条件差。

六、行业或区域影响力

A. 企业在行业或区域具有综合影响力，销售收入或资产总额居全国同行业企业前十位或本省同行业前三位；有很强的龙头作用，辐射带动相关产业发展，财政贡献突出，安排就业和再就业能力强；经营管理经验十分先进，具有全国同行业普遍学习和借鉴意义。

B. 企业在行业或区域具有一定影响力，销售收入或资产总额居全国同行业企业前二十位或本省同行业前六位；能够辐射带动相关产业发展，财政贡献较大，安排就业和再就业能力比较强；有比较先进或切合本地实际的经营管理经验，在本地区具有借鉴作用。

C. 企业在行业或区域影响力一般，销售收入或资产总额在本地区企业中排在中间位置，有一定财政贡献和解决就业能力，是相关产业的重要供货商或消费者。

D. 企业在行业或区域影响力较弱，对相关产业发展作用不大，财政贡献能力较差。

E. 企业在行业或区域没有影响力，生产经营处于负增长，企业发展困难重重。

七、企业经营发展策略

A. 企业具有理性、科学的短期、中期和长期发展计划，生产经营目标明确；制定的筹资、投资、生产、营销、兼并重组等各种经营策略符合实际，有利于企业效益的提高和长期、持续的发展。

B. 企业具有比较理性、实际的短期、中期和长期发展计划，生产经营目标比较明确；制定的筹资、投资、生产、营销、兼并重组等各种经营策略比较符合实际，能够促进企业效益的提高和长期、持续的发展。

C. 企业具有比较明确、符合实际的发展计划和目标；生产经营、投融资等各种经营策略的制定基本正确、有效，能够保证企业获得赢利和持续运转。

D. 企业的发展目标和方向不十分明确或不十分切合实际，但企业现有的生产经营策略基本能够使企业维持下去。

E. 企业没有明确的发展计划和目标，各种生产经营策略的制定盲目、被动，无助于企业的发展。

八、长期发展能力预测

A. 根据对前面各项指标综合评价情况的分析，如不发生意外，企业未来三年的发展潜力很大，势头强劲，前景看好，处于上升状态。

B. 根据对前面各项指标综合评价情况的分析，如不发生意外，企业未来三年的发展有比较坚实的基础，潜力较大，呈现逐渐上升势头。

C. 根据对前面各项指标综合评价情况的分析，如不发生意外，企业未来三年的发展有一定基础，比较乐观。

D. 根据对前面各项指标综合评价情况的分析，企业未来发展前景不十分明朗，难以预测前景或发展前景不乐观。

E. 根据对前面各项指标综合评价情况的分析，企业困难重重，发展前景暗淡。

附表一

企业绩效初步评价计分表

企业名称＿＿＿＿＿＿＿＿＿

项　目	指标实际值	本档标准值	上档标准值	本档标准系数	上档标准系数	权数	基本指标得分		
							基础分	调整分	小计
一、财务效益状况									
净资产收益率（％）									
总资产报酬率（％）									
二、资产运行状况									
总资产周转率（次）									
流动资产周转率（次）									
三、偿债能力状况									
资产负债率（％）									
已获利息倍数									
四、发展能力状况									
销售增长率（％）									
资本积累率（％）									
合　　　计									

复核：　　　　　　　　　　　　　　　　　评价日期：

附表二

企业绩效基本评价计分表

企业名称＿＿＿天虹股份有限公司＿＿＿＿＿

项　目	指标实际值	本档标准值	上档标准值	基本修正系数	调整修正系数	单项修正指标权重	单项修正系数	综合修正系数	基本指标分数	修正后分数	分析系数
一、财务效益状况											
资本保值增值率（％）											
销售利润率（％）											
成本费用利润率（％）											
二、资产营运状况											
存货周转率（次）											
应收账款周转率（次）											
不良资产比率（％）											
资产损失比率（％）											

续表

项　　　　目	指标实际值	本档标准值	上档标准值	基本修正系数	调整修正系数	单项修正指标权重	单项修正系数	综合修正系数	基本指标分数	修正后分数	分析系数
三、偿债能力状况											
流动比率(%)											
速动比率(%)											
现金流动负债比率(%)											
长期资产适合率（%）											
经营亏损挂账比率(%)											
四、发展能力状况											
总资产增长率（%）											
固定资产成新率（%）											
三年利润平均增长率（%）											
三年资本平均增长率（%）											
合　　　　计	*	*	*	*	*	*	*	*			

复核人员：　　　　　　　　　　　　　　　　　　评价日期：

附表三

企业绩效评价计分汇总表

企业天虹　股份有限公司

指标及权数 ╲ 姓名	领导班子基本素质	产品市场占有能力	基础管理比较水平	在岗员工素质状况	技术装备更新水平	行业或区域影响力	企业经营发展策略	长期发展能力预测	分数合计
	20	18	20	12	10	5	5	10	100
单项指标分数									

复核人员：　　　　　　　　　　　　　　　　　　评价日期：

附表四

企业绩效评价得分总表

企业名称：＿＿＿＿＿＿＿　　　　　　标准值（行业、规模）：＿＿＿＿＿＿＿

评价内容	基本指标		基本分数	修正指标		修正后分数	评议指标（±）	评议分数	综合分数
	指　标	权数		指　标	修正系数				
一、财务效益状况	净资产收益率总资产报酬率			资本保值增值率、销售利润率、成本费用利润率			1.领导班子基本素质 2.产品市场占有能力 3.基础管理比较水平 4.在岗职工素质状况 5.技术装备更新水平 6.行业或区域影响力 7.企业经营发展策略 8.长期发展能力预测		
小计									
二、资产营运状况	总资产周转率流动资产周转率			存货周转率、应收账款周转率、不良资产比率、资产损失比率					
小计									
三、偿债能力状况	资产负债率已获利息倍数			流动比率、速动比率、现金流动负债比率、长期资产适合率、经营亏损挂账比率					
小计									
四、发展能力状况	销售增长率资本积累率			总资产增长率、固定资产成新率、三年利润平均增长率、三年资本平均增长率					
小计									
合计									

复核人员：　　　　　　　　　　　　　评价日期：　　　年　　月　　日